Neff

Den neugeborenen
Karl-Heinz Bochow
zum LII. Geburtstag
mit Freundschaft
ein Ungar der
selten allein kommt:

Iwan von Ordas

Weimar. 17.V.88

Eva zum Gedenken

GEORG KÖVARY

Ein Ungar kommt selten allein

EIN MAGYAREN-SPIEGEL

PAUL NEFF VERLAG
WIEN

Titelvignetten zu Kap. I, IV, VIII, XI, XII entn. aus Borszem Jankó
Auswahlband von Buzinkay Géza (Corvina, Budapest 1983)
Vignette zur Titelseite und zu Kap. V, VI entn. aus Ludas Matyi, 1984
Vignetten zu Kap. III, XIII entn. aus Figaro, 1893
Vignette zu Kap. II: Stich, Nationalmuseum, Budapest
Vignette zu Kap. VII: Schattenbild von H. Schließmann
Vignette zu Kap. IX: anonyme Zeichnung, 19. Jh
Vignette zu Kap. X: Karikatur von Budimir Vojnovic

ISBN 3-7014-0204-3

Umschlag- und Einbandentwurf Werner Sramek
Umschlagbild: Weinkrug der Porzellanmanufaktur Herend, 1846
Gesetzt aus der Garmond Garamond-Antiqua
Gesamtherstellung Wiener Verlag
Hergestellt im Auftrag des Paul Neff Verlages, Wien

Statt eines Vorwortes: Allgemeines und Gemeines

Dieses Buch ist ein Selbstmordversuch.

Ungarn werden, sobald sie es gelesen haben, nicht mehr mit mir verkehren. Und lesen werden sie es bestimmt, denn alles, was über sie irgendwo in der Welt geschrieben steht, zieht sie magisch an. Aus diesem Buch aber geht hervor, daß die Ungarn eine unmögliche Nation sind, voll von lächerlichem Chauvinismus; daß sie überall unangenehm lärmend auffallen, unbescheiden bis zur Arroganz; daß sie alles immer besser wissen als der liebe Gott, dessen ungarische Abstammung sie auf Wunsch jederzeit nachzuweisen imstande sind, und daß sie bei alldem niemals ihren Akzent verlieren.

Nicht-Ungarn werden meine Gesellschaft nach Lektüre dieses Buches ebenfalls meiden, aber auch sie werden vermutlich zu diesem Lesestoff greifen, denn wo etwas über Ungarn geschrieben steht, erweckt dies unerklärlicherweise einiges Interesse. Aus diesem Buch aber ist zu erfahren, daß die Ungarn einen Charme besitzen, der seinesgleichen sucht; daß sie es in der Regel weiter bringen als die Einheimischen, in deren Land sie als Gäste aufgenommen wurden; daß sie von der H-Bombe bis zu den schönen Künsten stets mitmischen, vom Sport gar nicht zu reden; kurzum, daß die Ungarn in gewissen Belangen über allen anderen Nationen der Welt stehen. Dies ist eine Tatsache, die ich aus erster Hand weiß: Ungarn behaupten es selbst.

Da aber der Mensch ein geselliges Wesen ist, werde ich,

von meinen Mitmenschen verlassen, zuerst seelisch verdursten und dann körperlich verhungern. Denn ich bin schließlich auch als Ex-Ungar nur ein Mensch.

Halt, da ist mir ein Fehler unterlaufen: Wieso Ex-Ungar? Vom Ungartum kommt man so wenig los wie von seinem eigenen Schatten. *Ex* bedeutet im Zusammenhang mit Ungarn nie Tod oder Vergangenheit. *Ex* kann für einen Ungar nur eines bedeuten: »Trink aus!«

In diesem Sinne trinke ich aus, bis zur bitteren Neige. Und wenn es mein Abschiedsbrief sein sollte, ich nehme mein zweischneidiges Werk in Angriff. Nicht-Ungarn werden meinen, ich setze den Ungarn ein Denkmal. Ungarn werden glauben, ich stürze ein Denkmal und es fällt ihnen auf den Kopf, just wenn sie daran vorbeigehen.

Wer nun denkt, dann sollen sie eben nicht dort vorbeigehen, der hat keine Ahnung von den Ungarn. Sie gehen überall vorbei, sie kommen überall vor, sie sind überall zugegen. Wie eine Seuche, deren Diagnose auf diesen Seiten zu stellen versucht wird, gegen deren Verbreitung und schädliche Auswirkungen jedoch die Wissenschaft heute noch machtlos ist.

Wer den Bacillus Hungaricus wenn schon nicht bekämpfen, so doch wenigstens ertragen will, der lasse sich mit dessen wesentlichstem Wirkstoff impfen: Humor! Solcherart gewappnet wollen wir uns an den Lesestoff heranwagen, dann kann nichts schiefgehen. Besser gesagt – wir werden schief gehen, kreuz und quer, und krumme Wege beschreiten, denn wir wollen die Wege eines Ungarn verfolgen. Und ein Ungar hält nicht unbedingt den geraden für den kürzesten Weg zwischen zwei Punkten. Außerdem hat er viel mehr Punkte auf einmal in seinem Blickfeld, als ein Nicht-Ungar vermuten würde. Er läuft mit Vorliebe im Zickzack und taucht zuverlässig aus einer ganz anderen Richtung auf, als erwartet. Er liebt es, neue Wege einzuschlagen. Vor ihm gab es sie vielleicht noch gar nicht – er aber beginnt sie gleich breitzutreten. Denn er braucht viel Platz.

Er kommt ja selten allein.

Der Zug ratterte irgendwo im hohen Norden. Im Abteil saßen zwei Herren und kamen miteinander ins Gespräch. Der eine war ein deutscher Reisender. Der andere entpuppte sich ebenfalls als Reisender, wenn auch nicht berufsmäßig, sondern nationalitätshalber. Er stammte aus Budapest.

»Wissen Sie zufällig, wie viele Chinesen es auf der Welt gibt?« fragte der Deutsche kopfschüttelnd.

Der Reisegefährte, ebenso erstaunt, nannte eine Zahl nahe einer Milliarde, die zwar ungefähr stimmte, aber er gab sie so genau an, als wüßte er über den allerletzten Stand Bescheid. Er bluffte, denn er stammte aus Budapest.

»Und wie viele Ungarn gibt es?« erkundigte sich der Deutsche weiter.

»Etwa fünfzehn Millionen.«

»Woher kommt es dann«, wunderte sich der Reisende, »daß ich auf meinen Fahrten noch nie mit einem Chinesen zusammengetroffen bin, hingegen jedesmal mit Ungarn?«

Diesen Dialog hörte ich schon in unzähligen Varianten erzählen. Der Schauplatz wechselt zwischen allen fünf Kontinenten, die Eisenbahn verwandelt sich manchmal in ein Flugzeug oder ein Schiff. Doch es besteht kein Zweifel, daß die Geschichte auf Wahrheit beruht.

Die in der Heimat lebenden 11 Millionen Landsleute des Reisenden können ihr Fernweh nur dann und wann stillen. Dafür verstehen es die in aller Welt umherflitzenden 4 Millionen, durch ihre ständige quicklebendige Aktivität so ins Auge zu stechen, als wären sie doppelt oder dreifach vorhanden. In Wirklichkeit reichen sie bei weitem nicht an die Chinesen heran. Zumindest nicht zahlenmäßig. Aber was sind schon trockene, tote Zahlen?

Nehmen wir einen Schauspieler aus ihren Reihen: Ihm wird in einem fremden Land eine Chance geboten. Hat er Erfolg, läßt er am nächsten Tag seine Frau, seinen besten Freund und seine Garderobiere nachkommen. Damit gibt es ihrer schon vier. Nach einer Weile (und zwar nach einer kurzen, denn Langeweile liegt ihnen nicht) lassen die Neuankömmlinge ihre Familien zu sich ziehen. Dann ist die kleine Gruppe schon sechzehn Mann hoch. Sie vermehren sich im Quadrat.

Man muß sie einfach zur Kenntnis nehmen, man muß mit ihnen rechnen. Sie werden geliebt und gehaßt, bewundert und verachtet. Aber wer kann ihnen gegenüber gleichgültig bleiben?

Sie sind hart wie die Amerikaner, romantisch wie die Slawen, wißbegierig wie die Japaner, schlau wie die Araber – um nur einige augenfällige Vergleiche anzustellen. Am ähnlichsten sind sie vielleicht den Italienern und den Franzosen, allerdings mit dem Unterschied, daß es unter den Italienern und Franzosen viele Kommunisten gibt.

Der Ungar ist ein Mensch wie du und ich, nur ganz anders.

Die Amerikaner meinen: »Ungar zu sein ist keine Nationalität, sondern ein Beruf.«

Gleichfalls aus Übersee stammt die Definition: »Der Ungar ist ein Mensch, der hinter dir eine Drehtür betritt und vor dir in der Hotelhalle ankommt.«

Ein böser Witz lautet: Zwei Krokodile erzählen einander, was – pardon, wen sie zum Mittagessen verzehrt haben. Krokodil Nummer eins berichtet:

»Ich habe glänzend gespeist. Ich habe einen Briten erwischt, der war durch und durch in Whisky getunkt.«

»Das ist gar nichts gegen mein phantastisches Mahl!« schwärmt das andere Krokodil. »Das Beste, was ich jemals gefressen habe, war heute ein Ungar. Köstlich, ganz weich – der hatte überhaupt kein Rückgrat.«

Woraus ersichtlich ist, daß die Ungarn auch in Afrika nicht unbekannt sind.

Ihre weltweite Verbreitung kommt natürlich nicht von ungefähr. Es hat den Anschein, als hätten höhere Mächte ihre Hand im Spiel. Ich wäre versucht, die Ungarn ein »auserwähltes Volk« zu nennen, wenn diese Bezeichnung nicht bereits vergeben wäre. Aber sie sind ohnehin eher ein gottverlassenes Volk. Deshalb sind sie gezwungen, ihre imperialistischen Bestrebungen jeweils einzeln und auf eigene Faust zu verwirklichen. Glauben Sie mir, sie tun es tatsächlich individuell; daß sie dabei ihre Absichten auf Eroberung des gesamten Globus lauthals ausposaunen, ist nur Täuschungsmanöver. Sie sind nicht im geringsten organisiert.

Ein Ungar ist imstande, einen Verein zu bilden – zwei Ungarn haben todsicher bereits entgegengesetzte Meinungen und Interessen, eine konträre Weltanschauung.

Daß sie immer auf die Hilfe ihrer Landsleute zählen, steht auf einem anderen Blatt. Denn sie sind der festen Überzeugung, daß es auf dem ganzen Erdball nur zweierlei Lebewesen gibt: Ungarn und solche, die abstreiten es zu sein.

I

Die Seelen in der Brust des Ungarn

Achtung, in diesem Kapitel verlassen wir den Boden der Tatsachen! Unsere Expedition bricht mit dem Ziel auf, den ungarischen Charakter zu ergründen. Dieses wissenschaftliche Experiment hat sich fraglos ein viel schwierigeres Ziel gesetzt als zum Beispiel eine Himalaya-Expedition. Denn den Himalaya gibt es.

Wer obige Anspielung richtig begriffen hat, dem versichere ich hiemit feierlich, daß es ein Mißverständnis war. Natürlich hat der Ungar einen Charakter (manche von ihnen haben sogar mehrere), nur befindet sich derselbe in ständiger Veränderung und Anpassung. Außerdem strotzt er von Widersprüchen, derentwegen er kaum erkennbar ist. Und gerade dies ist das Typische an der listigen Charakteristik des Ungarn. Das wissenschaftliche Wort hierfür heißt ambivalent.

Unter Ambivalenz verstehen wir laut Lexikon die Gleichzeitigkeit entgegengesetzter Trieb- und Gefühlsrichtungen. Die Ungarseele ist eine besondere Seele. Ist Extrasäle, bittäschön. Sie birgt viele Eigenheiten mit einem Plus- und einem Minuszeichen, daß heißt die Eigenschaft selbst und gleichzeitig ihr genaues Gegenteil. Ein und dieselbe Ungarbrust kann aufbrausenden Jähzorn und Engelsgeduld beherbergen. Ein Ungarmensch kann in einer Person ein Ehrenmann – uneigennützig bis zur Selbstaufgabe – und ein Hochstapler von Weltformat sein. Er kann mit derselben Intensität lieben und hassen.

Hielte man sich an die Astrologen, welche die unter dem Sternzeichen Fische geborenen Menschen so beschreiben: »Träumer, gefühlsbetont, beeinflußbar, von Emotionen hin- und hergerissen, viel Schönheitssinn, himmelhoch jauchzend, zu Tode betrübt . . .« würde man meinen, alle Ungarn müßten im Februar oder März geboren sein.

Das Herz des Ungarn ist fraglos um eine Nummer zu groß. Er hat es als Trostpreis erhalten, vom lieben Gott, der ihn dabei ertappte, daß er sich bei der Verteilung dieses Organs zweimal angestellt hatte. Wo sollte er, so fragte sich der Ungar, der durchschnittlich 1,67 Meter groß und 70 Kilo schwer ist, diese überlebensgroße Gefühlszentrale unterbringen? Von Verheimlichen konnte keine Rede sein; dies überließ er den Briten. Er verfiel ins andere Extrem und begann die himmlische Gabe andauernd herzuzeigen. Heute noch hält er sein Herz mehr in der Hand, um es an den Erstbesten zu verschenken, als am rechten Fleck. Häufig trägt er es anstelle des Hirns.

Deshalb regiert bei ihm auch dort das Gefühl, wo Vernunft hingehört.

Die vordringlichste Herzensangelegenheit des Ungarn ist die Liebe. Er ist gern und häufig, wenn nicht gar ständig verliebt. Ein ungarisches Liebespaar – wir wollen es stilgerecht Árpád und Eva nennen – versteht es, dieses wohl populärste aller menschlichen Spiele noch vergnüglicher zu gestalten als seinesgleichen in anderen Ländern. Damit ist in erster Linie nicht das Naschen vom Baum der Erkenntnis gemeint, sondern die Vorfreude darauf. Árpád kommt es zunächst nicht auf das Handwerk an, sondern auf sein Mundwerk. Er ist ein ausgezeichneter Werbefachmann. Er wirbt um Eva mit einer Fülle von schönen Worten, Liebesgedichten und -liedern, mit Zigeunermusik-Serenaden, unter dem Beistand aller guten Geister der ungarischen Küche, des feurigen Ungarweines und der romantischen Natur des Landes. Árpád ist treu in der Liebe. Manchmal mehreren Frauen zugleich.

Einen »hauptberuflichen« Liebhaber vom Format eines Casanova hat die Tokajer-Nation nicht hervorgebracht. Als Rivalen allerdings erwähnt der größte Liebesreisende in seinen Memoiren auch einen ungarischen Offizier, dem er die Geliebte raubte. Aber Ungarn, die nebenbei auch wegen ihrer Liebesabenteuer von sich reden machten, gab es immer wieder. Um einige Musterfälle herauszuheben:

Alexander Kisfaludy, Verfasser zweier einzigartiger Liebesgedichtzyklen, war jener Dichter, der im Gegensatz zu seinen in der Regel unglücklichen Kollegen die meisten Lorbeeren auf Amors Schlachtfeldern erntete. Als Offizier bereiste er weite Gegenden und eroberte Dutzende weibliche Herzen fremder Länder. Seine Erfolge verdankte er seiner Poesie, die er anfangs ausschließlich in den Dienst praktischer Liebeswerbung stellte. Nachdem seine Verse erwirkt hatten, was er mit ihnen bezweckte, sandte er sie allesamt in die Heimat, an einen Freund, mit der Bitte, diese an Rosa Szegedy, die Dame seines Herzens zu schicken, um ihr Herz zu erweichen. Auch jene Gedichte, die er eigentlich an spanische Tänzerinnen und deutsche Gräfinnen geschrieben hatte. Nichts durfte verlorengehen. Rosa erhörte ihn, und nach seiner endgültigen Rückkehr wurde Hochzeit gefeiert. Der Dichter lebte fortan angeblich als glücklich-zufriedener, jedenfalls als unermeßlich reicher Mann auf den riesigen Gütern seiner Frau.

Die Romanze zwischen dem Zigeunerprimas Rigó Jancsi und der schönen Fürstin Chimay, die dem faszinierenden Exoten zuliebe ihre Familie verließ, wurde sogar verfilmt.

In den nüchternen mittdreißiger Jahren unseres Jahrhunderts war es ein Budapester Rechtsanwalt namens Dr. Ferenc Sárga, der in der gesamten ungarischen Presse Schlagzeilen machte. Er entführte ein Mädchen aus gutem Hause. Die Eltern der Magda Darkó gaben schließlich ihren Segen zu dieser Liebesheirat.

Etwa dreißig Jahre später bekam eine andere »Liebesentführung« eine politische Färbung. Die österreichische Journalistin Andrea Walder wollte ihren Bräutigam – einen ungarischen Staatsbürger – durch den Eisernen Vorhang schmuggeln. Die liebesfeindliche Regierung sperrte beide ein. Bis sie dann, nach diplomatischen Interventionen, doch ihr Herz entdeckte und Tibor Kármán die Ausreise genehmigte.

Auch der Vater des Schreibers dieser Zeilen hat seinerzeit die Mutter des Schreibers dieser Zeilen aus dem Elternhaus entführt, wie sich dies im Land der Troubadoure gehört. Der Hang zur Theatralität formt die Sitten. Herz und Seele sind überall mit im Spiel.

Romantik ist für Ungarn und Ungarinnen gleichsam die Realität. Sentimentalität ist eher eine Tugend, denn eine Schande. Wenn ein verliebter Mann in der Öffentlichkeit wegen der Dame seines Herzens weint, ist dies die selbstverständlichste Sache von der Welt. Er denkt gar nicht daran, seine Tränen als Schwäche zu empfinden, seiner natürlich offen zur Schau gestellten Emotionen wegen einen Psychoanalytiker aufzusuchen. Mit diesem Beruf ist übrigens im Magyarenland kaum ein Geschäft zu machen.

Professor Ferenczi, ein Freud-Schüler, formulierte die Ursache folgendermaßen: »Allein auf der Couch zu liegen ist nicht eines Ungarn Sache.«

Ja, so sieht es aus. Árpád hat nichts anderes im Sinn als Romantik. Sein tiefstes Bestreben ist es, Eva ein Leben lang mit Zärtlichkeit zu umgeben. Eva betrachtet es als ihr höchstes Glück, bis zu ihrem Tode eine gute Ehefrau und ihren vielen, vielen Kindern eine gute Mutter zu sein.

Wenn alles eitel Wonne ist, das ganze Leben ein unaufhörliches Happy-End – wo bleibt dann die eingangs angekündigte Ambivalenz?

Hier: Die Statistik besagt, daß derzeit Ungarn unter allen Ländern der Erde mit der Zahl der Scheidungen und der Abtreibungen an erster Stelle liegt.

Das zweitgrößte Gefühl nach der Liebe, das jedes Ungarherz bis zum Bersten erfüllt, ist die Freundschaft. Ein Ungar hat genauso viele Freunde, wie er Menschen kennt.

Die ganze Nation ist gut Freund. Von 14 Millionen sind meiner Schätzung nach etwa 13 1/2 Millionen per Du miteinander. Solch eine Proportion wäre bei den armen Angelsachsen verständlich, die einander entweder mit *You* anreden können oder gar nicht, was ohnehin viele unter ihnen bevorzugen. Den Ungarn steht hingegen eine Auswahl von Ausdrücken für die Anrede »Sie« zur Verfügung und dennoch lassen sie diese Möglichkeiten größtenteils brach liegen. Wenn sie hie und da doch Gebrauch von ihnen machen, mutet es wie ein Aprilscherz an: Feine Ehepaare sagen Sie zueinander, meine feine Tante sagte zu ihrem Sohn Sie, und ein Schriftstellerfreund von mir zeichnet Damen, mit denen er ein Verhältnis hat, durch Siezen aus.

Alle anderen sind, wie gesagt, Du-Freunde. Sie sind es ab ovo, ohne Umschweife, nicht erst durch Festigung langandauernder Bande, bekräftigt durch die Zeremonie des »Auf-Du-und-Du-Trinkens« mit ineinander verflochtenen Armen und anschließendem Bruderschaftskuß. Dazu kommt es nur selten. Brauch ist vielmehr, daß der Ältere bei der ersten Begegnung den Jüngeren gleich mit »Servus« begrüßt, was auf lateinisch zwar »Diener« bedeutet, jedoch zum Gruß der sich Duzenden wurde. Dem älteren Du-Freund gebührt als Anrede das Wort »bácsi« (Onkel) oder »bátyám« (mein älterer Bruder), an seinen Vornamen gehängt. Wenn ein Jüngerer eine ältere Du-Freundin mit »néni« (Tante) anredet, gebührt ihm eine Ohrfeige, weil er dadurch auf das Alter der Dame angespielt hat.

Wer weiß, was zuerst da war? Die Henne oder das Ei? Das Duzen oder die Freundschaft? Jedenfalls ist das Duwort ein Schlüssel, der Herzen zu öffnen vermag. Wenn man nicht mehr so förmlich mit seinem Nächsten umgehen muß, kann man ihm auch viel mehr Mitgefühl und Wohlwollen entgegenbringen. Man kann ihm seine Fehler viel objektiver vor Augen halten. Man will ja nur sein Bestes; er ist ein guter, ein allerliebster Freund. Wenn er allerdings zu empfindlich ist, aus purem Takt also, tut man besser daran, seine Fehler anderen objektiv vor Augen zu halten, hinter seinem Rücken.

Diese Form der wohlwollenden Information, die der Ungar einem guten Freund über einen anderen guten Freund zukommen läßt und die ein westlicher Beobachter in völliger Unkenntnis der Sachlage Intrige nennen würde, heißt »furás« (Bohren).

Die Spielregeln dieses weitverbreiteten, in Budapest ungeheuer populären Spielchens sind nicht komplizierter als die irgendeines gängigen Kartenspiels. Man hält seine Karten zunächst so in der Hand, daß der andere nicht hineinschauen kann. Dann spielt man Herz aus: »Tibor ist mein bester Freund, wir sind wie Brüder; er ist eine Seele von einem Menschen.«

Als Jolly Joker in diesem Spiel gilt das Wörtchen »Obwohl«, das nun kommt: »Obwohl er in seiner Gutmütigkeit zu weit geht. Neulich hat er dem Kenéz 1000 Forint geliehen, weil ihn der angeweint hat. Das Schlimmste daran war, daß das Geld nicht ihm gehörte.«

Wenn der Zuhörer Tibor als Kassier engagieren wollte, genügt diese leise Anspielung bereits. Je nach den Umständen hat man zu beurteilen, wie weit man zu gehen beabsichtigt. Es gibt Fälle, wo es nützlicher ist, den armen Tibor wegen seiner geheimgehaltenen Epilepsie zu bemitleiden. Nicht immer ist es vonnöten, Tibor als Vatermörder hinzustellen. Es bleibt dem Spieler überlassen, ob er einen winzigen Taschenbohrer verwendet, eine mittelgroße Säge oder ein Beil. Die Reihenfolge lautet jedenfalls: Herz – Obwohl – Anbohren.

Unsere Erläuterung der Spielregeln ist eine vergröberte

Beschreibung des Wesentlichen. Wie feinsinnig das Bohren ausgearbeitet werden kann, welches übrigens schon in vergangenen Jahrhunderten bekannt gewesen sein dürfte, soll mit einem geschichtlichen Beispiel bewiesen werden.

Daß Kossuth seinem unangenehmsten Gegner, dem Grafen Széchenyi, der nebenbei bemerkt von extrem kleinem Wuchs war, den Beinamen »der größte Ungar« verlieh, tat er gewiß nicht aus bloßem Respekt. Den genoß der liberale Graf ohnedies von allen Seiten in einem so hohen Maße, daß ihm höchstens auf eine äußerst schlaue Art beizukommen war, und die praktizierte der Revolutionär Kossuth: Er stellte Széchenyi noch höher auf sein Piedestal, er half mit, den allseits Verehrten endgültig zum lebenden Denkmal erstarren zu lassen – und ihn somit als ernstzunehmenden, ebenbürtigen Gegner auszuschalten.

Bereits Kossuth hat gebohrt.

Und so geht es weiter bis in die Jetztzeit. Freilich haben die Leute auch anderes zu tun als Bohren, doch eine stattliche Anzahl von mimosenhaften Magyaren fühlt sich als ewige Zielscheibe. So mein bester Freund, der sich einbildet, alle Welt würde nur ihn jagen. Einmal sagte ich es ihm ins Gesicht: »Micu, du leidest an Verfolgungswahn!« Worauf er mit einem Märtyrerblick entgegnete: »Keine Spur von Verfolgungswahn – ich *werde* verfolgt!«

Das Bohren ist nur eine Variante auf der Gefühlsskala des Ungarn. Freundschaft und Feindschaft sind Gezeiten für ihn, sie wechseln sich ab wie Flut und Ebbe. Er hat auch nichts gegen offen erklärte Feindseligkeit.

Es gibt einen namhaften Schauspieler in der ungarischen Hauptstadt, der eine schwarze Liste führt. Darin verurteilt er seine Freunde, die er zeitweilig zu Feinden stempelt, weil sie ihn vermeintlich beleidigt hätten, zu einigen Wochen oder gar Monaten Silentium. Auf die von ihm angesetzte Dauer schreibt er sie ab, sie hören auf für ihn zu existieren. Er verkehrt nicht mit ihnen und entzieht ihnen das Recht, ihn anzureden. Haben sie die Strafe verbüßt, werden sie wieder in die Gemeinschaft der Freunde aufgenommen. Ob sie danach als Vorbestrafte gelten, ist mir nicht bekannt.

Unvergleichlich nachtragender als der Künstler mit der schwarzen Liste war der weltberühmte Bühnenautor Franz Molnár. Er hatte eines Nachts einen furchtbaren Traum: er sollte hingerichtet werden. In der Menschenansammlung unter dem Galgen stand grinsend sein wahrer Freund und Dichterkollege Eugen Heltai. Soweit der Traum. Nun die Wirklichkeit: Molnár sprach nach jener Nacht fünf Jahre lang nicht mit Heltai.

Die feinste Nuancierung zwischen Freundschaft und Feindschaft bot der Schriftsteller Krudy. Ein Kollege, mit dem er zerstritten war, erschien eines Tages bei ihm und bat in einer Angelegenheit um seine Hilfe. Krudy gewährte sie auf der Stelle, ohne zu zögern. Als jedoch die Sache ausgefochten war und der ehemalige Freund wiederkam, um sich zu bedanken, legte Krudy Wert auf die Feststellung: »Der Groll bleibt!« Und von Stund' an waren die beiden wieder hübsch bös aufeinander.

Der am konsequentesten durchgehaltene Groll, von dem ich je gehört habe, nistete sich in den Herzen zweier prominenter Brüder ein. Der eine ist unter dem Pseudonym Géza von Radványi (im Ausland schreibt er sich Radvany, einem Gedankengang aus »Rotkäppchen« folgend, damit man ihn besser lesen kann), ein in ganz Europa anerkannter Filmregisseur, der andere – Künstlername Alexander Márai – Stolz der ungarischen Literatur des 20. Jahrhunderts. Der echte Name der deutschstämmigen Familie lautet übrigens Großschmidt, aber das gehört nicht zur Sache.

1935 spielten die beiden im Budapester Familienkreis

ein Intelligenzspiel, bei dem der eine ein aufgegebenes Wort durch geschickte Fragen zu erraten hat. Márai war der Fragende und sein Bruder soll ihm eine irreführende Antwort gegeben haben. Er behauptete von etwas Abstraktem, daß es konkret wäre, oder vielleicht auch umgekehrt.

»Du kannst nicht einmal einen Unterschied zwischen Begrifflich und Gegenständlich machen . . .« meinte Márai zutiefst erschüttert. »Mit dir kann man ja nicht verkehren!«

Er verlieh seinen Worten gleich Nachdruck, indem er seinen Hut nahm und sich entfernte.

Die Brüder wohnten im selben Haus, aber Márai wich Radvany aus; wenn sie sich auf der Treppe trafen, grüßten sie einander nicht. Versöhnungsversuche schlugen fehl. Im Krieg befiel Radvany ein Augenleiden. In der Hauptstadt ging das Gerücht um, er wäre erblindet. Da erschien Márai zum ersten und einzigen Mal nach zehn Jahren bei ihm. Radvany saß in einem Sessel und streckte seine Arme nach dem langvermißten Bruder aus, dessen Umrisse er in der Tür schwach wahrnahm.

Márai rief enttäuscht »Was, du kannst sehen?«, drehte sich um und ging.

So ernst nimmt der Ungar seine Gefühle. Niemand kann ein so liebenswürdiger, guter Freund sein wie er. Niemand kann ein so böswilliger Todfeind sein wie er. Wenn es darauf ankommt, bietet er eine hundertprozentige Einmannshow.

In neuester Zeit bürgert sich im Westen ein zutreffendes Sprichwort ein: »Wer einen Ungarn zum Freund hat, braucht keinen Feind mehr.«

Eine bissige Variante dazu: »Feinde hast du unter ihnen keine, aber deine Freunde hassen dich!«

Vig ur (Herr Fröhlich) teilt am Monatsersten sein Geld genau so ein, wie Herr Huber, Monsieur Dupont oder Mister Smith. Nur steht Herrn Vig viel weniger zur Verfügung, oder gar nichts, da er seine Bezüge schon im Vormonat in Form von Vorschüssen behoben und aufgebraucht hat, was deshalb peinlich ist, weil er viel mehr einteilen muß als die anderen. Aber er schafft es. Es steht jedem frei, nachzuprüfen: er gibt mindestens zweimal soviel aus als er einnimmt. Wie er das macht, woher er es nimmt, weiß nicht einmal das Finanzamt. Wir haben es mit einem der süßen ungarischen Geheimnisse zu tun, die das Leben erleichtern und nur dann unangenehm werden, wenn man über sie nachdenkt.

Eine einzige Begebenheit ist mir bekannt, bei der man dem sparsamsten Hochstapler aller Zeiten auf die Schliche kam. Der Mann – sein Name war Gura – nahm bei verschiedenen Banken Kredite auf, legte die Summe auf Sparbücher einer unbeteiligten Bank und ließ das Kapital für sich Zinsen tragen . . .

Es ist ein wundervolles Luftballondasein, das Herr Vig – Nachfahre der Gentry, wie die ungarischen Großgrundbesitzer und Landedelleute bezeichnet wurden – führt. Er schwebt stets in höheren Regionen über dem Boden, den er unter den Füßen verloren hat. Sein Leichtsinn ist bodenlos. Droht ihm die Puste auszugehen, wird gepumpt und – es kann wieder weitergeschwebt werden. (Ad vocem Pumpen: In den 30er Jahren gab es tatsächlich einen »Pump-Baedeker« für reiselustige Mitbürger, preisgünstig unter der Hand zu haben. Da standen, säuberlich nach Ländern geordnet, mit genauen Adressenangaben, die tollsten Geldbeschaffungsmöglichkeiten. Eine Warnung lautete: Mach einen Bogen um die Schweiz!)

Herr Vig versteht es wie kein anderer, glaubhaft über seine Verhältnisse zu leben. Das Wasser reicht ihm ständig bis zum Mund, aber er ertrinkt nie. Er schwimmt. Wenn die See ab und zu stürmisch wird, schluckt er ein wenig

Wasser, aber sehr bald glätten sich die Wogen wieder.

Nein – jenen Teil meines Vergleichs, in dem ein Ungar Wasser trinken soll, nehme ich zurück! Schließlich belegt Ungarn auf der Weltrangliste des Weinkonsums den stolzen vierten Platz . . . Herr Vig trinkt natürlich nur Wein, und zwar von der besten Sorte. Koste er, was er wolle, schließlich leben wir ja nur einmal. Dieses Statement sowie die Behauptung »Wir sterben nie!« macht die Atmosphäre der legendären *mulatság* aus, der traditionellen Art der magyarischen Belustigung mit Zigeunermusik, Trinkgelage und Randaliersitten. Einst gehörte dieses Vergnügen ebenso zum Begriff des Ungartums wie heutzutage die Salami. In unserem trockenen Zeitalter hat nur noch der erste Teil überlebt: das Liedersingen. Der Herr bringt seiner Dame ein Ständchen. Er läßt den Zigeuner aufspielen, ganz fein muß es ihr ins Ohr klingen, pssst! noch leiser . . . und dann fortissimo, daß die Wände wackeln. Auch auf diesem Sektor ist der Ungar ambivalent. Seinem Glück gibt er in wehmütigen Weisen Ausdruck; ist er traurig, läßt er seinen Kummer in Trotz ausarten und er johlt fröhliche, schnelle, laute Lieder.

Früher gehörte es noch zum guten Ton, die leergetrunkenen Gläser an die Wand zu schmettern, dem Zigeuner Banknoten auf die Stirne zu kleben, auf den Tischen Csárdás zu tanzen und einer sich verläßlich einstellenden Zerstörungswut Luft zu machen, indem man in des Zigeuners Baßgeige sprang und des Gasthausbesitzers Einrichtung zerschmetterte, angefangen bei den silbernen Spiegeln. Der Zigeuner und der Besitzer hatten nicht das Geringste gegen solches Tun, denn der Schaden wurde fürstlich ersetzt.

Diese rauhen Sitten sind aber nicht mehr up to date. Nicht so sehr wegen ihrer Rauheit, sondern wegen ihrer Kostspieligkeit. Es fällt keinem Ungarn mehr ein, der angebeteten Primadonna die Kutschpferde auszuspannen und den Wagen selbst nach Hause zu ziehen, oder Champagner aus Damenschuhen zu trinken. Und die Gutsbesitzer, die auf ihren Schlössern eine mulatság nach der anderen je nach Laune zu einem Volksfest oder zu einer Orgie machten – häufig zu beidem zugleich –, schrien so lange »Wir sterben nie!«, bis sie ausgestorben sind.

Die Bohémiens der Künstlerwelt lassen sich jedoch auch heute nicht unterkriegen; nach Ende der Theatervorstellungen leben sie ihr Nachtleben weiter im Budapester Künstlerclub »Fészek«.

Doch die ganz großen Exemplare dieser Sorte, die eigentlich unter Naturschutz gestellt gehörten, setzten ihre Taten Anfang des Jahrhunderts. Damals begab es sich, daß in Budapest das prächtige Café New York seine Pforten öffnete, um sie nie wieder zu schließen. Dies ist wörtlich zu verstehen: Der Inhaber überreichte dem erfolgreichen jungen Stückeschreiber Franz Molnár den Schlüssel des Etablissements und der Dichter marschierte mit seinem Gefolge zum Donauufer und warf dort den Schlüssel ins Wasser, um mit dieser Zeremonie feierlich zu demonstrieren, daß das Künstlerkaffee Tag und Nacht geöffnet bleibt.

Dies war auch der Fall, eine lange lange Zeit hindurch, zur ungeteilten Zufriedenheit der Gäste. Nur an einem einzigen Tag murrten sie, da keine Kipferln (Hörnchen) zu haben waren. Der Inhaber hatte nämlich am Vorabend die Tagesration von 300 Stück dieses Gebäcks beim Kartenspiel eingesetzt und verloren.

Damals lebte der legendäre Theaterdirektor und Regisseur Ladislaus Beöthy, der mehrere, immer neu erworbene Vermögen, Güter seiner Familie und sogar sein Theater verspielte. Der Kartenbesessene verbrachte seine Nächte bis in die späten Morgenstunden im Casino. Nur einmal gelang es einem befreundeten Arzt, ihm Furcht einzuflößen, daß er zugrunde gehen würde, wenn er seine

Lebensweise nicht ändere. Beöthy versprach, von nun an rechtzeitig zu Bett zu gehen. Er selbst setzte sich den Termin: 2 Uhr nachts! Am nächsten Tag erschien er mit einer Taschenweckeruhr am Kartentisch. Er zeigte das Kleinod stolz herum, und als es um halb zwei klingelte, ließ er sich willig von seinem ins Casino bestellten Chauffeur nach Hause fahren.

Doch schon in der zweiten Nacht sollte es anders kommen. Die Partie, in der er saß, gestaltete sich gerade viel zu spannend, so daß sie nicht unterbrochen werden konnte. Als um Schlag 1 Uhr 30 die Taschenuhr surrte, übergab er sie dem pünktlich erschienenen Chauffeur mit den Worten: »Bringen Sie die Uhr zu Bett, sie ist schläfrig. Ich bleibe noch eine Weile.«

Seitdem haben sich die Zeiten geändert, der Ungar aber im Grunde genommen nicht. Sein Leichtsinn schlägt weiterhin jedem Faß den Boden aus. Wer es nicht glaubt, kann jeden beliebigen Ungarn einem Test unterziehen, indem er an seine Gastfreundschaft appelliert.

Besuche einen Ungarn und du wirst (nie) merken, daß hinter der beispiellosen ungarischen Gastfreundschaft eine unglaubliche Portion Leichtsinn steckt. Dein Gastgeber wird felsenfest überzeugt sein, daß er dich weit über seine Verhältnisse hinaus bewirten muß. Er ist in den Tagen der Gastfreundschaft ein Propagandist seines Landes, er muß dir alles zeigen und bieten, urteilst du doch danach über die Nation in Bausch und Bogen. Er legt dir sein Riesenherz zu Füßen. Er teilt mit dir sein letztes Hemd. Wenn du nicht aufpaßt, sogar *dein* letztes Hemd.

Vereinzelt gibt es freilich auch im Ungarland Musterexemplare von Geizhälsen, die selbst Schotten in den Schatten stellen.

Um wieder einmal das Stichwort »Ambivalenz« hervorzukehren: Von Franz Molnár hätten Sie doch wirklich nicht gedacht, daß er knickrig war! Bei Gott, er war es! In Amerika angekommen, lernte er zu allererst zwei englische Wörter auswendig, die er stets im Restaurant verwendete, wenn er mit Freunden ausging und es zum Zahlen kam:

»Separate checks!« (Geteilte Rechnungen!)

Es konnte sich auch kein Bekannter brüsten, jemals von Molnár Geld geborgt bekommen zu haben. Er trug auch nie welches bei sich, nur Schecks. Welchem Umstand er den Spottnamen »Scheckspeare« zu verdanken hatte.

Ein bis zur New Yorker Metropolitan vorgedrungener, international anerkannter Opernsänger gehörte zur selben Sorte. Als er in den 50er Jahren die Staatsauszeichnung, den sogenannten Kossuth-Preis erhielt, verbreitete einer seiner Kollegen die Nachricht, er habe das freudige Ereignis noch vor den Zeitungen dadurch erfahren, daß er Sándor einen Autobus anstatt einer Straßenbahn besteigen sah.

Derselbe Bariton galt stets als ein Bewunderer schöner Frauen. Um sie sich gefügig zu machen, verausgabte er sich, wie man sich in Branchenkreisen erzählte, folgendermaßen: Zu jener Zeit, als Nylonstrümpfe noch unerreichbare Schätze für Ungarinnen waren, brachte er von seinen Reisen aus dem Westen stets einige Paare dieses gefragten Luxusartikels mit. Stattete eine Frau einen Besuch in seiner Junggesellenwohnung ab, durfte sie damit rechnen, mit einem Strumpf beschenkt zu werden. Wohlgemerkt mit *einem!* Um die andere Hälfte des Paares mußte sie noch einmal kommen.

Die gespaltene Seele eines Geizigen und eines Vollblutbohémiens besaß jener Budapester Staranwalt, der es nicht übers Herz brachte, teure Taxis zu benutzen, sondern ausschließlich mit der Straßenbahn zu seinen Gerichtsverhandlungen fuhr. Da er sich jedoch nicht verspäten wollte, nahm er stets auf der ersten Plattform neben dem Fahrer Aufstellung und feuerte den Straßenbahner mit folgendem korruptem Angebot an: »Wenn Sie schneller fahren, bekommen Sie von mir einen Pengö!«

Bei diesen sparsamen Einzelgängern handelt es sich um Exemplare, die aus der Reihe tanzen. Die Reihe selbst besteht jedoch aus lauter gottergebenen Geschöpfen, die es dem himmlischen Vater überlassen, für sie Sorge zu tragen, so wie er für die Lilien auf dem Felde und die Vöglein in den Lüften Sorge trägt. Sie versteigen sich nicht dazu, ihm ins Handwerk zu pfuschen und sich etwa um das Morgen zu kümmern.

Ich habe in Wien einmal ein Plakat einer Bank gesehen, das mit den Worten begann »Warten Sie nicht aufs Glück!« und danach die Vorzüge des systematischen Sparens pries. Diese Bank würde in Ungarn pleite gehen.

Nicht aufs Glück warten zu dürfen? Nicht träumen? Dem Schicksal die Hände fesseln, mögliche Überraschungen unterbinden? Brrr, wie unungarisch!

Ungar sein heißt, das Leben in vollen Zügen genießen und, wenn es sein muß, dafür auch Schwierigkeiten in Kauf zu nehmen. Sie werden wieder vorübergehen.

»Es war noch nie so, daß es irgendwie nicht gewesen wäre«, lautet ein weiser Spruch.

In der Tierfabel von der musizierenden Grille und der für die Zukunft bauenden Ameise liegt dem Ungarn zweifellos die Rolle der Grille.

Man höre und staune: Auch die Ameise ist ungarischer Abstammung!

Zugegeben, die Vorfahren des Herrn Magyar kommen aus dem Fernen Osten, er selbst hat noch immer eine fast unüberwindbare Trägheit im Blut. Sein sprichwörtliches Temperament hebt er lieber fürs Vergnügen auf, als es an die Arbeit zu verschwenden.

Rufst du den Installateur, weil du einen Rohrbruch in deiner Wohnung hast, so mußt du in Ungarn ebensolange auf ihn warten, wie in anderer Herren – oder anderer Genossen – Länder. Verspricht dir der Schuster deine Schuhe bis Freitag zu reparieren, kannst du mit derselben Sicherheit rechnen, daß sie am Freitag nicht fertig sind – wie anderswo auch. Bemängelst du bei den ungarischen Maurern ihre mit Unproduktivität gepaarte Redseligkeit, dann schaue dich in der eigenen Umgebung um. Der werfe den ersten Ziegelstein, der selbst tüchtigere Maurer hat.

Doch nettere findest du kaum. Sämtliche Arbeiter werden dich in hochinteressante Gespräche verwickeln, sie werden dich totreden mit den neuesten Aussichten im Fußball-Toto, mit ihrer politischen Meinung, und sie werden dir sicherlich im Handumdrehen zwei, drei Witze erzählen, unter denen sogar ein neuer sein wird. Wenn sie faul sind, sind sie es temperamentvoll.

Übrigens hat ja das Temperament nichts mit Fleiß zu tun. Einer der verläßlichsten und gesuchtesten Musiker in Budapest, der seine Begabung zum wiederholten Male als Komponist, Arrangeur, Pianist und vor allem als Dirigent unter Beweis stellte, verfügte zum Beispiel nicht im Entferntesten auch nur über einen Schimmer von Temperament. Der Phlegmatiker, der sich noch nie bei einer Probe aufgeregt hatte und bei der Vorstellung die tollsten Rhythmen aus dem Orchester herauszuholen verstand, wurde im hektischen Theaterbetrieb allgemein nur »Tomi der Feurige« genannt.

Ein Bonmot über ihn lautete: »Ob Tomi dirigiert oder nicht – abends um acht schläft er.«

Wenn wir von den Werktätigen zu den Arbeitern der Kunst übergewechselt haben, greifen wir auch eine Anekdote auf, die die weltbekannte Faulheit der Schriftsteller illustriert.

Ein junger Schriftsteller trat einmal an den arrivierten

Dramatiker Istvan Bekeffi heran und machte ihm das gewagte Angebot, gemeinsam ein Stück zu schreiben.

»Warum sollte ich mich dazu hergeben?« fragte der Angesprochene.

Der Jüngling redete sich die Kehle wund, er führte sein großartiges Thema vor, das er dem routinierten Könner schmackhaft machen wollte und endlich rückte er mit dem Hauptargument heraus:

»Wenn ich mich darauf berufen kann, daß Sie, verehrtester Meister, an meinem Projekt mitarbeiten, wird der Verleger sofort einen beträchtlichen Vorschuß springen lassen, und den werden wir teilen!«

Dies klang vernünftig. Bekeffi sagte zu. Sie verabredeten sich am nächsten Mittag vor dem Haus des Verlegers. Der Junge sollte bis dahin den Vorschuß beheben, dann würde man weiter sehen.

So geschah es auch. Der publikumswirksame Name hatte Wunder gewirkt; der hartherzige Geschäftsmann blätterte einen enorm hohen Betrag als Vorschuß auf den Tisch. Dem Ideenbringer glänzten die Augen, das Herz quoll ihm über, als er dem Meister dessen Anteil auf die Hand zählte und bescheiden, aber selbstbewußt fragte, wann sie sich denn treffen wollten, um mit der Arbeit zu beginnen.

Der Meister steckte den Vorschuß ein, hob seinen Hut zum Gruße und sagte, bevor er ging: »Wozu, mein Herr?«

Und doch, auch die Ameise ist ungarischer Abstammung. Lassen Sie mich versuchen, den Beweis anzutreten.

Haben Sie schon Ameisen gesehen, die nicht arbeiten? Nie im Leben. Glauben Sie wirklich, daß diese Geschöpfe ohne Unterlaß, in Tag- und Nachtschichten, unermüdlich tätig sein können? Nein, das ist unmöglich. Auch Ameisen brauchen Schlaf, auch die Stachanowisten der Tierwelt müssen dann und wann ausruhen. Nur tun sie dies heimlich, unseren Augen verborgen. Im Licht der Öffentlichkeit rackern sie sich ab. Sie laufen hin und her, bauen und schuften und schleppen und haben alle Fühler voll zu tun. Was bedeutet dies? Daß sie sich geschickt verkaufen, daß sie ein gewaltiges Tamtam um ihre Arbeit machen, daß sie für ihre Publicity sorgen.

Genau das tun die Ungarn. Wenn sie arbeiten, wenn sie etwas schaffen, feiern sie sich und lassen sich feiern. Sie arbeiten zweimal so hart als andere Lebewesen. Einmal, um die Arbeit, die leider unbedingt zu verrichten ist, raschest hinter sich zu bringen, und noch einmal, um die geleistete Arbeit an die große Glocke zu hängen, ihre Ergebnisse jedem einzelnen Mitmenschen einzuhämmern. Wie die Ameisen. Quod erat demonstrandum.

Mit anderen Worten: Eine aus dem Orient mitgebrachte gehörige Portion Faulheit kann man den Ungarn nicht absprechen, aber arbeitsscheu sind sie keinesfalls. Um es schneller zu schaffen, sich auf die faule Haut legen zu können, nehmen sie es lieber in Kauf, unerhört fleißig zu sein.

Möglicherweise erinnern sie sich an das Márai-Zitat aus dem Drama »Bürger von Kaschau«: »Vergiß niemals, daß du aus dem Osten kommst und gehe stets gen Westen.«

Wenn es sein muß, arbeiten sie in rasantem Tempo und noch dazu frohen Mutes, um sich die Stunden des wohlverdienten süßen Nichtstuns nicht unnötig zu verkürzen oder zu vermiesen. Denn das Endziel bleibt natürlich das »Dolce far niente«. Dieser Begriff ist wahrscheinlich nur deshalb nicht auf ungarisch berühmt geworden, weil er eine ungünstige Propaganda darstellt.

Wenn Herr Magyar im Ausland lebt, vertauscht er die Rolle der Grille bis in seine alten Tage mit jener der Ameise. Seine Ambition, den Nachteil des Neubeginns wettzumachen und die Einheimischen zu übertreffen, kann er nur mit übermenschlichem – als Ungar wäre ich versucht zu sagen: unmenschlichem – Fleiß bewältigen.

Die Beweggründe eines Emigranten muten manchmal wie ein Witz an. Ein Flüchtling unter vielen hat einmal zu mir gesagt: »Für einen Angestellten habe ich zu wenig Sprachkenntnisse – ich muß Chef werden!«

Er wurde.

Es steht nicht eindeutig fest, ob die Ungarn die Höflichkeit erfunden oder nur gepachtet haben, aber sie gehen damit so souverän um wie mit ihrem Eigentum. Die Hauptrolle spielt dabei immer das an Elephantiasis leidende Herz. Es ist mit freiem Auge sichtbar, in den Augen des Ungarn, wenn er einer Frau in die Augen schaut. Es kann von der linken Brustseite bis in die Fingerspitzen des Ungarn wandern, wenn er einer Dame einen Handkuß hinhaucht und ihr dadurch Gänsehaut verursacht.

Wenn er seinen Charme spielen läßt, ist dies keine Schauspielerei, eher das Spiel eines Kindes, das seine Freude daran hat, den Spaß ernst zu nehmen. Sein »Wie geht es Ihnen?« ist kein »How do you do?«. Er ist wirklich neugierig auf die Antwort, if you know what I mean. Sein Charme ist unteilbar, er führt nicht zwei Sorten mit sich, von denen er eine privat und die andere im geschäftlichen Bereich verwendet. Seine Höflichkeit gehört zum ganzen Menschen, sie ist nicht bloß Fassade. Dahinter steckt wirkliches Interesse und sehr viel Wißbegier. Er möchte alles vom anderen erfahren und offenbart sich selbst auf Anhieb. Deshalb sein Ruf als Schwätzer. Der Ruf stimmt. Er hat ihn seiner naiven Offenheit, seinem kindlichen Gemüt zu verdanken. Er ist ein Erwachsener mit einer Kinderseele. Und wenn er aus sich herausgeht, nicht einmal ein Erwachsener. Er ist wahrhaftig ein großes Kind. Man möchte ihn am liebsten in die Arme nehmen.

Gott, wie unangenehm, wenn einen dann so ein Kind auf den Arm nimmt.

Wirft eine Schöne ihren Handschuh in den Löwenkäfig, wird der edle Ritter Rotweißgrün ohne Zögern unter die Löwen springen und den Schatz retten, bevor die Bestien überhaupt gemerkt haben, was hier gespielt wird. Aber den Dank, Dame, begehrt er.

Verhält sich der Ungar hie und da unhöflich, so bedeutet dies keinesfalls, daß er seine Ritterrüstung wissentlich abgelegt hat. Es gibt eine ganze Reihe von Anstandsregeln, die im Karpatenbecken völlig unbekannt sind.

Dazu gehört die Sitte, eine Schwing- oder Klapptüre so lange anzuhalten, bis die nachfolgende Person in Reichweite und somit in Sicherheit ist. Wenn der Ungar solche Türen einfach dem Nächsten auf den Schädel kracht, ist er diesem nicht im geringsten böse. Er kann sich über dessen Beule am Kopf gar nicht freuen, hat er doch gar keine Kenntnis davon – er schaut sich ja nicht einmal um, wenn er eine Schwingtür passiert.

Desgleichen hat es sich in Ungarn noch immer nicht herumgesprochen, daß der Herr stets aufzustehen hat, wenn sich die Dame am Tisch erhebt.

Wie gelehrig sie sind, beweisen im Westen lebende Ungarn, die alsbald sowohl mit Schwingtüren als auch mit Damen behutsam umzugehen verstehen.

Unbelehrbar scheinen sie nur in einem einzigen Fall: Wenn es nämlich um das Gebot der guten Manieren geht, wonach es als taktlos gilt, vor Dritten eine Sprache zu verwenden, die diese nicht verstehen. Da nützt kein Weinen, kein gütliches Zureden; daran sind schon Ehen mit einem anderssprachigen Ehepartner gescheitert, dadurch sind Karrierechancen aufs Spiel gesetzt worden, da ist Hopfen und Malz verloren. Der Paprika siegt auf der ganzen Linie, Ungarn werden immer, überall, ausnahmslos ungarisch miteinander reden. Auch wenn sie nicht untereinander sind. Die Muttersprache befällt sie wie ein Rausch. Das Fleisch ist willig, aber der Geist ist ungarisch.

Ungarisch zu reden ist für sie der natürliche Zustand. Die anderen Sprachen können verständlich sein; Ungarisch ist selbstverständlich.

Glauben Sie mir, ich hätte dieses Buch auch am liebsten ungarisch geschrieben, aber mein Verleger hatte kein Verständnis dafür.

Der Begriff »gute Manieren« ist übrigens relativ. Ein alterfahrener Redakteur fragte einmal einen mit geistigen Talenten nur spärlich gesegneten jungen Dichter: »Junger Mann, worauf sind Sie eigentlich so bescheiden?«

Dieses Paradoxon ist in der Heimat des Ritters Rotweißgrün zum geflügelten Wort geworden. Dort glaubt man fest daran, daß allein die wirkliche Größe das Recht auf Bescheidenheit für sich beanspruchen darf.

Die meisten wirklichen Größen sind denn auch so bescheiden, daß sie dieses Recht nicht beanspruchen.

So der Bühnendichter Desider Szomory, der, in den zwanziger Jahren befragt, ob er das Amt des Vizepräsidenten im Verband der ungarischen Bühnenautoren übernehmen würde, folgende Worte von sich und zur Antwort gab: »Ich kann Ihr Vizepräsident nicht, höchstens Ihr Gott sein!«

Genau so anmaßend, hochfahrend, maßlos aufgeblasen, immer kampflustig, nie kapitulierend (außer auf dem militärischen Sektor) packen die Ungarn alles an. Sie gehen nach dem Ausspruch der betrunkenen Maus vor: »Her mit der Katze, ich will sie vergewaltigen!«

Aber es kommt nicht zur Vergewaltigung. Die meisten Miezekatzen lassen sich von der charmant-bescheiden wirkenden, listig-lustigen, ungarisch-frechen Mickymaus bereitwillig verführen.

Während eines Sommerurlaubs im Reiseland Ungarn erfreute eine fünfjährige Mini-Piroschka unsere Gesellschaft mit ihrer unübersehbaren Anwesenheit. Das quicklebendige kleine Mädchen war eine glühende Anhängerin der Vollbeschäftigung, was in die Tat umgesetzt so ausschaute, daß sie weder sich noch den anderen auch nur einen Augenblick Ruhe gönnte. Einer ihrer hübschesten Einfälle war, mir meine Sonnenbrille von der Nase zu reißen. Als ich danach schnappte, um sie heil zurückzuerobern, entglitt sie ihrer winzigen Hand. Ich schwöre Ihnen, die Brille hatte noch nicht einmal soviel Zeit, den Boden zu erreichen; sie befand sich noch in der Luft, im freien Fall, da rief das kleine Ungeheuer: »Sie war schon kaputt!«

Wie sich übrigens herausstellte, war die Brille gar nicht zerbrochen. Die junge Dame versicherte sich nur »für den Fall daß«. Unheimliche Hirnwindungen, Reaktionsfähigkeit, Blitzgescheitheit.

Es handelt sich um keinen puren Zufall, sondern um Erziehung. Die kleinen Ungarn werden bereits in der Schule angehalten, nicht nur Körper-, sondern auch Gehirngymnastik zu betreiben, ihren Verstand zu polieren. In den Kindersendungen des Rundfunks sind die beliebtesten Aufgaben Wortspielereien, die von den Kindern gefordert werden. Das im Westen verpönte Auswendiglernen wird groß geschrieben. Im Verkehrsunterricht wird den Schülern beigebracht, rasch in die Straßenbahn einzusteigen, während in Wien eine Kindergruppe an der Haltestelle die Ermahnung von der Aufsichtsperson zu hören bekommt: »Schön langsam, nur net hudeln . . .«

Das schnelle Schalten macht die Ungarn wahrscheinlich auch zu besseren Autofahrern als jene, die unter »schnell schalten« ausschließlich den Umgang mit Pedalen und Hebeln verstehen.

Ein empfehlenswertes Terrain, das ungarische Köpfchen zu prüfen, ist das Theater. Sowohl die Bühne als auch der Zuschauerraum halten dem strengsten Test stand.

Anläßlich meiner ersten Begegnungen mit österreichischer, deutscher und schweizerischer Schauspielkunst, die das ungarische Theaterspielen in manchen Belangen haushoch überragen, war ich in zwei Fällen zutiefst enttäuscht, um nicht zu sagen, entsetzt. Erstens, als ich aus der Zeitung erfuhr, daß ein Darsteller irgendeines Stückes erkrankte, und ein gesunder Kollege – oder der Regisseur – die Vorstellung rettete, indem er die Rolle mit dem Textbuch in der Hand las.

Zweitens, als ich mich überzeugte, daß bei einer Dichterlesung ein Schauspieler auf der Bühne zwei Stunden lang tatsächlich aus einem Buch vorlas. Diese beiden Modellfälle wären in Ungarn undenkbar.

Das »Einspringen« ist das Bravourstück, der Husarenstreich schlechthin, somit also stets willkommen für einen ungarischen Komödianten. Das Wort schließt ein Herumstehen auf der Bühne von vornherein aus. Es ist verzeihlich, wenn der Retter der Vorstellung, der etwa ein, zwei Stunden vor Aufgehen des Vorhangs von seinem Glück benachrichtigt wurde, das eine oder andere Mal von der falschen Seite auf die Szene kommt, oder wenn der Souffleur an dem betreffenden Abend lauter schreit als im langjährigen Durchschnitt – aber eine ungefähre Rollenkenntnis des Einspringers, die Illusion des im großen und ganzen normalen Ablaufs der Vorstellung wie an anderen Tagen ist selbstverständliche Voraussetzung.

Die »Dichterlesung« ist in Ungarn eine unbekannte Gattung. Sie wird durch Rezitationsabende ersetzt. Auch Prosa wird durchwegs auswendig vorgetragen. Würde ein Künstler auf dem Podium aus einem mitgebrachten Buch vorlesen, käme dies einer Beleidigung des Publikums gleich. Eines Publikums, das ebenfalls pro Kopf mindestens ein paar Dutzend Gedichte auswendig gelernt hat.

Doch wir wollen dieses Publikum nicht wegen seines Gedächtnisses, sondern wegen seiner Reaktionsfähigkeit als Beispiel für Grips heranziehen. Wenn jemand das Experiment unternehmen würde, im Parkett eines Theaters bei einem Lustspiel mit einer Stoppuhr in der Hand die sogenannten »Lacher« festzuhalten, könnte er ermitteln, um wieviele Sekunden früher ungarische Zuschauer nach einer Pointe lachen als die übrigen. Sie begreifen rascher. Ebenso rühren sich ihre Hände vor allen anderen zum Szenenapplaus, falls sie von einem Bonmot angetan sind.

Dabei sind sie keine Wunderkinder. Sie sind keineswegs alle als sachverständige Theaterbesucher auf die Welt gekommen. Übung macht den Meister. Sie sind ständig im Training, zuhause ebenso wie auswärts. Wo immer sie in der Welt herumkommen, strömen sie in die Theater, in die Kinos. Überall findet sich ein Landsmann, der ihnen die Zusammenhänge erklärt. Sollten Sie im Dunkel irgendeines Kinos eine monoton kommentierende Stimme vernehmen, dürfen sie mit 99%iger Sicherheit annehmen, daß es sich um Ungarn handelt, von denen einer sich als Dolmetsch betätigt.

Dieses andauernde harte Training muß ja früher oder später Früchte tragen.

Merkwürdigerweise erzeugt die in großer Dosis konsumierte Kultur Birnen auf dem Apfelbaum. Der Scharfsinn wird immer ausgeprägter, doch das Bildungsniveau bewegt sich kaum. Ein Durchschnittsungar, würde ich sagen, ist doppelt so intelligent und halb so gebildet wie ein Durchschnittsbürger westlicher Staaten.

An dieser Stelle wird vermutlich erwartet, daß der Autor nunmehr den dummen Ungarn präsentiert. Es tut mir leid (aber nicht zu sehr), in diesem Punkt mit keiner vollkommenen Symmetrie dienen zu können, obwohl ich eingangs die Ambivalenz des Volkscharakters betont habe. Dumme Ungarn oder Ungarinnen sind Ausnahmen, ebenso wie pedantische, kühl-distanzierte oder homosexuelle Magyaren. Wobei das letzte Beispiel heutzutage bereits kaum einer Überprüfung standhält; was in der großen Welt Mode geworden ist, muß von den Nachfahren Árpáds unbedingt übernommen werden.

Allerdings, wenn Ungarn dumm sind, dann bringen sie es auch auf diesem Sektor zu schier unglaublicher Perfektion.

Eine seit 1956 in Belgien lebende ungarische Familie fährt jedesmal, wenn ein Mitglied des Clans erkrankt, nach Ungarn, da sie sich in ihrer Wahlheimat mit keinem Arzt zu verständigen imstande ist.

Zeitungsnotiz: Ein 65jähriger Kanadier ungarischer Abstammung wurde nach 60 Jahren von seiner Taubheit geheilt. Ein Arzt entfernte ihm die Wattestöpsel aus den Ohren, die seine Mutter hineingesteckt hatte, als er im Alter von 5 Jahren an einer Mittelohrentzündung litt.

Die zweifach legendäre Schauspielerin Anna T. – zum einen legendär als Künstlerin, zum anderen als Dummkopf – war keine Legende, es gab sie wirklich. Es war Tatsache, daß man sie in den 30er Jahren nach einer Molière-Aufführung, in der sie in einer Hauptrolle triumphierte, dem Autor vorstellte. Sie unterhielt sich wirklich angeregt mit dem angeheuerten Fremden, den boshafte Freunde in ihre Garderobe geführt hatten.

Um 1950, in den finstersten Jahren des Stalinismus, als sie einmal mit der Budapester Straßenbahn fuhr, erblickte sie auf der Plattform des überfüllten Wagens einen Kollegen, der einen dicken Buchband unter dem Arm hatte. Er begrüßte sie höflich, indem er ihr stumm zunickte. Sie begann mit erhobener Stimme, über die Köpfe der Mitreisenden hinweg, ein Gespräch mit ihm. »Was liest du da, Zoli?«

Der Mann erwiderte etwas verlegen: »Stalins Werke.«

Worauf Anna T., den Verkehrslärm überschreiend, die Frage an den errötenden Zoli stellte: »Und wie sind sie? Gut?«

Dies sind Einzelfälle. Als Massenerscheinung läßt sich den Ungarn Dummheit nur dann nachweisen, wenn man Naivität, Gutgläubigkeit oder vermeintliches Urteilsunvermögen als Mangel an Klugheit abstempelt.

Somit zurück zum magyarischen Publikum. Es hat sich zu einem anspruchsvollen, für seinen unbestechlichen Geschmack bekannten Forum ausgewachsen. In Budapest sind schon ein Puccini, ein Caruso, eine Erna Sack durchgefallen.

Andererseits, wenn diese tausendköpfige Hydra einen Künstler in ihre Fangarme schließt – dann ist sie dankbar wie ein kleines Kind, dem man einen Lutscher geschenkt hat.

Wie man zum Publikumsliebling avancieren kann, dafür gibt es keine feste Regel. Aber wenn es sich herausstellt, daß ein ausländischer Prominenter auch nur im entferntesten ungarischer Abstammung ist, hat er die Schlacht auf jeden Fall gewonnen. Dann wird die sonst übliche kritische Haltung mitsamt der Vernunft über Bord geworfen. Dann wird wieder mit dem Herzen gedacht.

Ungarn, Ungarn über alles, über alles in der Welt! – Woher wohl dieses einmalige Nationalbewußtsein stammt? Psychologen würden bestimmt die Auffassung vertreten, es stecke ein Minderwertigkeitskomplex dahinter. Nun, Psychologen müssen nicht immer unrecht haben.

Der Ursprung dieses Komplexes dürfte in der ungarischen Geschichte zu suchen sein.

II

Geschichte mit Geschichten

Woher kommt dieser seit über tausend Jahren im Aussterben begriffene Menschenschlag, der es en gros immer schwerer hat und en detail immer besser lebt als andere? Wie gelang dieser, aus ein paar Stämmen bestehenden, kleinen, geschlossenen Gesellschaft, sich als Wildfremde unter unfreundlich gesinnten Nachbarn niederzulassen, einen Staat zu gründen, zu gedeihen und im Laufe der Geschichte des öfteren sozusagen zum Primgeiger zu avancieren? Was mag wohl die Bodenständigen, über denen dieser Fremdkörper Wurzeln schlug, dazu bewogen haben, schließlich zu resignieren? Denn das taten sie, indem sie anfingen, ihre Fehde mit den Ungarn zu begraben und letztere gar um Beistand zu bitten. Sie taten nicht gut daran. Ungarn an der Seite zu haben, war für den Partner so gut wie ein Garantieschein für einen verlorenen Krieg.

Die Geschichte des Landes ist so aufschlußreich, daß sie uns den Antworten auf die aufgeworfenen Fragen um ein gutes Stück näher bringt. Wenn bereits die Landnahme eine Emigration ist und der Eingeborene zum »inneren Emigranten« in seiner Heimat wird, wenn die Zwistigkeiten zum Alltag gehören und die seltenen Feiertage daraus bestehen, daß die Unterdrücker wechseln, die ständige Einrichtung der Unterdrückung jedoch unverändert bleibt – wozu kann das führen?

Normalerweise zur Verzweiflung. Aber »normal« ist für Ungarn ein Fremdwort. Hingegen steht »Lebenswille« in ihrem Vokabular groß geschrieben. Um überleben zu können, betreiben sie Propaganda. Sie tun so, als wären sie mutig, stark, groß, mächtig. Dann fallen sie selbst auf ihre Propaganda herein – und sind es plötzlich.

Anders hätten sie ihrem bitteren Schicksal nicht ins Auge sehen, im Sturm der Zeiten nicht bestehen können.

Klingt dies pathetisch, so ist daran nicht nur der ungarisch angehauchte Stil, sondern die Geschichte selber schuld.

Die Ungarn hatten von Anfang an einen Vogel. Ihr Totemtier war kein Adler – dieses beliebte Wappenmodell überließen sie anderen Völkern – aber immerhin ein Habicht oder ein Falke. Genau weiß man das nicht, denn es handelt sich um einen Phantasievogel namens *Turul.* Jener gefiederte Geselle soll die skythische Fürstin Emese (sprich Emesche, wie Piroschka, deren Urahnin sie werden sollte) im Traum geschwängert haben. Zugleich verkündete er ihr, ihrem Leib würde ein Strom entspringen und ruhmreiche Könige würden aus ihren Lenden hervorgehen. Als sie einen Sohn gebar, wurde dieser nicht nach ihrem Mann, sondern nach dem Traum benannt. Traum heißt auf ungarisch *álom,* also hieß der Fürstensohn Álmos. Daß der Name des Urvaters aller Magyaren auch für den Begriff »schläfrig« steht, ist purer Zufall.

Übrigens wartet die ungarische Sagenwelt auch mit einem anderen Tier auf: Der Wunderhirsch ist noch älter als der Vogel Turul.

Nach der biblischen Zeit der Sprachverwirrung – so heißt es mit einer feinen Anspielung darauf, daß dies Volk seinen Stammbaum, wenn auch nicht bis Kain und Abel, so doch immerhin bis zu Bibel und Babel zurückleiten kann – zog der Riese Nimrod in das Land Evilat, später Persis genannt. Dort zeugte er zwei Söhne: Hunor und Mogor, auch Magyar genannt.

Die beiden begaben sich eines Tages auf die Jagd und erblickten einen prächtigen Hirsch, welcher vor ihnen floh. Sie verfolgten ihn bis in die mäotischen Sümpfe. Dort aber entschwand er ihren Augen. Er hatte seine Aufgabe erfüllt: Die Stammväter aller Hunnen, respektive Ungarn, in eine neue Heimat zu führen.

Die Brüder blieben also gleich an Ort und Stelle, einen Ausbruch in die Nachbarschaft ausgenommen, wobei es zu einem Frauenraub kam, der dem Raub der Sabinerinnen verdächtig ähnlich sah. Danach gab es keine Hindernisse mehr, zu einem mächtigen Volk anzuwachsen. Als die Sümpfe ihnen zu eng wurden, sandten sie Kundschafter nach Skythien, nördlich des Schwarzen Meeres, wohin sie schließlich übersiedelten. Dort spielt auch das Märchen vom Turul.

Wir wollen jedoch, obwohl die Ungarn die Märchenwelt so sehr lieben, daß sie bis in die jüngste Zeit mit einem Bein darin stehengeblieben sind, in die Wirklichkeit überwechseln.

Wissenschaftlich belegt ist Folgendes: Etwa 1500 v. Chr. taucht das Urvolk der Finno-Ugrier im Gebiet des Ural auf. Im Laufe der Zeit zerfällt es in mehrere Gruppen: Finnen, Lappen, Esten, Mordwinen, Tscheremissen, Syrjenen, Votjaken, Vogulen, Ostjaken und Oguren. Diese werden auch Ugoren genannt, ein Synonym für Ungarn oder Magyaren.

Was ich nun hier einfüge, dürfte ich mir als gewissenhafter Geschichtswissenschaftler nicht erlauben. Zu meinem Glück bin ich jedoch ein zügelloser Humorist und so gestatte ich mir, den geneigten Leser zu fragen: Haben Sie schon gehört, wie die Finnen sich von den Ungarn getrennt haben?

Nun, dieses geschah so: Der Urstamm völkerwanderte durch die halbe Welt, bis er eines schönen Tages zu einer Kreuzung kam. Dort stand ein Wegweiser mit der Aufschrift »Nach Finnland«. Und diejenigen, die lesen konnten, setzten ihren Weg in Richtung Skandinavien fort.

So, nun verspreche ich, wieder seriös zu sein und streng geschichtlich weiterzuerzählen: Byzantinische und arabische Quellen berichten über die Magyaren um 500 n. Chr., also zwei Jahrtausende später. Sie halten sich noch immer in der Gegend des 60. Breitengrades auf und leben unter Hunnenherrschaft. Diese Feststellung widerlegt die sagenhaften verwandtschaftlichen Beziehungen zu den Hunnen, die andererseits durch die lateinische Bezeichnung »hungarus« – wovon das englische »hungarian« abgeleitet werden kann – wiederum bestätigt wird.

Ob verwandt mit oder beherrscht von den Hunnen – jedenfalls strebten die Onoguren, wie sie auch genannt wurden, einen Tapetenwechsel an. Vorerst wanderten sie durch die Steppen des heutigen Baschkirien. Dieses Land wurde noch zu Beginn des 13. Jahrhunderts »Großungarn« (Magna Hungaria) genannt. Sie berührten den Kaukasus und das Schwarze Meer, bereicherten ihre Sprache durch türkische, kaukasische und persische Lehnwörter, und zu dem ursprünglich ugrischen Volk kamen türkische und mongolische Elemente.

Die Person des Fürsten Álmos erscheint in der ersten Hälfte des 9. Jahrhunderts. Obwohl von Legenden umwoben, scheint es ihn tatsächlich gegeben zu haben.

Die nächste bekannte Sage enthält mehr Wirklichkeitselemente als die bisher erzählten. Es handelt sich um den berühmten Blutvertrag, welcher zur Staatsgründung führte. Auf der Flucht vor einem Angriff der Petschenegen hielten die Ungarn Ausschau nach einem neuen, sicher scheinenden Siedlungsgebiet. Ihre Wahl fiel auf Pannonien. Doch zuvor entschlossen sich die sieben Fürsten, welche bis dahin das Volk geleitet hatten, einen gemeinsamen Führer aus ihren Reihen zu wählen. Sie entschieden sich für Álmos. Nach heidnischer Sitte schlitzten sie sich die Adern auf und ließen ihr Blut in ein Gefäß fließen, dann trank einer nach dem anderen von dem Gebräu, um auf diese Weise den Schwur zu bekräftigen. Und es wirkte offenbar: Diesmal blieben die Magyaren einig und niemandem fiel es ein, den Eid zu brechen. Sie machten sich unter ihrem neuen Herrscher auf den Weg.

Die Landnahme wurde unter Führung des Sohnes von Álmos, des Fürsten Árpád, im Jahre 896 durchgeführt. Er zog mit seinem Kriegsvolk durch den Paß von Verecke (bitte das »c« auszusprechen wie bei Barack) in das von den Karpaten umgebene Land, während die Frauen mit den Kindern und den Viehherden einen anderen Paß für die Invasion benützten. Es wurde ein Stelldichein auf dem Theißrücken, in der Tiefebene, vereinbart und auch eingehalten. Ein wenig störend wirkte allerdings der Umstand, daß Pannonien zu jener Zeit einen anderen Besitzer hatte – und zwar den slawischen König Swatopluk. Doch Fürst Árpád verstand es listig, einen bewaffneten Zusammenstoß zu vermeiden. Er brachte Swatopluk ein wunderschönes weißes Roß als Geschenk dar und verlangte als Gegenleistung nur eine Handvoll Erde sowie einen Becher Wasser. Der gastfreundliche Slawe, der ihm diesen Wunsch nicht abschlug, konnte nicht wissen, daß er dadurch nach magyarischer Sitte sein ganzes Land Árpád und dessen Mannen übergeben hatte.

Diese Art der Landnahme ist nach Meinung einiger strenger Historiker nicht als einwandfrei fair zu bezeichnen; wirksam jedoch war sie, das steht fest.

Ein anderes Volk wäre, endlich im Besitz einer festen Heimat, darangegangen, sich häuslich und vor allem friedlich einzurichten. Nicht so die Magyaren. Sie nahmen im Osten den Wilden Westen vorweg. 43 ihrer Raubzüge, die sie während der nächsten 70 Jahre unternahmen, sind aufgezeichnet. Apropos Aufzeichnung: Das erste schriftliche Dokument über die Ungarn aus jener Zeit stammt von einem Mönch, der sich geweigert hatte, aus seinem Kloster in St. Gallen vor den herannahenden wilden Horden die Flucht zu ergreifen. Er beschreibt die Ungarn als sympathisch, sehr trinkfest und über alle Maßen lebenslustig. Schade, daß der Mönch – historisch nachweisbar – nicht ganz richtig im Kopfe war; deshalb floh er ja auch nicht mit den anderen. Die ungarischen Lehrbücher nennen die Raubzüge verniedlichend »das Zeitalter der Abenteuersuche«, gleichsam darauf hinzielend, daß ein junges Volk, wie ein junger Mann vor der Ehe, sich erst austoben muß. Nun, die Umwelt war von diesem Jüngling so sehr in Angst und Schrecken versetzt, daß in sämtlichen christlichen Kirchen der Nachbarvölker am Ende jeder Messe gemeinsam gebetet wurde: »De sagitis Hungarorum libera nos domine!« (Von den Pfeilen der Ungarn erlöse uns, o Herr!).

Die abenteuerlichen Streifzüge führten die Magyaren bis nach Burgund und den Pyrenäen, nach Italien und Byzanz. Erst 955 hatten sich die unbändigen Nachkommen der Skythen endlich ausgetobt. Auf dem Lechfeld bei Augsburg erlitten sie eine Niederlage, die mehr als ein Denkzettel war. Angeblich kehrten von dieser Schlacht insgesamt sieben Mann heim, die als »die sieben Trauermagyaren« in die Geschichte eingegangen sind.

Die historischen Berichte aus jener Zeit haben hie und da noch Legendencharakter.

Ab Fürst Géza, vierte Generation nach Árpád, wird mit den Legenden aufgeräumt. Die unbarmherzige Wirklichkeit erfassend, wurde Géza zum ersten Opportunisten, den wir unter den Ungarn kennen. Da er sah, daß es ohne Anpassung nicht weitergehen konnte, bat er den römisch-deutschen Kaiser, Missionare ins Land zu schicken. Dem Ersuchen wurde stattgegeben und man entsandte Benediktiner an den Hof Gézas, der sich und seinen Sohn taufen ließ. Während er des Morgens andächtig der Messe beiwohnte, brachte er allnächtlich weiterhin den alten Götzen seine Opfer dar. Man kann nie wissen.

Der Sohn entschied sich eindeutig für den Fortschritt, für das Moderne. Dies bedeutete damals: Christentum, Frieden mit den Nachbarn. Er heiratete die bayrische Prinzessin Gisela und ließ sich im Jahre 1001 unter dem

Namen Stephan (respektive István) zum ersten König von Ungarn krönen. Die Krone sandte ihm Papst Sylvester II. – die »Heilige ungarische Königskrone«. (Das Kreuz an der Spitze wurde verbogen, als Kossuth und sein Gefolge die Krone auf ihrer Flucht nach der niedergeschlagenen Revolution 1849 vergraben mußten. Anderen Versionen zufolge schon viel früher, etwa 1440, als wegen Thronfolgestreitigkeiten die Insignien wieder einmal außer Landes gebracht werden mußten.)

Stephan, der nach seinem Tode heilig gesprochen wurde, christianisierte die Bannerherren des Landes mit ziemlich unheiligen Mitteln. Wäre er jedoch nicht mit eiserner Strenge vorgegangen, hätte er sein Volk nicht seßhaft machen und in eine Zeit hinüberretten können, die vorerst nur er verstand. Ob diese glorreiche Tat auch andere Völker, vornehmlich die Nachbarn, erfreut hat, bleibe dahingestellt; die eigenen Untertanen wissen sie jedenfalls zu würdigen. Bis in die Jetztzeit gilt der Namenstag des heiligen Stephan in Ungarn als Nationalfeiertag. Der erste König hatte die Richtung vorgezeichnet – sowohl das Königreich wie auch das Christentum erwiesen sich als gefestigt. Allein das Haus der Arpaden schenkte der römisch-katholischen Kirche außer und nach Stephan noch vier Heilige.

Eine Tat des heiligen Stephan rechtfertigt es besonders, noch einen Absatz lang bei ihm zu verweilen. Er ließ zahlreiche Deutsche nach Ungarn ziehen. Die Verschmelzung der deutschen Elemente mit den ungarischen begann zu Stephans Zeiten.

Hier sei ein Vorgriff erlaubt. Der Leser wird in diesem Buch immer wieder Ungarn begegnen, die deutsche Namen tragen. Bei allen diesen, bzw. deren Vorfahren, handelt es sich um einstens angesiedelte Donauschwaben, Siebenbürger Sachsen, im Oberland – heute Slowakei – lebende Zipser oder jüdische Einwanderer.

Der nächste König, dem die Geschichte zubilligt, daß er seiner Zeit voraus war, hieß Koloman und wurde mit dem Beinamen »der Schriftgelehrte« geschmückt. Kaum hundert Jahre nach St. Stephan verankerte er in der Gesetzgebung den Satz: »Von Hexen, welche es nicht gibt, soll keine Erwähnung mehr getan werden!«

Eine bedeutende Jahreszahl in der ungarischen Geschichte ist 1222. Die »Goldene Bulle« wird herausgegeben, ein fortschrittliches Grundgesetz, welches das Recht des Adels auf Widerstand gegen Übergriffe des Herrschers festlegt. Und dies, obgleich die damaligen Zeitgenossen die sieben Jahre früher im fernen England entstandene Magna Charta sicherlich nicht kannten. Diese Bulle sollte später den Habsburgern noch viel Ärger bereiten, diente sie doch zahlreichen Aufständen des ungarischen Adels gegen den Monarchen als gesetzliche Grundlage. Die Aufständischen vergaßen auch niemals, den Satz zu zitieren: ». . . ohne sich des Treuebruchs schuldig zu machen . . .«

Neunzehn Jahre später galt es allerdings zusammenzuhalten. Der Tatareneinfall brachte einen Tiefpunkt der ungarischen Geschichte mit sich. »Nach 350jährigem Bestehen wurde Ungarn in diesem Jahre von den Tataren vernichtet«, vermerkte ein bayrischer Mönch 1241. Ein Zufall war schuld, daß er sich irrte. Die Bevölkerung wurde dezimiert, ja fast ausgerottet. Das Ausmaß der Verwüstungen war nicht nur der zahlenmäßigen Überlegenheit der Tataren zuzuschreiben, sondern auch dem Umstand, daß die Ungarn ihre alten Kampfmethoden – offener Angriff, ohne Formation – aufgegeben und die »zivilisierten« Methoden ihrer einstigen Feinde übernommen hatten. So besiegten die Barbaren die Ungarn mit deren eigenen abgelegten Methoden.

Dabei hatte König Béla IV. Gelegenheit gehabt, gewisse Vorkehrungen zu treffen. Kurze Zeit zuvor hatte er den Mönch Julianus auf eine Expedition gen Osten geschickt, mit dem Ziel, die seinerzeit dort gebliebenen Ungarn aufzustöbern und in die neue Heimat zu führen. Der Missionar traf auf seiner Reise mit dem Gesandten des Khan zusammen, von dem er erfahren mußte, daß nicht nur die Magyaren Großmachtträume hegten und pflegten. Julianus eilte daraufhin sofort mit einem Brief zu seinem König zurück, in dem geschrieben stand, die Ungarn sollten sich besser im vorhinein ergeben.

Es waren keine leeren Drohungen. Die Tataren machten sie wahr und fielen in Schwärmen über das Land her. Ein kleines Volk, die Kumanen, befand sich bereits auf der Flucht vor den wilden Horden. In der Hoffnung, daß sie die militärischen Regeln der alten Magyaren, nun von den Tataren angewandt, noch nicht verlernt hätten, siedelte Béla das gesamte fliehende Volk zwischen Donau und Theiß an. Nach St. Stephans Deutschen waren die Kumanen die ersten Ausländer, die nach Ungarn emigrierten. Viele sollten ihnen noch folgen und Ungarn später in einen Nationalitätenstaat verwandeln.

Der Tatareneinfall nahm ein jähes Ende, als der Großkhan starb, worauf das Heer abzog. Béla, der sich bereits auf der Flucht befunden hatte, machte sich an die Aufbauarbeit. Er erhielt dafür von den Historikern den Beinamen »Zweiter Landbegründer«.

Der neue Staat erholte sich so rasch, daß es ihm knappe vier Jahrzehnte später möglich war, fremden Monarchen zu Hilfe zu eilen: Ungarnhilfe Nr. 1 für die Habsburger. Der deutsche König Rudolf I. wird von Ottokar II. Przemysl nicht anerkannt. Der ungarische König, wegen seiner Vorliebe für die Neuangesiedelten »Ladislaus der Kumane« genannt, hat Angst vor einem slawischen Korridor und verbündet sich mit Rudolf, dem er auf dem Marchfeld zum Sieg verhilft.

1301 stirbt das Haus der Arpaden aus – das heißt, nur die männliche Linie. Weiblicherseits blühte der Stammbaum im Verborgenen weiter. Es gab bis in die jüngste Zeit immer wieder Leute, die von den Arpaden abstammen wollten. Der letzte, von dem ich erst kürzlich hörte, lebt heute in Madrid. Alles, was ich über ihn weitergeben kann, ist sein Kosename: Öcsi. (Derselbe, mit dem Fußballstar Puskás bedacht wurde.) Das heißt soviel wie »kleiner Bruder« und ist in internationalen Bereichen etwa »Bubi« ebenbürtig. Bubi aus dem Hause Árpád ist also Emigrant in Spanien, geht einem geregelten bürgerlichen Beruf nach und soll nur ab und zu bei einem Gläschen Wein davon träumen, wie er die königliche Burg zu Buda einrichten würde, sollte er eines Tages unerwartet auf den Thron gelangen. Bei solchen Gelegenheiten verteilt er auch Regierungsposten unter seinen treuesten Freunden.

Zurück von den Geschichten zur Geschichte: Wir schreiben 1301. Ausländische Thronprätendenten streben nach dem ungarischen Herrscherthron.

Nach sieben wirren Jahren kommt Karl Robert aus dem Hause Anjou an die Macht, welcher immerhin eine ungarische Mutter aufweisen kann. Ausgerechnet er, der Fremde, wird zum Wegbereiter der ungarischen Großmachtstellung. Zuerst besiegt er in einer Schlacht die Truppen der aufsässigen Feudalherren und bringt eine starke Zentralmacht zustande. Sodann wittert er die Gefahr, welche in Gestalt der auf dem Balkan vordringenden osmanischen Heerscharen heraufzieht. Er betreibt eine Politik der Rückendeckung. Sein Sohn Ludwig wird mit einer Prinzessin von Luxemburg vermählt; mit dem in Polen regierenden Kasimir dem Großen wird eine gegenseitige Erbschaftsfolge festgelegt, wonach derjenige, welcher den anderen überlebt, auch dessen Krone erbt.

Die Rechnung geht auf – Karl Roberts Stammhalter, von den Ungarn als Ludwig der Große verehrt, erbt Polen, das nunmehr mit Ungarn in Personalunion tritt. Er herrscht über das ausgedehnteste Ungarnreich, das es je gegeben hat. Es erstreckt sich von der Ostsee bis zur Adria; Dalmatien und Kroatien wurden schon unter Koloman dem Königreich angeschlossen; der Einfluß in Italien ist auch nicht zu unterschätzen.

Von da an gehören auch stets außerungarische Gebiete zur Stephanskrone. Ludwigs Titel lautet: »Rex Hungariae, Croatiae, Dalmatiae, Illyriae, Serbiae, Ramae, Ladomeriae.« – Man wird mir verzeihen, falls ich einige Titel vergessen habe. Ludwig selbst, großzügig wie er war, unterzeichnete meist nur mit »Rex Hungariae etc. etc.«

Sein nicht ganz unmittelbarer Nachfolger und Schwiegersohn Sigismund vermehrt die ererbte Kronensammlung um etliche schöne Stücke. So erwirbt er die tschechische Krone, die lombardische eiserne und sogar die römisch-deutsche Kaiserkrone. (Aus ungarischer Sicht, der die Übertreibung nie fern liegt, könnte man also behaupten, daß zu jener Zeit das römisch-deutsche Reich zu Ungarn gehörte.) Sigismund war so mächtig, daß er mir nichts, dir nichts Päpste absetzte und »Gegenpäpste« wählen ließ. Er war es auch, der das Konzil zu Konstanz einberief und die Hussiten vernichtend schlug.

Diese Daten und Taten des Königs Sigismund verblassen alle hinter seiner »Erfindung«, die jede stolze Ungarbrust anschwellen läßt: Er war es, der die Reiterei aufstellen ließ, welche die ganze Welt als Husaren kennen, lieben oder fürchten lernte. Franzosen, Preußen, Polen, Russen und Italiener haben ihre malerische Tracht übernommen, der Begriff *huszár*, wie der Eigenname in der Originalform geschrieben wird – bleibt jedoch an das Ungartum geknüpft. Im französischen Tarbes, einem etwas verborgenen Provinzsitz in den Pyrenäen, gibt es seit 1965 ein Husarenmuseum, das den Besucher mit folgendem Satz begrüßt: »Das auf ungarischem Boden geborene und in 34 Ländern verbreitete Husarentum . . .«

Die nächste markante historische Persönlichkeit nach

Sigismund heißt Johann Hunyadi. Er kommt als der erste Gouverneur oder Gubernator in der Geschichte Ungarns an die Macht und verwaltet die Geschicke des Landes anstelle des minderjährigen Königs Ladislaus V., eher als »Ladislaus Posthumus« bekannt. Man munkelt, Hunyadi sei ein uneheliches Kind von Sigismund mit einer walachischen Bauernmagd gewesen. Wie dem auch sei, er richtet das Augenmerk der Nation endlich auf die Türken, welche die Welt unsicher machen. 1456, drei Jahre nachdem Byzanz gefallen und aus der Hagia Sofia eine Moschee geworden war, nachdem die Türken Serbien bereits überrannt hatten, ruft Hunyadi gemeinsam mit dem Mönch Capistran zum Kreuzzug auf. Bei Belgrad erringt er einen derart überzeugenden Sieg über den Halbmond, daß die Türken in den nächsten Jahrzehnten nicht zu Atem kommen. Papst Calixtus III. ordnet an, daß zum Gedenken an diese Schlacht in der gesamten christlichen Welt zwischen Morgenmesse und Abendandacht einmal die Glocken geläutet werden – was bis zum heutigen Tage eingehalten wird. Nur der Anlaß geriet in Vergessenheit. Überall ertönen mittags Schlag zwölf die Glocken. Die einzige Ausnahme bildet die Schweiz, dort läuten sie um elf. In Sachen Ungarn tanzt die Schweiz aus der Reihe.

Drei Wochen nach dem glorreichen Sieg ereilt Hunyadi der Tod. Auf der zugefrorenen Donau wählen 40.000 Untertanen einen neuen König. Boshafte Zungen berichten, daß dies Anhänger von Hunyadi und dessen Schwager waren, von letzterem bestellt. Gewiß war es ihm ein Leichtes, so viele Menschen zusammenzutrommeln, gehörte doch diesen beiden Oligarchen die Hälfte des Landes als Privatbesitz.

Der neue König hieß also Matthias, Sohn des Gubernators Hunyadi. Diese Wahl – ob gelenkt oder nicht – sollten die Ungarn nie zu bereuen haben.

Unter Matthias Rex, der die italienische Königstochter

Beatrice zur Frau nahm, blüht die ungarische Großmacht – einmal und nie wieder – auf.

Zur selben Zeit, als etwa in den Schlachten zwischen der Weißen und der Roten Rose, den Häusern Tudor und Lancaster also, drei- bis fünftausend Krieger einander gegenüberstanden, unterhielt Matthias eine ständige Armee von 30.000 Mann, welche den Namen »Schwarzes Heer« trug, und außerdem eine Flottille auf der Donau. Zu den bisherigen Gebieten eroberte der junge Hunyadi, der einen Raben zum Wappentier wählte und sich fortan Corvinus nannte, Böhmen, Schlesien, die Lausitz, Niederösterreich, Kärnten und die Steiermark.

Als er sich anschickte, Wien zu belagern, suchten ihn in seinem Lager bei Hainburg Bauern aus Döbling, Nußdorf und Grinzing auf. Sie kamen allen Ernstes mit der Bitte, die Kriegshandlung hinauszuschieben, denn sie stünden gerade vor der Weinlese. Matthias wäre kein echter Ungar gewesen, wären die Bauern auf taube Ohren gestoßen. Er willigte ein. Mittlerweile überlegten es sich die zuständigen Herren und boten Wien kampflos an – Matthias hielt hoch zu Roß Einzug. Ungarische Maler vergaßen nicht die Szene zu verewigen, wie der Bürgermeister von Wien dem Eroberer die Schlüssel der Stadt überreicht, während andere Würdenträger Brot und Salz darbieten.

Ungarische Chronisten zeichneten hingegen auf, daß Matthias in der Kärntnerstraße auf ein stattliches Haus zeigte und fragte: »Wem gehört dieses Haus?«

Ein Bürger trat vor und antwortete wahrheitsgetreu: »Mir, Majestät!«

»Wem?« fragte der König und zog die Augenbrauen drohend hoch.

»Mir . . .« wiederholte der Hausbesitzer, diesmal schon eingeschüchtert.

Nun donnerte der Magyare, daß es nur so hallte: »Wem gehört dies Haus, frage ich euch?!«

Der Eigentümer begriff endlich, nachdem er von allen Seiten gestoßen wurde und stumme, verzweifelte Zeichen erhielt: »Dieses Haus gehört Eurer Majestät!«

Matthias zog gnädig ein und wohnte während seines Wiener Aufenthaltes in dem selbstgewählten Gebäude.

Die Nachwelt hat nicht so sehr das Bildnis des kriegerischen Eroberers, sondern vielmehr das des kunstbesessenen, gerechten Renaissancekönigs in Erinnerung behalten. Matthias Rex gestaltete seinen Hof in Buda zu einem wissenschaftlichen und künstlerischen Zentrum der damaligen Welt. Er umgab sich mit Gelehrten, Malern, Musikern, vor allem aber mit tausenden und abertausenden Büchern, den »Corvinen«. Die gelangten später in alle Welt. Hier möchte ich nur erwähnen, daß die Wiener Hofbibliothek von Kaiser Maximilian mit Corvina-Bänden gegründet wurde.

Ebenso legendär wie seine Bibliothek war die Gerechtigkeit des Matthias Corvinus. Als er 1490 in Wien aus dem Leben schied – angeblich wurde er vergiftet – entstand im magyarischen Raum das geflügelte Wort: »König Matthias ist tot – die Gerechtigkeit ist dahin!«

Er hinterließ ein Land, das mehr Einwohner zählte als England. Verbürgte Angaben von Volkszählungen besagen, daß um 1500 die Einwohnerzahl Ungarns 4 1/2 Millionen, diejenige Englands 4 Millionen betrug.

Die nächste Volkszählung, die ein paar Jahrzehnte später stattfand, erbrachte 2,570.000 Seelen. Wie war dieser fast 50%ige Volksverlust möglich?

Nach den goldenen Jahren unter Matthias brach die Anarchie über das Land herein. Unfähige Könige konnten nicht verhindern, daß einerseits die Oligarchen, andererseits die kirchlichen Würdenträger auf Kosten des Souveräns immer mächtiger wurden.

Der Kardinal von Esztergom (Gran) und zugleich Patriarch von Konstantinopel, Thomas Bakócz, will zum

Beispiel nicht weniger als den Papstthron. Als er vernimmt, daß Julius II. krank ist, zieht er, Sohn eines einfachen bäuerlichen Wagners, mit großem Pomp nach Rom. Unterwegs läßt er Gold unter die Menge streuen. Es gelingt ihm, an die fünfzehn Kardinäle zu bestechen; da macht ihm der Papst noch auf dem Totenbett einen Strich durch die Rechnung, indem er seine Bulle »Manus a manu« herausgibt, die das Erkaufen hoher kirchlicher Würden untersagt. Zur Vereitelung seines Planes trägt auch der Leiter der »Bank des Heiligen Geistes«, wie das offiziöse Bankhaus des Vatikans getauft wurde, viel bei. Er befürchtet, daß die Kirche unweigerlich für ungarische Interessen in einen Krieg gegen die Türken hineingezogen würde, falls man Bakócz zum Papst wählt. Giovanni Medici wird als Leo X. Oberhirte aller Katholiken; der ehrgeizige Bakócz muß sich mit dem Rang eines päpstlichen Legaten von Ungarn, Böhmen und Polen begnügen.

Zur selben Zeit bricht der größte Bauernaufstand der ungarischen Geschichte aus. Er wird blutig niedergeschlagen; die siegreichen Oligarchen ersinnen für den Anführer Dózsa eine besonders grausame Hinrichtung: Er muß sich auf einen glühenden Thron setzen und wird bei lebendigem Leibe verbrannt.

Um den Übergriffen der Oligarchen Einhalt zu gebieten und auf der anderen Seite die Rechte des Kleinadels festzulegen, verfaßt der königliche Hofrichter und Protonotarius Werbóczy ein Gesetzbuch, das sogenannte »Tripartitum«, das über dreihundert Jahre lang die Grundlage des Rechtslebens in Ungarn bleibt.

Das Jahr 1526 naht. König Ludwig II. ist zwanzig Jahre alt. Er ist mit Maria von Habsburg verheiratet. Die Türken haben sich von ihrer Niederlage erholt und sind wieder zu einer Gefahr für Europa geworden. Sie wollen gegen Österreich ziehen, wobei sie von den Franzosen ermutigt werden. Sultan Soliman ersucht den ungarischen Monarchen um Erlaubnis zum Durchmarsch über Kroatien. Ludwigs Antwort ist ein unmißverständliches Nein, womit er die zweite Ungarnhilfe für die Habsburger einleitet.

Der Türkenangriff ist unvermeidbar. Ludwig erwartet ihn bei Mohács in Gesellschaft des Kardinals Tomori. Er verfügt über 27.000 Mann und 80 Kanonen.

Zur gleichen Zeit steht der Oligarch Johann Zápolya mit seinem 40.000 Mann starken Heer an der Theiß. Der König befiehlt ihm, sich mit seiner Armee zu vereinigen, doch der Bannerherr fühlt sich stark genug, nicht zu gehorchen.

Die Türken kommen – 100.000 Mann hoch und im Besitz von 300 Kanonen. Die ungleiche Schlacht dauert in entsetzlicher Hitze anderthalb Stunden. Am Ende bedekken 24.000 tote Ungarn das Schlachtfeld. Als der König mit seiner Leibgarde den Rückzug antritt, überrascht ihn ein Wolkenbruch; ein Bächlein wird zum reißenden Strom, Ludwig stürzt vom Pferd und wird vom Wasser verschlungen. Die magyarische Geschichtsschreibung nennt diesen schwarzen Tag »das Mohácser Verderben«.

Die Osmanen besetzen einen Teil des Landes. Um die Zeit der ersten Türkenbelagerung Wiens fällt auch Buda, zu deutsch Ofen. Eine Anekdote weiß zu berichten, wie dies geschah:

Die Heerführer der Orientalen luden die Herren von Buda zu »friedlichen Verhandlungen« in ihre Zelte, welche sie vor der ungarischen Hauptstadt aufgeschlagen hatten. Die Gäste wurden großzügig bewirtet, das Mahl wollte kein Ende nehmen. Inzwischen sickerten die türkischen Soldaten einzeln durch die Tore nach Buda ein, natürlich nicht als Janitscharen, sondern als harmlose Bürger verkleidet. Den Magyaren entging das Kommen und Gehen im Lager nicht; sie wollten sich von ihren Gastgebern verabschieden. Da wurden sie mit dem Hinweis zurückgehalten: »Es folgt noch die schwarze Suppe!«

Sie versuchten wiederholt, von der aufgezwungenen Einladung loszukommen, aber immer wieder hieß es: »Es folgt noch die schwarze Suppe!«

Als die schwarze Suppe, das heißt die türkische Neuheit, der Kaffee, ausgetrunken war und die Gäste gehen durften, war es bereits zu spät. Buda war von den Eindringlingen ohne Kampfhandlung genommen worden.

Der Satz »Es folgt noch die schwarze Suppe« ist seither in der ungarischen Sprache zur stehenden Rede geworden, die immer dann angewandt wird, wenn das Schwierigste noch bewältigt werden muß.

In den Jahren nach Budas Fall spaltet sich das Land in drei Teile. Die Heilige Krone erbt Ferdinand von Habsburg, welcher den westlichen Streifen behält. Im mittleren, von den Türken eroberten Landesteil kommt mit Hilfe der Besatzungsmacht ein Gegenkönig ans Ruder: Johann Zápolya, der bei Mohács seinen Monarchen im Stich gelassen hatte. Schließlich gibt es zum ersten Mal in der Geschichte ein selbständiges Transsylvanien (Siebenbürgen), das an der östlichen Seite Ungarns liegt. Hier herrscht von da an ein Fürst, der »Princeps transsylvaniae«.

Der erste heißt Gabriel Bethlen. Dieser bedeutende Mann, ein Protestant, gibt das erste »Toleranzedikt« der Weltgeschichte heraus, in dem die Freiheit aller christlichen Religionen festgelegt wird.

Neben der Religionsfreiheit wird auch die Gleichberechtigung aller Minderheiten betont. Das friedliche Nebeneinander von Ungarn, Seklern und Sachsen würde man eine Kopie des Schweizer Musters nennen, hätte es die Schweiz damals schon gegeben.

Weitere Ruhmestaten Bethlens: Er verbündet sich – es ist die Zeit des Dreißigjährigen Krieges – mit deutschen Kurfürsten und er läßt die Bibel ins Rumänische übersetzen.

Sein Nachfolger Bocskay bekriegt die Habsburger und führt nach seinem Sieg über die kaiserlichen Truppen auch im westlichen Teil Ungarns die Religionsfreiheit ein. Der Sultan sendet ihm eine Krone, damit er sich zum König ganz Ungarns kröne. Doch die Ehrfurcht vor der Heiligen Stephanskrone ist so groß, daß Bocskay diesen Vorschlag zurückweist. Er nimmt die Krone vom Sultan nur als Geschenk, sozusagen als Souvenir, an. Sie ist heute in der Wiener Schatzkammer aufbewahrt.

Die auf Mohács folgenden Jahrzehnte sind noch immer von Türkenbelagerungen gekennzeichnet. Die Osmanen versuchen eine Burg nach der anderen einzunehmen, was ihnen nicht so leicht gemacht wird, wie man es nach ihrem entscheidenden Durchbruch annehmen könnte. Bewundernswerten Widerstand leisteten unter anderem die Bewohner von Drégely. Das berühmteste Kapitel war die Belagerung von Eger, wo 2000 Menschen gegen die Übermacht der Türken bis zuletzt siegreich blieben. Vornehmlich Frauen waren es, die sich in der Abwehr der Angriffe auszeichneten, indem sie siedendes Pech auf die Köpfe der die Sturmleitern emporkletternden Osmanen schütteten, die schließlich unverrichteter Dinge abziehen mußten.

Ungarnhilfe Nr. 3 für die Habsburger erbrachte Graf Zrinyi, Held von Szigetvár. Er verhinderte mit seiner geringen Besatzung die Einnahme seiner Festung durch die in Massen herbeiströmenden Janitscharen so lange, bis es Winter wurde und die Türken ihren Feldzug gegen Wien verschieben mußten.

Während Kaiser Maximilian II. mit 40.000 Mann bei Györ (Raab) stand, sich jedoch nicht zum Beistand entschließen konnte, verstand es Zrinyi immer wieder geschickt, die Belagerer zurückzuschlagen. Anläßlich eines erfolglosen Angriffs traf den siebzigjährigen Sultan Soliman, welcher die Aktion selbst leitete, endlich der ihm von den Magyaren längst gewünschte Schlag – im wörtlichen Sinne: Er erlag einem Schlaganfall.

Angeblich band man den toten Herrscher auf seinen Schimmel und ließ ihn so vor seinen Truppen paradieren, um den Kämpfern Allahs Mut zu machen. Zrinyi vermeinte, daß seine Sache verloren sei. Um wenigstens einen ehrenhaften Tod zu sterben, öffnete er die Tore, unternahm mit seinem Gefolge einen Ausfall und ließ sich niedermetzeln. Aber, wie gesagt, zu diesem Zeitpunkt hatten die Türken bereits die Lust zum Weiterkämpfen verloren und kehrten um.

Nun wird es brenzlig: Die Sympathien der Ungarn teilen sich; die einen sind für das Lager der »Kuruzzen«, die anderen für das der »Labanzen«. Erstere verbünden sich mit den Türken – daher der Begriff »Kruzitürken« – und wenden sich gegen die Habsburger. Die letzteren bleiben dem Westen treu und bekämpfen die Kuruzzen in erbitterten Bürgerkriegen.

Es tut mir leid, mitteilen zu müssen, daß der ungarische Durchschnittsbürger sein halbes Herz bis in die jüngste Zeit den Kuruzzen geschenkt hat. Woran dies wohl liegt? Man darf nicht vergessen, daß die Magyaren das Regime der Habsburger ebenso als Fremdherrschaft empfanden wie die türkische Unterdrückung. Es ging also im Fall der Kuruzzen eigentlich nur darum, daß die Kampfrichtung wechselte, von einem Eroberer zum anderen und gegen denjenigen, der das Volk zutiefst enttäuscht hatte, als dieses von ihm Hilfe gegen die Barbaren erwartete. Dazu gesellte sich das Gefühl des Sich-Fügens in die von den Osmanen erlittene endgültige Niederlage. Gen Westen gab es eher Hoffnung, noch Vorteile herauszuholen. Zudem bestand das Lager der Labanzen aus lauter Braven, und solche Typen langweilen den Ungarn im allgemeinen. Hingegen hatten die Kuruzzen den Ruf von Teufelskerlen.

In abendländischen Ohren klingen ihre Namen allerdings weniger gut. Kein Wunder, begann doch der Kuruzze Thököly mit seinem Freiheitsfeldzug gegen Wien just zu dem Zeitpunkt, da die Türken zum zweitenmal die österreichische Hauptstadt belagerten. Thököly endete als Besiegter in türkischer Emigration, wohin ihm auch sein Weib folgte, welches zuvor auf eigene Faust die Burg von Munkács drei Jahre lang gegen die kaiserlichen Truppen verteidigt hatte. Der transsylvanische Fürst Franz II. Rákóczi, dessen Name durch den feurigen ungarischen Nationalmarsch – vom Franzosen Berlioz in seiner Wiener Wohnung am Kohlmarkt komponiert – Weltruhm erlangte, machte dem Kaiser auch einiges zu schaffen, ehe der Friede zu Szatmár geschlossen wurde und Rákóczi über einen Umweg durch Frankreich das Endziel aller Kuruzzen-Emigranten erreichte, die Türkei.

Fast hätte ich anzumerken vergessen, warum die Kuruzzen Teufelskerle waren: Weil es sich bei ihnen um Husaren handelte! Ihre Zerstreuung in alle Welt erreichte nach Rákóczis Niederlage ihren Höhepunkt. Sie suchten überall in der Fremde nach neuen Bleiben und hofften bei jedem lokalen Krieg, daß dessen positiver Ausgang auch ihren Freiheitskampf neu entfachen könnte. Söhne der Rákóczi-Husaren gründeten auf französischem Boden fünf ungarische Husarenregimente. Ihr Generalinspektor war László Bercsényi, Marschall von Frankreich. Die dritte Generation spielte unter Napoleon eine führende Rolle. Die Husarenregimenter wurden 1941 aufgelöst. Sie schlossen sich dem belgischen und französischen Widerstandskampf an. Die freie französische Armee de Gaulles übernahm die gemeinsamen französisch-ungarischen Traditionen. Die nach Bercsényi bzw. Esterházy benannten Husarenregimenter gibt es heute noch. Und der Schwur des französischen Fallschirmspringer-Rekruten lautet nach wie vor: »Du, unser gepriesener Held, der auf ungarischem Boden geboren . . .«

Als Prinz Eugen 1717 die Türken bei Belgrad vernichtend schlug, war es auch in Ungarn mit der türkischen Herrschaft bald zu Ende. Sie hatte immerhin hundertfünfzig Jahre gedauert.

In diesem Zusammenhang sei abermals ein kleiner Sprung ins 20. Jahrhundert gestattet. Zoltán Kodály, der prominenteste ungarische Komponist nach Bartóks Tod, soll, als man erwog, die russische Sprache als Pflichtfach in den Schulen des Landes einzuführen, gesagt haben: »Aber meine Herren – die Türken sind 150 Jahre lang bei uns geblieben und ihre Sprache war dennoch nicht obligat!«

Unter Karl VI. wird das Land endlich wieder vereint. Die Krönung Maria Theresiens im Jahre 1741 leitete verhältnismäßig ruhige Zeiten ein. Maria Theresia war eine äußerst populäre Königin, denn sie schmeichelte dem ungarischen Charakter, indem sie an den Wesenszug der Galanterie in ihm appellierte. Während ihr Vater noch 63 Titel sein eigen nennen konnte, blieb ihr ein einziger unumstrittener: Königin von Ungarn. Als der Kurfürst von Bayern sie so sehr bedrängte, daß er mit seinen Truppen bereits vor St. Pölten stand, entschloß sie sich zum Entsetzen ihrer Ratgeber, mitsamt dem in ungarische Magnatentracht gekleideten kleinen Thronfolger vor den ungarischen Landtag in Preßburg hinzutreten und ihre magyarischen Untertanen um Hilfe zu bitten.

Nach der Beschreibung eines zeitgenössischen Chronisten »waren die Standesherren und Adeligen als Kavaliere von der Schönheit, der Jugend und der Hilflosigkeit der ›Rex Domina nostra‹ überwältigt«.

Das Ergebnis: Die gerührten Ungarn boten enthusiastisch ihr Leben und ihr Blut an. Daß nach dem legendären Ausruf »Vitam et sanguinem« eine Stimme hinzugefügt haben soll: »Aber Hafer für eure Pferde bekommt ihr nicht von uns . . .«, ist historisch nicht belegt. Wahr ist vielmehr, daß einer der Minister Ihrer Majestät unter seinem Bart leichtsinnigerweise vor sich hinmurmelte: »Sie hätte sich lieber an den Teufel wenden sollen als an die Ungarn!« – worauf das ungezügelte, ohnehin aufgepeitschte Magyarentemperament sich in einem Tumult Luft machte, der in eine Schlägerei ausartete. Aber da war Ihre Majestät schon gegangen.

Im ganzen Land erscholl der Ruf: »Zu Pferde, Ungarn!«

Bei einer Einwohnerzahl von nicht ganz 3 Millionen stand in kürzester Zeit eine Armee von 100.000 Mann bereit. Aus dieser Zeit stammt der bis heute gültige Ruhm der ungarischen Husaren. Kein Wunder, daß die Bayern den Teufel in ungarischer Nationaltracht zeichnen.

General Andreas Hadik und seine Husaren machten durch ihre verwegenen Streiche von sich reden. Das tollste Stück leisteten sie sich, während Friedrich der Große sein Hauptquartier in Frankfurt an der Oder aufgeschlagen hatte. Etwa 3000 Husaren besetzten Berlin, brandschatzten die Stadt und herrschten dort 24 Stunden lang. Als der Alte Fritz die Schreckensnachricht vernahm, sandte er auf der Stelle sieben Regimenter gegen die Husaren aus. Die aber waren schon wieder fort. Im Grunde genommen dachten sie ja nicht ernsthaft an eine Okkupation – sie wollten sich nur einen Scherz erlauben.

Der gute Ruf, den die Königin bei ihren Magyaren genoß, trägt heute noch Früchtchen: Die von ihr gegründete Eliteschule, das Wiener Theresianum, zieht seit ihrer Eröffnung die ungarischen Schüler magisch an.

Beliebtheit kann jedoch nicht vererbt werden. Joseph II. erhielt in Ungarn den Beinamen »der König mit dem Hut«, da er sich nicht zum ungarischen König hatte krönen lassen. Er wollte der Pflicht entgehen, den ungarischen Krönungseid auf die ungarische Verfassung zu leisten. Er regierte lieber durch Verordnungen, absolutistisch. Auf den ersten Blick ein reaktionärer Tyrann. Die Geschichte rehabilitierte ihn jedoch und dies mit Recht, denn nicht der behütete König, sondern die ungarische Verfassung war reaktionär! Sie beruhte noch immer auf Werböczys Tripartitum, das seinerzeit als revolutionär, modern und aufgeschlossen galt, im Grunde jedoch ausschließlich die Interessen des Adels vertrat. Joseph II. wollte sich also nicht an überholte Vorschriften binden, die seiner demokratischen Auffassung im Wege waren. Umso verwirrender ist es, daß er sämtliche Gesetze und Verordnungen, die er jemals für Ungarn ins Leben gerufen hatte, auf seinem Sterbebett widerrief.

Aus der Reihe der folgenden Kaiser-Könige sei hier nur Ferdinand V., auch der Gütige genannt, hervorgehoben. Daß hinter diesem Beinamen Geistesschwäche steckte, ist nicht so wichtig wie der Umstand, daß er sich als erster Habsburger die Mühe nahm, Ungarisch zu lernen. Wenn auch schlecht, verständigte er sich mit seinen magyarischen Untertanen in ihrer eigenen Sprache, was dem Volk derart imponierte, daß diese Tatsache in zahlreichen Anekdoten verewigt wurde.

Eine davon erzählt, daß bei einer Audienz dem König unter anderen der neue Vizegespan eines Komitates vorgestellt wurde – ein auffallend junger Mann mit Namen Jakabffy. Seine Majestät wurde von Höflingen darauf aufmerksam gemacht, daß er sich zu wundern habe; ist es doch wahrhaftig außergewöhnlich, wenn jemand so jung einen solch hohen Posten erklimmt. Ferdinand gehorchte seinen Ratgebern, ließ den Mann kommen und staunte: »Was? So jung und schon ein Jakabffy?«

Rund fünfhundert Jahre nach dem Mönch Julianus zieht es wieder einen Ungarn nach dem Orient, um die Urheimat seines Volkes und etwaige Verwandte aufzuspüren. Es ist dies der gelehrte, zahlreicher Ostsprachen kundige Alexander Csoma von Körös. Wenn er sein Ziel auch nicht erreicht, vollbringt er auf anderen Gebieten Außergewöhnliches. Er kommt bis nach Tibet, wird unter dem

Namen Skander Beg buddhistischer Mönch und verfaßt das erste tibetisch-englische Wörterbuch, sowie die erste tibetische Grammatik. Sein Werk macht die ersten Kontakte zwischen Tibet und dem Abendland möglich. Die größte buddhistische Kirche Japans – wer es genau wissen will: sie heißt »Honpa Hongwanji« – verehrt ihn als Heiligen.

Während ein Einzelgänger ostwärts in der Vergangenheit kramt, gibt es im Lande entgegengesetzte Strömungen.

Graf Stephan Széchenyi will mit der Zeit gehen und glaubt, die Zukunft seines Vaterlandes im Anschluß an den Westen zu finden. In diesem, ungefähr 1830 beginnenden Reformzeitalter begründet Széchenyi die Ungarische Akademie der Wissenschaften, die Donaudampfschiffahrt, den ungarischen Pferderennsport; er schreibt aufsehenerregende Bücher, reguliert den bisher ungezügelten Lauf der Theiß und läßt die Kettenbrücke erbauen, die Buda und Pest miteinander verbindet. Aus diesen beiden Städten, sowie Óbuda als Dritten im Bunde, wird dann im Jahre 1872 Budapest entstehen.

Daß dieser hervorragende Patriot, der später, wie bereits erwähnt, von seinem gewaltigen Gegner Kossuth den Ehrennamen »der größte Ungar« bekam, seine Muttersprache nur mangelhaft beherrschte, hört sich nur dann paradox an, wenn wir nicht bedenken, daß die Umgangssprache in Ungarn in dieser Zeit Deutsch, die Amtssprache bis 1844 Latein war.

Széchenyi und Kossuth sind Paradebeispiele für die Gegensätzlichkeit der ungarischen Seele: Der eine ist das ruhige Maßhalten in Person, der andere ein revolutionärer Feuergeist.

Der Umsturz, welcher Kossuth an die Macht brachte, verdunkelte den Geist des Grafen Széchenyi; er starb in der Döblinger Irrenanstalt. Einige Quellen wollen wissen, daß er geheilt wurde, aber freiwillig an jenem Ort blieb.

1848 brach der Freiheitskampf aus. Als Auftakt marschierte die Menge zu einer Druckerei in Pest, um ihre Forderungen in zwölf Punkten ohne Zensur zu Papier zu bringen. Dann deklamierte der beste aller ungarischen Dichter, Petőfi, sein brandneues Gedicht vor dem Nationalmuseum.

»Auf, Ihr Ungarn!« feuerte er sie an, und die im strömenden Regen unter Schirmen ausharrende Menge rief nach jeder Strophe brausend den Refrain mit: einen Schwur, niemals mehr Sklaven zu sein.

In Unkenntnis der Sachlage könnte man argwöhnen, dieses theatralisch anmutende Programm sei im vorhinein festgelegt gewesen – doch Ungarnkenner werden beschwören, daß jede Magyarenrevolution spontan und improvisiert war und es auch immer sein wird.

Nach dem pathetischen Anfang verlagerten sich die Geschehnisse auf das Schlachtfeld. Petőfi selbst ist an der Front verschollen und nur in Legenden wieder aufgetaucht, welche seine Unsterblichkeit untermauern.

Heinrich Heine besang diese heroische Zeit in seinem Gedicht »Im Oktober 1849«, das mit den Worten beginnt:

»Wenn ich den Namen Ungarn hör',
Wird mir das deutsche Wams zu enge . . .«

Die anfangs siegreichen Ungarn entthronten am 11. April 1849 die Habsburger und wählten ihren Helden Kossuth zum zweiten Gouverneur ihrer Geschichte nach Hunyadi. Er sollte nicht lange regieren. Nachdem er großartige Gedanken in die Tat umzusetzen begann, – so brachte das ungarische Parlament unter ihm das erste, auf Gleichberechtigung beruhende Nationalitätengesetz der Welt heraus! – mußte er fliehen.

Der Kaiser Österreichs hatte den russischen Zaren zu Hilfe gegen die Rebellen gerufen. Wieder wurde ein Aufstand von einer Übermacht in Blut ertränkt. Die dreizehn militärischen Führer des Freiheitskampfes wurden in Arad hingerichtet. Ihr Todestag, der 6. Oktober, gilt im ungarischen Kalender als Trauertag. Kossuth beschloß sein Leben als Emigrant in Italien, nachdem er in den USA, wo er heute ein Denkmal hat, stürmisch bejubelt worden war. Ein zweifelhafter posthumer Kossuth-Erfolg: Arthur Griffith nahm als Basis für die irische »Sinn-Fein«-Bewegung die Ideen Kossuths auf.

Es folgte die düstere Bach-Ära, nach dem Innenminister so benannt. Die Geheimpolizei wütete, jedermann war verdächtig, ein innerer Feind zu sein. Alles wurde durchkämmt, die Einwohner einzeln neu registriert. Sie mußten der Reihe nach in den gefürchteten Ämtern erscheinen und ihre Namen angeben.

Ein Unglückseliger hieß Herepey.

»Nix da!« brüllte die Obrigkeit »Unter den Ungarn ist keiner Herr – fortan haben Sie einfach Epey zu heißen!«

Obwohl das Volk auf den Kaiser nicht gut zu sprechen war, handelte Kaiserin Elisabeth richtig, als sie nach Franz Josephs Niederlage bei Königgrätz gleich Maria Theresia mit der Großmut der ungarischen Kavaliere rechnete. Sie begab sich in deren Obhut und wurde in ihrer Überzeugung, daß sie im Kreise der galanten Herren geborgen sein würde, nicht enttäuscht.

1867 gelingt es wieder einmal einem besonnenen Politiker ans Ruder zu kommen. Franz Deák, von seinem dichterisch veranlagten, für Beinamen schwärmenden Volk mit der Bezeichnung »der Weise des Vaterlandes« ausgezeichnet, vollbringt den Ausgleich: die Besiegten werden zu ebenbürtigen Partnern in der neuen dualistischen Staatsform Österreich-Ungarns. Franz Joseph wird zum Ungarnkönig gekrönt. General Görgey, der 1849 den Waffenstillstand unterschrieb, darf aus seiner Klagenfurter Verbannung wieder nach Hause.

Die leicht zu begeisternden Partner erliegen einer Welle

der Verbrüderung. Man versucht zu vergessen, sich gegenseitig zu vergeben. Die Betonung liegt auf Gegenseitigkeit.

Der alte Haynau, derselbe, der einst als bevollmächtigter Statthalter die 13 von Arad hinrichten ließ, nun selbst ungarischer Großgrundbesitzer, erklärt vor Zeugen: »Wir Ungarn lassen unsere Rechte nicht konfiszieren!«

Es herrschen also Friede und scheinbar auch Zufriedenheit unter den damals 14 Millionen Einwohnern im Lande (die 3 Millionen Agrarproletarier zu erwähnen, die um die Jahrhundertwende nach Amerika auswandern, hieße zum Spielverderber werden), als sich der würdigste Anlaß zum Feiern bietet. 1896 ist der tausendste Geburtstag der Heimat. Bis heute zeugen von diesem Fest in Budapest der Heldenplatz mit den Statuen der sieben staatsgründenden Fürsten und dem Milleniums-Denkmal sowie die Untergrundbahn – die erste auf dem Kontinent. In ihrem ersten Wagen nahm auf der Eröffnungsfahrt Kaiser, nein König Franz Joseph I. in der Gesellschaft Wilhelms II. Platz.

Die Monarchie blühte und gedieh; sie vergrößerte sich sogar, nachdem Bosnien und die Herzegowina annektiert wurden.

Großungarische Wunschträume, noch etwas ebenbürtiger als ebenbürtig zu sein, wurden allerdings bereits 1889 in Mayerling begraben. Kronprinz Rudolf war bekanntlich ein Ungarnfreund. Ein Beweis unter vielen möglichen ist sein Abschiedsbrief an Sektionschef Ladislaus von Szögyény-Marich, in dem er in ungarischer Sprache letzte Verfügungen traf, und den er mit den Worten beendete: »Herzlich grüßend und unserem angebetenen ungarischen Vaterland alles Gute wünschend bin ich Ihr getreuer Rudolf.«

Die Ermordung des nächsten Thronfolgers, des von den Ungarn gehaßten Ungarnhassers Franz Ferdinand, löste den Ersten Weltkrieg aus.

Winston Churchill schreibt in seinen Memoiren über den damals amtierenden Ministerpräsidenten Ungarns: »Ein einziger Mensch kämpfte bis zum Äußersten gegen den nahenden Krieg: Graf Stephan Tisza, ein Staatsmann von überragender Bedeutung und festem Charakter.« Tisza dankte 1917 ab und wurde 1918 ermordet.

Im selben Jahr, wie es sich langsam herumsprechen dürfte, hörte die Monarchie auf zu existieren. Allerdings soll es vereinzelt Leute geben, denen diese Nachricht bis heute nicht zu Ohren gekommen ist. Wie dem Grafen Bobby, der in einem Kaffeehaus sitzt, wo das Fernsehprogramm läuft. »Was schauen sich da alle an?« erkundigt er sich beim Oberkellner. »Ein Fußballmatch, Herr Graf«, wird er informiert. »Aso? Und wer spielt?« – »Österreich – Ungarn.« Darauf Graf Bobby: »Gegen wen?«

Der nicht unmittelbare Tisza-Nachfolger Károlyi, ein linksstehender Graf, Anführer der im Herbst 1918 ausgebrochenen sogenannten Astern-Revolution, bleibt eine Übergangsfigur. Die Kommune kommt an die Macht, an der Spitze der Regierung steht Béla Kun. Die Aristokratie flieht nach Wien. Bald sollte sie mit den nun ihrerseits zur Flucht gezwungenen Kommunisten Platz tauschen. Wien übt sich in der Rolle des Asylgebers.

Vizeadmiral Nikolaus Horthy heißt der letzte Oberbefehlshaber der österreichisch-ungarischen Kriegsmarine, der Held von Otranto, wo er – selbst schwer verwundet – eine Seeschlacht siegreich zu Ende führte. Nebenbei war er auch Adjutant von Franz Joseph. In einer blitzschnellen Konterrevolution schlägt er die Kommunisten in die Flucht und zieht, eingedenk der ungarischen Vorliebe für das Theatralisch-Pathetische, auf einem weißen Pferd in der Hauptstadt ein. Er läßt sich zum Reichsverweser ausrufen, zum dritten in der Geschichte des Landes, da dieser Rang mit dem des Gouverneurs oder Gubernators identisch ist.

Ungarn ist also weiterhin ein Königreich, allerdings ohne König. Das Staatsoberhaupt ist ein Seemann, der Staat besitzt jedoch keine See. Dies wäre kein großes Übel, würde nicht auch das Land immer kleiner. Die Siegermächte entscheiden im Friedensvertrag von Trianon, daß zwei Drittel des Landes an die Nachbarn ringsum abgetreten werden müssen. Was übrig bleibt, wird von den Patrioten, die diese Schmach bis zur Stunde nicht überwunden haben, »Rumpfungarn« genannt.

In ihrem Rachedurst verwendete die Regierung sogar kriminelle Methoden. Sie stand hinter der »Francfälscheraffäre«, die zu Anfang der zwanziger Jahre aufflog. In der Staatsdruckerei wurden Unmengen falscher Franc-Banknoten hergestellt, um den französischen Staat wegen Trianon zu ruinieren!

Eleganter war das Propagandamanöver der Flieger Endresz und Magyar, die die Welt auf ihre Heimat aufmerksam machen wollten. Sie überflogen im Jahre 1931 in 25 Stunden und 50 Minuten den Ozean. Ihr Zweisitzer trug den Namen »Justice for Hungary«.

Nach den blutigen Anfängen der neuen Herrschaft – als das Horthy-Regime mit den Säuberungen begann, sprach man von »weißem Terror« – trat alsbald eine Konsolidierung ein. Man hatte Sorgen – aber es waren die eigenen; man erlebte Krisen – aber es waren allgemeine Welterscheinungen. Wenn man nicht das Ausland zu sich einlud, wie zum Beispiel 1933 zum Welt-Pfadfinder-Jamboree oder 1938 zum Eucharistischen Weltkongreß, dann blieb man unter sich. Von Fremdherrschaft keine Rede.

Doch wie lange konnte das gutgehen? Im Ringen der Großmächte mußte man sich für den einen oder den anderen entscheiden. Horthy entschied sich für Hitler.

Ungarn mußte also wohl oder übel den Krieg an Deutschlands Seite mitmachen. Da nützte es auch nichts, daß Ministerpräsident Graf Paul Teleki aus Protest

Selbstmord verübte. Kurz zuvor hatte er einen Freundschaftspakt mit Jugoslawien unterschrieben und nun sollte er dem frischgebackenen Freund den Krieg erklären.

Auf Telekis Freitod reagierte Churchill mit den ergreifenden Worten: »Zum Andenken an diesen aufrechten Mann werden wir bei den Friedensverhandlungen einen Stuhl frei lassen!«

Dieses ungarnwürdige, weil sentimental-schöne Vorhaben dürfte in Vergessenheit geraten sein. Oder es war bei den Friedensverhandlungen kein Stuhl mehr frei.

Mitten im Krieg unternahm der Reichsverweser noch einen Versuch, das Schicksal abzuwenden. Er ernannte Miklós Kállay zum Ministerpräsidenten. Ihm war zuzutrauen, daß er Ungarn aus dem Krieg herausmanövrieren würde. Es gelang ihm nicht, trotz seiner doppelzüngigen Politik, die der Volksmund auf einen ungarischen Volkstanz anspielend »Kállay-Doppel« nannte.

In einem Ministerrat soll er von einem Kollegen gefragt worden sein, an wessen Sieg in diesem Krieg er eigentlich glaube. Er antwortete mit einem Vergleich: »Die beiden großen Gegner in diesem Krieg sind wie zwei Hirsche, die, Geweih an Geweih, miteinander auf Leben und Tod kämpfen. Wir sind die Hirschkuh, die daneben steht und zusieht. Für uns ist es völlig einerlei, wer Sieger bleibt – wir werden auf jeden Fall vergewaltigt!«

Am 15. Oktober 1944 erweist sich Horthy als echter Ungar. Ohne die geringsten diplomatischen Vorkehrungen getroffen zu haben, einfach seinem Gefühl gehorchend, läßt er im Rundfunk eine Ansprache verlesen, die verkündet, daß die Nation ihre Teilnahme an diesem verlorenen Krieg augenblicklich beende. Es dürfte dem alten Herrn, der es gewiß gut meinte, entgangen sein, daß die deutsche Armee seit dem 19. März dieses Jahres Ungarn in aller Freundschaft besetzt hielt, noch dazu angeblich Horthys Wunsch nach Sicherheit entsprechend.

Ein paar Stunden später stürmte Skorzeny, der Mussolini-Befreier, die königliche Burg, Horthys Residenz, und zwang den Reichsverweser abzudanken und den einheimischen Nazihäuptling Szálasi zu seinem Nachfolger zu ernennen. Als Druckmittel benützte Skorzeny den einzigen noch lebenden Sohn des Admirals. Horthys Ältester war einige Monate zuvor, nachdem ihn sein Vater zum »Reichsverweser-Stellvertreter« ernannt hatte, auf rätselhafte Weise mit seinem Flugzeug abgestürzt. Den zweiten hielt nun, nachdem er – in einen Teppich gewickelt – entführt worden war, die SS als Geisel in ihrem Gewahrsam. Horthy unterzeichnete.

Es gab zu jener Zeit in Ungarn mehrere rechtsradikale Parteien. An die Macht kam Szálasi, der Pfeilkreuzler. Er verkörperte den Abschaum, den Pöbel. In den Schrekkensmonaten, die noch folgen sollten, nannte er sich »Volksleiter«. Er leitete das Volk in den Abgrund, sich selbst an den Galgen.

Nach dem Krieg gab es über vier Jahre lang eine regelrechte Demokratie im westlichen Sinne, mit vier Parteien und vielen Splittergruppen, mit Zänkereien im Parlament und allem, was dazu gehört.

Es war zu schön, um wahr zu bleiben.

Das Jahr 1949 brachte eine Wahl, aus der die Kommunistische Partei, die zuletzt 17% der Stimmen auf sich vereinigen konnte, auf höchst wundersame Weise als Siegerin hervorging.

Soll ich nun noch von den schlimmen Zeiten unter Stalin berichten, vom Tauwetter nach seinem Tod, schließlich von 1956 und dem, was folgte?

Nach meinem Dafürhalten gehört das nicht mehr hierher.

Man muß Abstand gewinnen, ehe aus Politik Geschichte wird.

So sieht also die Geschichte auf diesem Fleckchen Erde aus, welches sich zu Mitteleuropa gehörig fühlt; für den Osten zu westlich und für den Westen zu östlich liegt; zur Landstraße der Völker geworden ist; wo Osten und Westen stets aufeinanderstoßen. Dies ist das Curriculum vitae jenes Volkes, das vornehmlich in Unfrieden lebte, ob es nun auslöffeln mußte, was ihm andere eingebrockt hatten, oder die Ernte selbstgesäter Zwietracht einholte.

Zu einem Lebenslauf hat man auch Paßbilder abzugeben. Betrachten Sie bitte das Porträt des Ungarn. Seine von tausend Jahren geprägten besonderen Kennzeichen sind: Dickschädel, Denkerstirn, Spürnase; Augen kurzsichtig, sodaß er den Wald vor lauter Bäumen nicht sieht; auffallende Ellenbogen; stämmige Beine, die nie zugleich auf dem Boden stehen; nie auf den Mund gefallen und viel, allzu viel Herz.

Unverkennbar ein Fremdling mit stark europäischen Wesenszügen. Ein heidnisch gebliebener, tief religiöser Typus, der scheinbar nachts den alten Götzen Blutopfer darbringt, als Nationalhymne jedoch – im Gegensatz zu anderen Völkern, die nur ihr Land preisen – ein Gebet singt. Ein launenhafter Charakter, ständig wechselnd zwischen Selbstsicherheit und dem Gefühl des Verlassenseins. Ist erstere an der Tagesordnung, äfft er andere nach, um ihnen zu beweisen, daß er's wenigstens ebensogut kann; überkommt ihn letzteres, beißt er die Zähne zusammen, kämpft für seine Eigenart, behauptet sich und überlebt.

Ein bedauernswertes Geschöpf.

Eine traurige Geschichte.

Lassen wir sie mit einer lustigen ausklingen.

Ein ungarischer Tourist betritt in London ein Hutgeschäft. Eine smarte Kopfbedeckung hat es ihm angetan, er kann jedoch nur in Forint zahlen.

»Forint? Was ist das?« fragt der Geschäftsinhaber.

»Die Währung meines Landes, ich bin Ungar«, erwidert

der Tourist in dem seligen Glauben, man hätte dies nicht sofort an seinem Akzent erkannt.

»Ich habe Ihr Geld noch nie gesehen – könnten Sie es mir zeigen?«

Der Ungar legt von jeder Sorte je eine Banknote auf den Tisch: einen Zehner, einen Zwanziger, einen Fünfziger und einen Hunderter. Der Brite prüft die Scheine und betrachtet die darauf abgebildeten Persönlichkeiten.
»Wer ist das?«

»Das ist Petöfi, der größte ungarische Dichter, ein Held des Freiheitskampfes 1848, auf dem Schlachtfeld verschollen, wahrscheinlich gefallen.«

»Hm . . . und das?«

»Das ist bitte Dózsa, Führer unsres größten Bauernaufstandes, niedergeschlagen und grausam gefoltert, bei lebendigem Leib verbrannt.«

»Oh . . . und das?«

»Das ist Rákóczi, der hat gegen den Kaiser von Österreich gekämpft, ist besiegt worden und fern der Heimat in türkischer Emigration gestorben.«

»Oh . . . und das?«

»Das ist Kossuth, bitteschön, Führer der Revolution, in der Petöfi verschollen ist, nach deren Niederschlagung in die Emigration gegangen, sterbliche Überreste mit großem Pomp heimgeholt . . .«

Der Engländer hat Tränen in den Augen. Er rafft das Geld zusammen, drückt es dem Ungarn in die Hand und sagt mit inniger Anteilnahme: »Hier haben Sie Ihr Geld zurück. Und der Hut gehört auch Ihnen.«

III

Ungarische Sprache schwere Sprache

Der Ungar liebt seine Eltern über alles. Sein Vaterland genauso wie seine Muttersprache.

Wenn ich in dem Bemühen, diese kindliche Liebe verständlich zu machen, die ungarische Sprache als eine der schönsten, reichsten, ausdrucksvollsten, schmiegsamsten und logischesten Sprachen bezeichne, so kann ich nur hoffen, daß Sie meinem Ehrenwort trauen.

Oder mehr noch Jakob Grimm, dem einen Teil der märchenerzählenden Gebrüder Grimm, die ja auch Sprachforscher waren. Frederick Bodmer schreibt in seinem Buch »Die Sprachen der Welt«: »Der Altmeister der Philologen Jakob Grimm machte als erster auf die Vorteile des Magyarischen aufmerksam und empfahl es allen, die sich für Sprachplanung interessieren, als ein Musterbeispiel. Die Tatsache, daß solche Regelmäßigkeit in einer natürlichen Sprache vorkommen kann, hat auf alle Entwürfe einer künstlichen Welthilfssprache eine nachhaltige Wirkung gehabt.«

Wenn Sie bis jetzt noch immer nicht überzeugt sind, kann ich Ihnen nur noch empfehlen: Lernen Sie selbst Ungarisch!

Ja, warum eigentlich nicht? Es gäbe zwei triftige Gründe, dies zu erwägen. Erstens: Wenn die Bedeutung einer Sprache daran gemessen würde, wie weit sie verbreitet ist, darf Ungarisch, die lauteste Geheimsprache auf dem gesamten Globus, als Weltsprache bezeichnet werden. Laut Statistik steht Ungarisch in Europa auf Rang 11; unter den rund 2000 Sprachen der ganzen Welt nimmt es den 29. Platz ein. Diese Daten wurden noch vor 1956 veröffentlicht. Zweitens: Der Klügere gibt nach. Wer mit Ungarn in Kontakt kommen will, tut besser daran, ihre Sprache zu studieren, als auf das Wunder zu hoffen, daß ein

Magyare sich jemals in einer Fremdsprache vervollkommnen würde. Er spricht zwar viele Sprachen, weil er entweder begabt oder fleißig ist – beides zugleich ist er so gut wie nie! –, aber er tut sich immer schwer. Sollte jedoch einer von ihnen irgendeine Sprache nicht nur »perfekt« sprechen – dies tut ohnehin jeder, fragen Sie ihn nur danach –, sondern auch richtig und fehlerfrei, dann handelt es sich gewiß um ein Mitglied der sogenannten zweiten Generation, die im Ausland geboren wurde. Oder die zweite Sprache wurde im Kindesalter erlernt.

Die meisten Erwachsenen jedoch teilen den Standpunkt der Franzosen und sagen sich: »Warum soll ich mich plagen? Der Ausländer soll gefälligst meine Sprache lernen!«

Geographische oder politische Umstände ändern nicht viel an dieser Ansicht. Auch wenn der Ungar sich als Emigrant in einem Gastland befindet, betrachtet er sich als Ausgangs- und Mittelpunkt. Ausländer sind immer die anderen. Sie haben sich zu fügen.

Freilich muß man behutsam vorgehen und darf den Ausländer nicht vergrämen; erst recht dann, wenn er gar nicht merkt, daß er der Ausländer ist, weil er ja in seiner Heimat lebt. Der Ungar wickelt also sein Vorhaben, wie so vieles, in Charme. Er betört, er macht Appetit und dabei steckt er seine Umgebung mit Ungarisch an wie mit einem Schnupfen. Er niest solange ungarische Wörter in die Gegend, bis es alle in der Kehle kitzelt.

»Dafür haben wir eine einzigartige Bezeichnung, die ich in keiner anderen Sprache der Welt ausdrücken könnte«, sagt er ein-, zweimal stündlich und schwindelt dabei gar nicht immer. Dann hämmert er das Wort jedem, der es hören will, ein.

Oder: »Ich kenne einen wunderbaren Witz, aber die Pointe klingt nur ungarisch gut!« Er läßt sie klingen. Er erklärt Wortspiele. Er zitiert. Er unterwandert alle für ihn erreichbaren Sprachen.

Nach einer Weile ist das Interesse geweckt, die Unglückseligen, die nicht als Ungarn auf die Welt kamen, erkundigen sich von selbst nach den wichtigsten Sätzen, die man so im Leben braucht, wie Worte der Begrüßung, der Liebe oder Unanständigkeiten. Was letztere anbelangt, so kann sich auf dem Gebiet des Fluchens und der Verwünschungen kaum eine Sprache mit dem Ungarischen messen. Allenfalls Italienisch, Russisch und Arabisch kommen noch in die Endrunde, aber auch sie sind nicht imstande, auf jene Art zu fluchen, für die wir Ungarn eine einzigartige Bezeichnung haben, die ich in keiner anderen Sprache der Welt ausdrücken könnte (siehe oben). Das Eigenschaftswort heißt »kacskaringós« und entspricht etwa dem Begriff »verschnörkelt«. Es besagt, daß ein magyarischer Originalfluch sich nicht mit erbärmlichen Kraftausdrükken begnügt, sondern die Schimpfworte mit dichterischen Bildern umgibt, sie mit lyrischen Vergleichen einrahmt. In einem altungarischen Fluch wird nicht nur der Großmutter des Angesprochenen Erwähnung getan, welche sich inmitten eines blutigen Gewitters befindet, sondern auch der Kniescheibe seiner Taufpatin; es kommen darin die Ahnen vor und einiges spielt sich um die Aufbahrungsstätte des Betreffenden ab, der Himmel wird mit einer Baßgeige verglichen und kupferne Engel pfeifen auf Trauerweiden. Es ist ein barockes Vergnügen, ungarisch zu fluchen. Es hat etwas Gewaltiges. Es ist, was es sein soll: Ein Gebet mit umgekehrtem Vorzeichen.

Verdammt, ich habe mich so sehr ins Fluchen verstrickt, daß ich fast den rot-weiß-grünen Faden verloren hätte. Wir waren beim Thema »Ungarisierung des Westens mittels Sprachunterricht« stehengeblieben. Diese Bestrebung ist nicht erst neueren Ursprungs. Eltern oder Großeltern heutiger Schlagerfans werden sich noch an das Erfolgslied »Wissen Sie, daß Ungarisch sehr schwer ist?« erinnern. Außer dieser Frage enthielt der Text des seinerzeitigen

Songs, der in einem Ufa-Film vorkam, eine Menge ungarischer Wortbrocken (siehe nochmals oben).

Warum Ungarisch so schwer ist, ist leicht zu erklären: Vor allem deshalb, weil es keine Brücken zur finnisch-ugrischen Sprachinsel gibt, die da mitten zwischen Slawen und Germanen eingekeilt ist. Wer spricht schon Samojedisch oder Ostjakisch? Falls Sie Japanisch können, kommen Sie der Sache schon näher, obwohl es sich nur um einen entfernten Verwandten handelt.

Der Asienforscher Csoma von Körös hält Sanskrit für die Sprache, die das meiste mit dem Ungarischen gemein hat.

Es wird Ihnen auch nicht viel nützen, wenn Sie einer Indianersprache mächtig sind, obwohl Juan Moricz, der Erich von Däniken in den von ihm entdeckten unterirdischen Schatzhöhlen Ekuadors herumführte, 1968 in einer Broschüre behauptete, das Ungarische sei die Mutter aller Indianersprachen.

Finnisch-Kenntnisse wirken auch nicht Wunder. Wer etwa der Meinung ist, Finnisch und Ungarisch seien einander auch nur so ähnlich wie Deutsch und Holländisch oder Schwedisch und Englisch, der irrt. Das Einzige, was diese beiden Brüder gemeinsam haben, ist ihre Sprachmelodie. Dies behaupten zumindest Leute, die keine der beiden Sprachen sprechen und daher als objektiv gelten.

Im Ungarischen eingebürgerte Fremdwörter bieten auch keine Anhaltspunkte zum Erlernen dieses Exotikums. Teils stammen sie aus nicht allzu verbreiteten Sprachen, wie z. B. aus dem Türkischen, teils beschränken sie sich auf spezifische Gebiete und haben eine Wandlung bis zur Unkenntlichkeit erfahren. So haben ungarische Bauernburschen aus dem Dienst in der k. u. k.-Armee Wörter heimgebracht, wie etwa »hapták« (Habt acht!), »silbak« (Schildwache) oder »halberdó« (Halt, wer da?). Daß der Kuchen »kuglóf« von Gugelhupf stammt, ist schon eher zu erraten. Im Gegensatz zu den bisherigen Beispielen gibt es aber auch deutsche Wörter, die der Ungar unverändert gebraucht. Der Städter nennt unter anderem den »Sparherd« und den »Lichthof« beim ursprünglichen Namen. Er fand es offensichtlich nicht der Mühe wert, diese Begriffe zu übersetzen. Das »Sparen« will der Ungar nicht eingebürgert wissen und daß jene lächerlich winzige Fläche Licht spenden soll, ist selbst für den Ungarn eine zu krasse Lüge.

Übrigens hat sich das Ungarische auch nicht mehr Fremdwörter angeeignet als andere Sprachen. Einige Muster: Aus dem lateinischen »schola« ist *iskola* – Schule – geworden, aus dem slawischen »kral« wurde *király* – König.

Bemerkenswert ist die Neigung, Konsonantenanhäufungen auszumerzen. Die überaus weiche Sprache der Magyaren mag keine Mitlautdrängelei.

Wissenschaftlich unbelegt ist die angeblich slawische Abstammung der ungarischen Bezeichnung für »Tür«: *ajtó.* Den Ursprung dieses Wortes schildert eine Anekdote: Die wilden magyarischen Horden nahmen im Zeitalter der Abenteuersuche bei ihren Raubzügen alles mit, was nicht niet- und nagelfest war. In einem slawischen Dorf begegneten sie einmal dem Phänomen einer Türe. So etwas hatten sie noch nie gesehen; die mußten sie unbedingt abmontieren und mitnehmen. Da schrien die Dorfbewohner verzweifelt »Aj to?«, was soviel bedeutet, wie »Auch das noch?« Nun wußten die Söhne Magors endlich, daß dieses neumodische Ding *ajtó* hieß.

Andererseits gibt es in aller Welt gebräuchliche Wörter ungarischen Ursprungs. Ahnherr aller »Heiducken« ist der Debreciner *hajdu.* Der Begriff »Husar« entspringt einer Angeberei: *Husz* heißt zwanzig; damit soll angedeutet werden, daß es ein *huszár* mit zwanzig Nicht-Husaren aufnimmt. Eine seriöser klingende Variante: der Grundbesitzer hatte für je 20 Ar Boden einen Soldaten zu stellen.

Ungarische Sprache schwere Sprache

Kocsi (sprich kotschi), das ungarische Wort für Wagen, diente als Muster für das deutsche Wort Kutsche und für das englische coach. Kein Wunder – der erste Wagen wurde in dem ungarischen Dorf namens Kocsi hergestellt.

Die ungarische Sprache bietet eine beispiellos einfache Verständigungsmöglichkeit. Allein dahin zu gelangen, sich so einfach ausdrücken zu können, ist so kompliziert wie ein moderner technischer Mechanismus, der ja im Endeffekt auch etwas Alltägliches, Selbstverständliches produziert, etwa Licht oder Ton und Bild.

Der Endeffekt: Der Ungar kann alles unglaublich kurz und bündig mitteilen. Wenn er will, redet er – nein, nicht im Telegrammstil, das wäre gerüstartig und trocken – im Epigrammstil, welcher auch dichterisch zu sein hat. Tatsache ist jedenfalls, daß ein ungarischer Text stets kürzer ausfällt als seine Übersetzung in Fremdsprachen. Der deutsche Übersetzer hat es besonders schwer, denn er muß für ein ungarisches Wort durchschnittlich drei oder vier deutsche verwenden.

Hat aber der Magyare Lust, sich in einem Wortschwall zu ergießen, und das hat er nur allzu oft, dann steht ihm eine blumenreiche Sprache von etwa 250.000 Wörtern zur Verfügung. Vergleichsweise zieht der Deutsche ein Register von annähernd 40.000 Wörtern. Wohlgemerkt, die genannten Zahlen beziehen sich auf die lebendige Umgangssprache. Die Ungarische Akademie der Wissenschaften hat einmal versucht, sämtliche sprachliche Varianten des Magyarischen aufzuzeichnen. Bei einer Million Wörter gab sie ihr Vorhaben auf.

Diese Daten sowie eine Anzahl anderer Informationen habe ich mir aus einem Zeitungsartikel eines Nichtungarn, Herbert Schiff, zugelegt. Ich darf hinzufügen, daß besagte Akademie später ihre Schwerarbeit fortgesetzt hatte. Endergebnis: die ungarische Sprache ist berechtigt, etwa 1.065.000 Wörter ihr eigen zu nennen.

Einige Musterbeispiele für die Kürze, in der die magyarische Würze liegt: Das schönste Wort aller Sprachen, nämlich lieben, heißt *szeretni.* »Ich liebe dich« kann der Ungar seiner Angebeteten in einem einzigen Wort zur Kenntnis bringen: *Szeretlek.* Das eine Wort, welches drei Wörter enthält, ist sozusagen ein Zweipersonenstück; »ich« und »dich« sind inbegriffen. Die persönlichen Fürwörter existieren für den Ungarn nur ordnungshalber, in der Konjugation werden sie nie verwendet, weil eine Fülle von Anhängseln oder dazwischen geschobene Silben, häufig ein Buchstabe, bereits andeuten, welche Person im Spiel ist. Weitere Formen desselben Wortes: *Szeretek* = ich liebe (irgend jemand oder irgend etwas oder nur so allein im allgemeinen); *szeretem* = ich liebe ihn, sie oder es; *szeretném* = ich würde ihn, sie oder es lieben; *szerethetek* = ich darf oder kann lieben; *szerethetlek* = ich darf oder kann dich lieben, und so weiter und so fort.

Nehmen wir ein Hauptwort und bearbeiten wir es mit Silben und Anhängseln, welche der Ungar statt Fürwörtern und Präpositionen gebraucht: *ház* = Haus; *házak* = Häuser; *házaik* = ihre Häuser; *házaink* = unsere Häuser; *házainkban* = in unseren Häusern. Wir haben nichts weiter getan, als immer neue Buchstaben hinzugefügt, um neue Bedeutungen zu erhalten. Allerdings, gewußt wo und welche.

Bei dem dichterischen Wortgebilde *beesteledvén* = da es Abend wurde, lasse ich mich gar nicht erst auf Erklärungen ein. Ich glaube, ich könnte solch ein Wort nie zusammenbasteln, wenn ich es erst erlernen müßte. Die Übertragung des Satzes: »Er hat sich wieder hingesetzt« lautet *visszaült.* Gehört es nicht ins Buch der Rekorde? Ein Satz – ein Wort. Drei Silben, neun Buchstaben. Die Punktezahl des Deutschen wollen Sie bitte selber zusammenzählen; ich habe keine Zeit, ich muß mich noch rasch mit den Zeitwörtern befassen. Diese verdienen erst im Ungarischen ihren Namen. Der Zusatz verschiedener Silben ermöglicht es den Ungarn, Zeitspannen zu beschreiben, die andere Völker höchstens umschreiben können. *Iszik* heißt »er trinkt«. *Iszogat* deutet an, daß er das Getränk kleinweise zu sich nimmt, daran also nur nippt. *Iddogál* besagt, daß er sich dem Trinken längere Zeit hingibt.

Ein Wort – ein Mikrokosmos.

Dies hört sich wahrscheinlich so unwahrscheinlich an, daß ich bei manchen Lesern bereits in den Verdacht geraten sein werde, neue Wörter erfunden zu haben.

Bisher tat ich es nicht, obwohl ich die Erlaubnis dazu hätte. Die Regeln der noch unfertigen, ständig in Entwicklung befindlichen ungarischen Sprache gestatten jedem ihrer Benützer eine weitere Neugestaltung nach Belieben.

Als Ungar darf ich fast sämtliche Eigenschaftswörter in Zeitwörter verwandeln. Im farbenfrohen Ungarland grünt es nicht nur, sondern es gelbt oder weißelt auch, wenn ich es so will. Ich kann mir die Freiheit nehmen, lautmalende Verben zu erfinden. Für den Begriff des Flüsterns kenne ich folgende Synonyme, deren Großteil sicherlich erst im Laufe der Zeit entstanden ist: (das »s« wird wie »sch« ausgesprochen) *sug, sug-bug, suttog, susog, sustorog, sugdos, sugdolózik, sussan.*

Das Recht des Bürgers wird beim Schriftsteller zur Pflicht. Während die Schriftgelehrten anderer, abgerundet fertiger Sprachen eisern darauf achten, an den einmal festgelegten Gebilden nicht mehr zu rütteln, Floskeln stets in gleicher Form anzuwenden, wird in Ungarn vom Schriftsteller weniger Disziplin erwartet als vielmehr Originalität.

Es stehen ihm zum Unterschied von anderen Sprachen unvergleichliche Schattierungen zur Verfügung. Will ein Schriftsteller beispielsweise ein ländliches Thema beschreiben, so wird er es in einer der Schriftsprache ähnlichen, aber doch ländlichen Form tun, die jedoch keinen

Dialekt darstellt. Dies ist unter anderem ein Grund, weshalb ungarische Literatur nie vollwertig übersetzt werden kann.

Eigentlich müßte ich jetzt die Aussprache ungarischer Wörter erklären. Noch eigentlicher (bitte keine Einwände, versuchen wir doch auch einmal die deutsche Sprache flexibel zu behandeln) hätten die Regeln der Aussprache gleich an den Anfang gehört. Aber das spielt keine Rolle, denn der Ungar macht ohnehin alles umgekehrt. Es beginnt schon damit, daß er seinen Nachnamen als Vornamen gebraucht und vice versa. Das heißt, er stellt sich zuerst mit dem Familiennamen vor und zieht den Taufnamen nach.

Wenn ich an dieser Stelle Abstand davon nehme, Ihnen die ungarischen Ausspracheregeln beizubringen, so nur deshalb, weil es den Rahmen dieses Buches sprengen würde. Es sollte eine Mischung zwischen Sachbuch und Lachbuch werden und nicht auch noch ein Sprachbuch. Aber, unter uns gesagt empfehle ich Ihnen, einen Ungarn anzuheuern, der Ihnen das Alphabet seiner Muttersprache erklärt, mit allen vierzehn Varianten der Vokale, der Ihnen auch den Unterschied zwischen Punkt und Strich auf gewissen Buchstaben nicht vorenthält, der Ihnen die Doppelbuchstaben vorkaut, bis Sie es annähernd nachzusprechen fähig sind und dann fällt es Ihnen wie Schuppen von den Augen und das Geheimnis, wieso ein Familienname im Ungarischen auf *-yi* enden kann, enthüllt sich.

Wichtiger als all die Regeln im einzelnen scheint mir die zusammenfassende Feststellung zu sein, daß Ungarisch eine phonetische Sprache ist.

Diese Behauptung ist leicht aufzustellen, aber schwer zu beweisen, denn bekanntlich glaubt jedermann von seiner Muttersprache, sie sei phonetisch. So soll es auch den Sprachwissenschaftlern ergangen sein, die aus aller Herren Länder zu einer Konferenz zusammengekommen waren, um die einander widersprechenden sprachlichen Regeln zu koordinieren. Sie beschlossen, von Stund an einfach alles phonetisch auszusprechen, nach der Schrift. Wie zum Beispiel in dem Fall »international«.

»In Ordnung«, sagte der Deutsche »also *Internazional«.*

»Allors«, meinte der Franzose, *»entrnaßional«.*

»All right«, so der Brite *»internehschnel«.*

Was der Unterschied zwischen all diesen Sprachen und der ungarischen ist? Sie ist wirklich phonetisch! Der Ungar spricht alles aus und verschluckt keinn einzign Buchstabn. Sie haben richtig gelesen, es ist kein Druckfehler – mit dieser Schreibweise wollte ich lediglich vor Augen führen, wie die armen Selbstlaute im Deutschen reihenweise verschluckt werden. Ungarisch sieht dasselbe so aus: Der Ungar verschluckt keinän einzigän Buchstabän. Vor allem das »e« führt er gern im Munde. Das »r« wird auch besonders stolz gerollt. Es geht nie unter, wie am Ende deutscha Wörta imma.

Damit haben wir bereits die Hauptmerkmale des ungarischen Akzents, der ewig durchschimmert, welche Sprache der Magyare auch anrühren mag:

a) Kein Verschlucken, phonetische Aussprache
b) Aufstöbern jedes einzelnen »e« und Verwandlung in markantes »ä«
c) Gerolltes »r«

Dazu könnte man noch die meistens auf der ersten Silbe liegende Betonung, weiters das absolute Ernstnehmen der Konsonantenverdoppelung aufzählen. Wenn schon Verdoppelung, dann Verdop-pelung, sagen sich die Ungarn und benützen zwei Mitlaute nicht als Vorwand zur Verkürzung des vorangehenden Vokals – wie bei Vater und Gevatter –, sondern sprechen den doppelten Mitlaut eben länger aus, halten eine Pause darüber, wodurch das Wort einen magyarischen Rhythmus bekommt.

Sein Akzent, der den Ungarn ein Leben lang über die ganze Welt wie sein Schatten begleitet, ist die Rache des Schicksals dafür, daß er eine Sprache erschaffen hat, von der er die ganze Welt ausschließt.

»Wir haben alles verloren, außer Akzent«, sagte einmal ein Ungar radebrechend auf der Kabarettbühne und das ist zum geflügelten Wort geworden. Dennoch würde ich dringend davon abraten, einen Ungarn seines Akzents wegen zu verspotten. Seine Stärke ist das Austeilen, nicht das Einstecken!

Der ungarische Akzent ist so urwüchsig und durchschlagskräftig, daß ich einer in Wien lebenden Dame aufs Wort glaube, was sie mir erzählte: Ihr Mann ist ungarischer Abstammung. Ich wiederhole, Ungar nur der Abstammung nach. Er ist bereits extra hungariam geboren und hat auch als Kind kein Wort Ungarisch gesprochen. Um es anders auszudrücken: Er ist bereits deutschsprachig auf die Welt gekommen. Wenn er aber abends nach einem sehr anstrengenden Tag todmüde heimkehre, so berichtete die Gemahlin, bekäme er einen unverkennbar ungarischen Akzent.

Phantastisch, nicht? Und atavistisch.

Als man Szöke Szakáll, dem weltberühmten Komiker, in Hollywood vorwarf: »You speak with an accent!«, replizierte er seelenruhig: »You *hear* with an accent!«

Das berühmte Burgschauspieler-Brüderpaar Hörbiger wurde bekanntlich in Budapest geboren und erzogen. Attila erzählte nach dem Tod von Paul: »Bei meinem letzten Besuch im Spital war er schon in sehr schlechter Verfassung. Er verstand mich kaum. Da wechselte ich die Sprache – ich redete ungarisch mit ihm. Im Nu begriff er alles, sprach selbst fehlerfrei, und wir widmeten uns eine schöne Stunde lang unseren Kindheitserinnerungen. Die Muttersprache hatte sich durchgesetzt.«

Eine starke Sprache, die den einmal Eingefangenen nie

mehr losläßt. John Bailey, amerikanischer TV-Reporter, der aus purem Interesse Ungarisch gelernt hat, meint: Diese Sprache macht einen zum Ungarn!

Zurück zum Akzent. Viele wollen es nicht wahrhaben, aber ein weiser Bühnendichter, Franz Molnár, wußte, daß sich der Ungar nicht tarnen kann – man braucht nur ein gutes Gehör, um ihn zu enthüllen.

Einer von Molnárs Schicksalsgenossen im New Yorker freiwilligen Exil, besuchte den Dichter oft in dessen Nobelhotel. Im Lift begann der Freund immer englisch zu sprechen, doch Molnár wechselte ins Ungarische über.

Einmal erklärte er seinen Standpunkt: »Was erreichen wir damit, wenn wir englisch miteinander reden? Die Leute um uns werden sagen, zwei alte ungarische Juden prahlen mit ihren erbärmlichen Englischkenntnissen. Wenn wir hingegen ungarisch konversieren, haben wir noch immer die Chance, daß unsere Umgebung denkt: Das sind zwei amerikanische Gentlemen, die sich in einer exotischen Sprache üben.«

Wenn wir schon bei Molnár sind, der übrigens auch auf dem Gipfel seines Weltruhms nur in seiner Muttersprache schrieb, gleich ein anderes charakteristisches Bonmot von ihm:

»Wenn ein Ungar sich in einer Fremdsprache unterhält, kann es leicht vorkommen, daß er mitten im Satz seine Weltanschauung wechselt – denn er sagt nicht, was er will, sondern was er kann.«

Das stimmt. Und es widerspricht nicht der Tatsache, daß der Ungar sich in allen beliebigen Sprachen glänzend unterhält, ja sogar die Einheimischen zu unterhalten vermag. Er kann eben alles wunderbar imitieren, nachmachen – seine Sprachkenntnisse bleiben stets eine grandiose Produktion; aber sich eine andere Sprache als die eigene einverleiben, wird er nie.

Um bei der deutschen zu bleiben – ich kenne Ungarn, die die Artikel sogar beim Lesen verwechseln!

Trotz allem imponieren Ungarn sich und ihren Landsleuten in der Rolle von Sprachgenies. Vor allem, wenn sie längere Zeit hindurch im Ausland waren und heimkehren. Es muß schon ein außergewöhnlicher Charakter sein, der nicht so tut, als hätte er seine Muttersprache verlernt.

Eine diesbezügliche Paradestory lieferte ein Budapester Schauspieler der Nachwelt. Sie spielte sich Mitte der zwanziger Jahre ab. Der Komödiant hatte einige Zeit in Amerika verbracht; er versuchte es zur Zeit des Stummfilms in Hollywood, doch Hollywood wollte es nicht mit ihm versuchen. Es war trotzdem keine blamable Rückkehr, immerhin hatte er es zu zwei, drei kleineren Rollen gebracht. Dem Anschein, er käme als großer Mann zurück, half er mit auffallender Kleidung und überheblichem Gehaben nach. Als der Zug im heimatlichen Bahnhof einrollte, stand auf dem Bahnsteig zwischen einigen Freunden die Mutter des nicht verlorenen Sohnes.

Sie hatte Tränen in den Augen. Er hatte Tränen in den Augen. Sie lief ihm entgegen. Er streckte die Arme nach ihr aus. Sie rief, natürlich auf ungarisch: »Da bist du ja wieder, mein lieber Junge!«

Er öffnete den Mund. Er rang nach Worten. Man sah ihm an, wie er mit Ausdrucksschwierigkeiten kämpfte. Er suchte nach einem altvertrauten Wort, das er vergessen hatte. Er blieb stehen und grübelte krampfhaft. Er schnalzte nervös mit dem Finger, als würde er sagen: »Na, wie heißt es doch gleich?«

Endlich erhellten sich seine Züge – er hatte das vermißte Wort wieder gefunden. Es war aus der Versenkung aufgetaucht. Es fiel ihm ein. Er rief auf ungarisch: »Mama!«

IV

Alles Alphabeten alles Dichter

Ein Wiener Kollege pflegt mich in Gesellschaft mit folgenden Worten vorzustellen: »Dies ist Herr Kövary, von Beruf Schriftsteller wie alle Ungarn.«

Hilde Spiel, seinerzeit Generalsekretärin des Österreichischen P.E.N.-Zentrums, leitete eine Vorlesung ungarischer Autoren in ähnlicher Weise ein: »Ich begrüße die Vertreter jenes Landes, das pro Quadratkilometer die meisten Dichter und Schriftsteller hervorbringt.«

Wahrhaftig, es scheint so, als würden in Ungarn – wo einst lauter Analphabeten hausten – heutzutage mehr Leute schreiben denn lesen. Dabei ist die geistige Fauna des Landes ohnehin schon massenhaft von Bücherwürmern und Leseratten durchsetzt. Um dies zu belegen, genügt vielleicht die Heranziehung einer Statistik des Buchhandels aus den dreißiger Jahren, wonach in Ungarn dreimal soviele Bände von Aldous Huxley verkauft worden waren als in England.

Während Künstler verschiedener Sparten auch in Ungarn von oben herab behandelt werden wie in jedem zivilisierten Land, genießen Schriftsteller im allgemeinen ein hohes Ansehen. Sie werden als das angesehen, was die Staatsmänner sein sollten: als geistige Führer der Nation. Ein Dichter war es, der 1848 das Volk aufrüttelte; Schriftsteller waren es, die in der Vorbereitung der Ereignisse von 1956 die Hauptrolle spielten.

Da der geschätzte Leser bereits weiß, daß das Volk, welches in diesem Buch zur Debatte steht, immer alles umgekehrt macht, wird es ihn auch nicht sonderlich überraschen, daß die Geburtsstunde der magyarischen Literatur – mit einer Grabrede gefeiert wurde. Die zoologischen Sagen aus der Urgeschichte, vom Turulvogel bis zum Wunderhirsch, wurden nur mündlich überliefert. Von dieser Zeit bis zum Anfang des 13. Jahrhunderts hat man nur ungarische Brocken in lateinischen Texten aufgefunden.

Das erste bekannte Dokument in ungarischer Sprache aber ist die Grabrede eines Priesters, ungefähr folgenden Wortlauts: »Seht, meine Gläubigen, mit euren eigenen Augen, was wir sind . . . Wahrlich, Staub und Asche sind wir . . .« In seiner demütigen Bescheidenheit ein völlig unungarischer Text.

Die ersten Bücher in ungarischer Sprache stammen aus Krakau (1527) und Wien (1536). Es sind Lehrbücher.

Originelles hat die ungarische Literatur erstmals zu bieten, als das Zeitalter der Volksbücher anbricht. Im Gegensatz zu sämtlichen anderen Nationen erscheinen dortzulande ausschließlich gereimte Histörchen.

Noch im 16. Jahrhundert tritt der Vater aller ungarischen Reporter auf. Es ist der Minnesänger Sebestyén (Sebastian) Tinódi mit seiner Laute. Er zieht von Burg zu Burg und trägt aktuelle Strophen vor. Hauptthemen seines Nachrichtendienstes sind die nicht enden wollenden Schlachten mit den Türken. Es waren nicht immer die allerfrischesten Neuigkeiten; die eine oder andere von ihm besungene Festung mag schon längst gefallen sein, aber damals verlangte man vom Journalisten noch nicht das mörderische Tempo von heute.

Bálint (Valentin) Balassa, quasi sein Nachfolger, vertauschte die Laute mit der Lyra. Das will symbolisch aufgefaßt werden, denn er schrieb die ersten lyrischen Gedichte, die noch in unseren Tagen bestehen. Hauptberuflich war er Soldat. So starb er denn auch auf dem Schlachtfeld.

Graf Nikolaus Zrinyi, Urenkel des Helden von Szigetvár, verewigt dessen Taten in einem Epos. Auch er lebt gefährlich, indem er ein Feind sowohl der Türken als auch des Kaisers ist. Er wird bei einer Jagd von einem Eber umgebracht. Spätere Gerüchte wollen von einem Gewehr wissen, das in der Wiener Hofburg aufbewahrt wurde und die Inschrift trug: »Dieser Eber tötete Zrinyi.«

Die nächsten literarischen Leckerbissen, die Gedichte und Lieder der Kuruzzen, sind größtenteils umstritten.

250 Jahre nach ihrer Entstehung widmete ein gewisser Koloman Thaly sein ganzes Leben dem Sammeln der Kuruzzenliteratur. Es stellte sich heraus, daß fast alle von ihm entdeckten Werke aus seiner eigenen Feder stammten. Thaly war ein Besessener, er frönte einem beispiellosen Hobby und hatte keinerlei Nutzen im Auge, als er seine Verse »vordatierte«. Alles, was er ausgrub, beziehungsweise selbst verfaßte, war literarisch hochwertig. Seine Fälschungen sind meistens besser als die zweifelsfrei echten Kuruzzendichtungen. Von einigen weiß man übrigens bis heute nicht mit Bestimmtheit, wessen Sprößlinge sie nun wirklich sind.

Kelemen Mikes, Schreiber des Fürsten Rákóczi und dessen Begleiter in der Emigration, hochstapelte in einem weitaus geringeren Maße. Er schrieb aus Rodosto, seinem türkischen Asyl, regelmäßig Briefe an eine Tante, die es gar nicht gab. Sie wurde nur als Vorwand erdacht, um das Tagebuch lebendiger gestalten zu können. Diese niemals abgesandte Post besitzt großen literarischen und historischen Wert.

Die Aufklärung findet im ungarischen Sprachgebiet eine verwirrte und verwirrende Lage vor. Drei Sprachen beanspruchen das Primat. Außer der ungarischen verständlicherweise die deutsche und, was nicht so auf der Hand liegt, die lateinische! Diese war, wie an anderer Stelle bereits erwähnt, die Amtssprache und wurde in dem als ungebildet verschrienen Magyarenland noch gepflegt, als sie weiter westlich schon längst für tot galt.

Charakteristisch für diese Situation war, daß in Ungarn – und nur dort – das revolutionärste Buch des Zeitalters,

Rousseaus »Contrat Social« nicht ins Ungarische, sondern ins Lateinische übertragen wurde. Radikale Elemente dichteten revolutionäre Texte nach der Melodie der Marseillaise – auf lateinisch.

Georg Bessenyei, in seiner Jugend Mitglied der ungarischen Leibgarde Maria Theresias, der aus einer italienischen Soldatenfamilie stammende Graf Gvadányi und ein Priester dalmatinischer Abstammung namens Dugonics gehören zu jenen Schriftstellern, die sich der Verbreitung der ungarischen Sprache verschworen haben. Die Ungarisierung wird zur Mode.

Zum Anführer der Spracherneuerung, ja gleichsam zum literarischen Diktator jener Zeit, wurde Franz Kazinczy, der den Leitspruch »In ihrer Sprache lebt die Nation« prägte.

Hier müßte man Namen von Dichtern einfügen, die leider außerhalb der Grenzen, die Ungarn vom Rest der Welt trennen, unbekannt geblieben sind. So machen wir erst bei Josef Katona wieder Station.

Er ist der einzige Vertreter der »Sturm und Drang«-Epoche in seiner Heimat und Verfasser der großen ungarischen Bühnendichtung »Bánk bán« (1820). Katona hat selbst zugegeben, daß er etwa 200 Zeilen seines Dramas – dem übrigens die gleiche Geschichte zugrunde liegt, die Grillparzer in der Tragödie »Ein treuer Diener seines Herrn« bearbeitete – aus dem Deutschen übersetzte. Das Original stammt von Veit Weber.

In diese Zeit fällt das Wirken des großen Einzelgängers Kölcsey. Er war eine von allen Seiten anerkannte Autorität, jedoch in seiner unmittelbaren Umgebung derart verhaßt, daß seine Nachbarn ihre Herden auf sein Gut losließen, um seine Ernte zu vernichten und angeblich sogar noch seinen Sarg mit Steinen bewarfen. An dieser Unpopularität war sein Charakter schuld, der keinen einzigen magyarischen Wesenszug enthielt. Er war eine asketische

Gestalt, trank nicht, rauchte nicht, verabscheute Zigeunermusik, mied das schwache Geschlecht und errötete, wenn jemand in seiner Gegenwart ein zweideutiges Wort aussprach. Dazu kam, daß er die ungarischen Mängel und Fehler stets unerbittlich kritisierte. Und das in einer Ära, in der die Schriftsteller miteinander wetteiferten, das im Laufe der Jahrhunderte ins Wanken geratene Selbstvertrauen des Magyaren durch pausenlose Beweihräucherung wieder aufzurichten.

Übrigens: Kölcsey war der Dichter des »Himnusz«. Von dem Komponisten Erkel vertont, wurde dieses Gebet zur Nationalhymne. Sie ist nach wie vor »im Amt«, und die Jahre, während derer es zum guten Ton gehörte, sie schweigend anzuhören und den Text, der mit dem Wort »Gott« beginnt, nicht mitzusingen, scheinen vorüber.

Junge Talente scharen sich um das Jahrbuch »Aurora«. Die Neuen: Vörösmarty, der entgegen einer unter Touristen weitverbreiteten Meinung keine Konditorei ist, sondern ein großer Dichter war; Bajza, der Kritiker, später Direktor des neugegründeten Nationaltheaters; der Deutsche Franz Toldy, der seinen Namen Schedl abgelegt hatte und zum ersten hervorragenden Literarhistoriker der Magyaren wurde.

Das schöngeistige Organ »Athenaeum« erscheint mit seiner Beilage dreimal wöchentlich. Jaj mamám, wo gibt's heute ähnliches?

Während für die Literatur ein goldenes Zeitalter anbricht, verdüstert sich der politische Horizont. Die Gemüter scheiden sich, es gibt »Pessimisten«, wie Kölcsey, Széchenyi oder Vörösmarty, und »Optimisten«, deren Apostel der Geschichtswissenschaftler Stephan Horváth ist. Sein glühender Patriotismus geht allmählich in krankhafte Manie über. Sein Geist wird von Enthusiasmus verwirrt, wie jener des großen Széchenyi von Depression vernebelt wird.

Er befaßt sich mit der Urgeschichte der Ungarn und rollt sie von neuem auf. Er stellt eine These auf, die bei Gott niemand phantasielos nennen könnte: die Ungarn waren das erste Volk auf der Welt. Er meint dies nicht als Werturteil, denn das versteht sich von selbst; er behauptet, daß sie zeitlich die ersten waren. Das heißt, in der Urzeit war die Welt zwar von Skythen bevölkert, aber das ist noch keine Schande für die Ungarn, handelt es sich doch um ihre Vorfahren. Diese, nämlich die Skythen, spalteten sich in Sekler, Jazygen und Palozen (Sekler, die Ureinwohner Siebenbürgens; Jazygen, ein ähnlich den Kumanen in Ungarn angesiedeltes Volk; Palozen, ungarisierte Slowaken). Woher Horváth dies so genau wissen will? Er beruft sich auf sein Verhältnis zur Sprachwissenschaft. Er treibt es ziemlich arg.

Vorerst verkündet er, daß *Magyar* mit *magvetö* gleichzusetzen sei, was soviel heißt wie »Kornstreuer« oder »Säender«. Woraus sonnenklar ersichtlich ist, daß jedes Volk magyarischer Abstammung zu sein hat, das sich mit Landwirtschaft befaßt. Da es aber kaum eine Nation gibt, die nicht wenigstens anfangs Agrokultur betrieben hätte . . . Na sehen Sie, meine Herrschaften.

Horváth geht mit seiner pseudo-wissenschaftlichen Argumentation großzügig um. So entdeckt er zahlreiche griechische Orts- und Stammesbezeichnungen, die er aus *Magyar* ableitet. Er macht auch vor *Mazaga* oder *Massyx* nicht halt.

Noch ein paar Kostproben aus dem Horváthschen Wirrwarr: Die Laistrygonen aus der Odyssee waren Palozen (fragen Sie nur nicht, wieso); die Skythen wohnten zuerst in Nubien und Abessinien, aber dann bekamen sie den Pyramidenbau satt und wanderten aus; die Urmagyaren wurden wegen ihrer stattlichen Gestalt auch Giganten oder Titanen genannt; später siedelten sich die Palozen auch unter dem Namen Philister in Syrien an; der heilige

König David bat die Skythen um Asyl, die ihn zum Sekler edelten oder adelten; Herodes, Herkules, Homer, sie alle waren brave Ungarn. Und so weiter und so fort.

Im 19. Jahrhundert können wir endlich mit Namen aufwarten, deren Träger nicht nur ihrer engeren Heimat angehören, sondern der Weltliteratur. Petőfi und Arany treten auf. Die beiden Dichtergiganten bedeuten für den Ungarn ungefähr dasselbe wie Schiller und Goethe für den Deutschen. Ihr Leben und Wirken weist sogar Parallelen zu den deutschen Dichterfürsten auf. Der eine bleibt sein kurzes Leben lang ein revolutionärer Hitzkopf, dem anderen gestattet die längere Zeit, welche ihm beschieden ist, die Wandlung zur Mäßigung, das Erlangen der Weisheit.

Petőfi, ein geborener Petrovics, ist der Sohn eines serbischen Gastwirtes. Seine Liebe zu Ungarn stellt jeden bislang bekannten Chauvinismus in den Schatten. Er verschreibt sich der volkstümlichen Richtung. Seine Gedichte wimmeln von Pusztaromantik, *csikós, gulyás* und alldem, was die Welt schlechthin unter Ungarn versteht. Dies wäre an sich katastrophal, zeigt doch der Fall Horváth, wohin die Begeisterung unter Umständen führt. Petőfi aber besitzt ein Talent, das seinesgleichen sucht. Seine Kunst besteht darin, nie gekünstelt zu sein, sondern unmittelbar, einfach. Er scheint nie mit Vorbedacht zu dichten; er schreibt einfach nieder, was ihm in den Sinn kommt – und auf dem Papier reimt es sich, es wird zur reinen Poesie.

Da die Umstände von Petőfis Tod auf dem Schlachtfeld – am 31. Juli 1849 bei Schlässburg – nie geklärt werden konnten, war der Weg für die Legende frei. Petőfi ist in Ungarn bis heute nicht offiziell für tot erklärt – er ist ein lebendiges Idol geblieben.

Arany, der Gesinnungsgenosse, mußte weiterleben und sich arrangieren. Er verriet seine nationalen Ideale nicht, er rannte aber auch nicht mit dem Kopf gegen die Wand, obwohl er die Wand mindestens einmal lebensgefährlich streifte. Dies geschah, als Kaiser Franz Joseph Ungarn besuchte und der Hof nach einem geeigneten einheimischen Dichter Ausschau hielt, der den Monarchen gebührend feiern würde. Die Niederlage von 1849 saß den Magyaren noch in den Knochen – die Prominenz lehnte ab. Mit einer Ausnahme: Arany erklärte sich bereit, den Herrscher mit einem Gedicht willkommen zu heißen. Es betitelte sich: »Die Barden von Wales«. Der Inhalt: Edward II., König von England, läßt 48 Barden, die ihm nicht mundgerecht singen, hinrichten.

Der dritte Große, Maurus Jókai, war der produktivste Romancier seiner Heimat. Er schrieb nicht nur den »Zigeunerbaron«, sondern mehr als 100 Bände. Im Greisenalter, so erzählt man sich, ließ er sich seine früheren Romane vorlesen und unterhielt sich köstlich; er erinnerte sich nicht daran, diese selbst geschrieben zu haben. Sein Ideenreichtum erinnert an Balzac, seine Schwarzweißmalerei an Dickens, seine Zukunftsvision an Jules Verne. Er ist *der* klassische Romanautor der Ungarn. Als Lektüre für die Jugend geeignet wie kein zweiter. Die Jugend mag ihn nur aus einem einzigen Grund nicht: Weil Jókai Pflichtlektüre ist. Unglaublich, aber wahr: er ist es auch in Frankreich! Eine posthume Karriere, mit der er bei Lebzeiten verständlicherweise nicht rechnen konnte, machte er als Fernsehautor. Die in mehreren Ländern gesendete Serie »Mathias Sandorf« wurde nach seinem Roman »Sándor Mátyás« gedreht.

Jokai ist auf dem internationalen Markt im Alleingang verkauft worden. Imre Madách (sprich Madahtsch) der Welt zu verkaufen, ist jedoch ein gesamtungariches Anliegen. Ob »Die Tragödie des Menschen« zu recht »der ungarische Faust« genannt wird, ist eine delikate Frage. Madách hat zeitlebens kein Hehl daraus gemacht, daß Goethe sein Lieblingsdichter war, doch wenn Sie einem Ungarn mit diesem Vergleich kommen, werden Sie schärfstens zurechtgewiesen. Und wenn Ihr Vergleich gar zu Ungunsten des ungarischen Dramatikers ausfällt, möchte ich nicht in Ihrer Haut stecken.

Die »Tragödie« ist aber wirklich ein monumentales Werk, ob aus dichterischer, philosophischer oder theatralischer Sicht betrachtet. Wiewohl der himmlische Anfang und die zentrale Figur des Mephisto, hier Luzifer genannt, einwandfrei – *bocsánat* – von Goethe stammen, ist fast jede Zeile aus diesem Stück zum Zitat geworden. Das Fremdwort zwischen »einwandfrei« und »von Goethe« heißt »Entschuldigung« auf Ungarisch; ich habe nur den ungarischen Leser um Verzeihung zu bitten.

Madách ist der letzte große nationale Klassiker. Als solcher verdient er selbstverständlich ein Museum. Es wurde ihm in seinem Heimatort zugestanden. Die Regierung war sogar Mitgestalterin der Gedenkstätte. Während und nach den Kriegswirren, den zweiten, wurde nämlich der Großteil der Einrichtung des Madách-Geburtshauses verschleppt, verbrannt, vernichtet. Bald darauf entdeckte die Regierung ihr Herz für die Klassik sowie für den Fremdenverkehr und kaufte den Nachfahren des großen Dichters, die im Hause wohnen bleiben durften, neue Möbelstücke, die zu Originalmöbeln Madáchs erklärt wurden und als solche gezeigt werden. So munkelt man wenigstens.

Einen von den Vorwürfen, die man Madách macht, lasse ich gelten: Er ist in einem selbst für Dichter überdurchschnittlichen Maße naiv. Angeblich wollte er ursprünglich sein pessimistisches Drama mit dem Selbstmord Adams beenden. Arany, der das Manuskript durchgesehen hatte, machte ihn auf eine Kleinigkeit aufmerksam: Daß nämlich die Weltgeschichte nach Adam doch stattgefunden habe. So entstand der bekannte Schluß. Eva gesteht ihrem Mann, sie fühle sich Mutter, womit sie dem Lebensmüden einen Strich durch die Rechnung macht.

Gewissermaßen als Übergang zu dem, was uns auch heute noch anspricht, ist der im letzten Drittel des 19. Jahrhunderts auftretende romantisch-kritisch-humoristische Romancier Mikszáth zu betrachten. Sein »St. Peters Regenschirm« war das Lieblingsbuch von Theodor Roosevelt und der Queen Victoria of England.

Die Entstehungsgeschichte dieses reizenden Buches: Mikszáth war ein fanatischer Kartenspieler, jedoch ein fauler Arbeiter, wie es sich für einen Schriftsteller geziemt. Im Kaffeehaus pflegte er seine hübschen Ideen regelmäßig zu erzählen; ausgearbeitet wurden sie erst dann, wenn es bereits brannte. Ein junger Verleger, zugleich Herausgeber eines literarischen Wochenblattes, hätte den Stoff gerne erworben, doch der damals schon namhafte Romancier vertröstete ihn mehrmals auf später. Bis eines Tages ein verreister Partner beim Kartenspiel ersetzt werden mußte. Mikszáth ließ den Verleger holen und machte ihm folgendes Angebot: Wenn er sich zu der Runde setze, bekäme er in einer Woche den Anfang des begehrten Romanes; jede Woche würde eine neue Fortsetzung folgen; bliebe er einmal vom Kartentisch fern, gäbe es keine Fortsetzung. Der Verleger erschien pünktlich bei der Partie, Mikszáth schrieb den erfolgreichsten Roman seines Lebens.

Aus der Fülle der bürgerlichen Schriftsteller des 20. Jahrhunderts sei als erster Franz Herczeg erwähnt, der 1925 einer der Nobelpreiskandidaten war. Von seinem Roman »Heiden«, der die Ahnen der Magyaren behandelt, bis zur Gesellschaftskomödie reicht sein Repertoire. Herczegs »Blaufuchs« ging über eine stattliche Anzahl von Weltbühnen und begründete den guten Ruf der ungarischen Theaterstücke.

Herczeg wurde noch nach 1945 in Moskau munter gespielt, als er daheim schon verpönt und zum Stillschweigen verurteilt war. Dies hatte innerpolitische Gründe, war er doch das »Paradepferd« des Horthy-Regimes gewesen. Der alte Herr verbrachte die letzten Jahre seines Lebens völlig zurückgezogen in seiner Villa, wo ihn niemand behelligte. Sein guter Freund, der Bildhauer Kisfaludy-Strobl, versuchte ihn vergeblich zum Ausgehen zu bewegen. Der Künstler, selbst schon eine Art lebendiges Denkmal – einst in London zu Weltruhm gekommen, wo er Skulpteur des Königshauses und G.B. Shaws war, jetzt von den neuen Herren seiner Heimat beschäftigt und gewürdigt – wollte Herczeg seinen Stolz, die Freiheitsstatue auf dem Gipfel des Gellértberges, zeigen. Sie entstand als Symbol der Dankbarkeit des ungarischen Volkes seinen sowjetischen Befreiern gegenüber. Eine Auftragsarbeit also. Herczeg sagte höflich, aber bestimmt nein. Strobl redete weiterhin auf ihn ein. Der Alte brachte seine Jahre und seine Gebrechen als Entschuldigung vor. Er sei zu müde für solche Strapazen.

»Ich bringe dich in meinem Wagen hinauf!« bearbeitete ihn der Bildhauer hartnäckig.

»Sei mir nicht böse«, erwiderte der greise Schriftsteller, »ich warte lieber ab, bis man sie herunterbringt.«

Wenn wir die Namen Ady und Attila József erwähnen, haben wir aus mehreren Dutzenden ihrer Kollegen die zwei bedeutendsten ungarischen Dichter unseres Jahrhunderts herausgegriffen.

Michael Babits, ein unerreichter Formkünstler, wurde zwar von seiner Anhängerschar als Dichterfürst gefeiert, doch seine wirkliche Größe bewies er im Übertragen fremdsprachiger Literatur. Und auf diesem Gebiet wird in Ungarn die Latte sehr hoch eingestellt. Die gesamte bedeutende Weltlyrik ist in Originalmetren ins Ungarische übersetzt worden. So auch Dantes »Divina commedia«, für deren allererste wahrhaft getreue Übertragung Babits von der italienischen Akademie der Wissenschaften eine hohe Auszeichnung erhielt.

Die Prosa bietet so viele Namen, daß wir lieber alle anderen beiseite lassen, um Platz zu haben, abermals ein gesamtungarisches Anliegen vorzutragen:

Karinthy heißt der Humoristenriese, den die westliche Hemisphäre noch nicht zur Kenntnis genommen hat. Ein Jammer, wo doch jeder zweite ungarische Emigrant Karinthys Werke managen möchte. (Jeder erste handelt mit Madách.) Karinthy ist für den Ungarn Swift ebenbürtig und dies nicht nur, weil er mehrere Fortsetzungen des »Gulliver« geschrieben hat. Seine Parodien der Weltliteratur hätten weltliterarischen Rang, wären sie übersetzbar.

Der ungarische Leser der letzten traurigen Jahrzehnte hat von Karinthy lachen gelernt. Auch seine Kollegen haben von ihm viel profitiert. Zum Beispiel haben sie sich den Ausspruch des an ständigen momentanen Geldschwierigkeiten leidenden Spaßvogels gemerkt: »Ohne Vorschuß keine Literatur!«

Dieser Slogan ging sie alle an, hauptsächlich die Diener der leichten Muse. Sie verkauften ihre Werke meistens für ein Butterbrot. Häufig sogar für ein Stück Brot allein. Wenn ihr Lustspiel eingeschlagen hatte, wurde die Butter nachgeliefert.

Der ruhmreichste von ihnen war Franz Molnár. Seine Komödien waren so geistreich, daß er als erster ausländischer Boulevardier sogar von den Franzosen anerkannt wurde. Nebenbei handelt es sich bei ihm um den Dichter des »Liliom« und eines der schönsten Jugendbücher überhaupt: »Die Jungen von der Paulstraße«. (Pflichtlektüre an amerikanischen Schulen.) Er war eine schillernde Persönlichkeit. Als Vollblutbohémien teilte er sich seine Arbeitszeit großzügig ein. Er stand spätabends auf, begab sich in sein Stammcafé, nahm dort sein »Frühstück« ein, diskutierte, trank, hörte Musik und schrieb dabei bis in die Morgenstunden. Wenn die Stadt zu erwachen begann, ging er heim und legte sich nach getaner Arbeit zur Ruhe.

Diese Methode erfuhr nur einmal eine kleine Abwechslung, als er um seine dritte Frau, die Schauspielerin Lili Darvas, zu werben begann. Sie holte er nach der Vorstellung im Theater ab, führte sie in ein Restaurant, wo sie ihr Abendessen, er sein Mittagessen einnahm, dann begleitete er sie nach Hause und eilte ins Kaffeehaus zurück.

Molnár war nicht nur in seinen Stücken geistreich; er hatte auch im Leben stets großartige Einfälle, um ungewöhnliche Situationen zu meistern. Als die Darvas 1927 im Ensemble Max Reinhardts am Broadway gastierte, kam auch Molnár nach Amerika. Man brachte ihn nach Washington, um ihn dem Präsidenten Coolidge vorzustellen. Der Staatsmann fragte ihn nach der politischen und wirtschaftlichen Situation in Ungarn. Molnár wandte sich zu dem anwesenden ungarischen Gesandten und sagte in seiner Muttersprache: »Ich habe keine Ahnung von den wirtschaftlichen Verhältnissen, aber ich werde jetzt eine Minute lang mit ihnen reden, als würde ich meine Meinung erörtern. Danach werden Sie die Güte haben, auf englisch zu antworten, was Sie wollen.« Er erzählte dem Gesandten ein wenig Budapester Tratsch. Jener hörte ihm zu, ohne mit der Wimper zu zucken, dann legte er eine Expertise hin, die so gut ausfiel, daß der Präsident dem Schriftsteller herzlich zu dessen hervorragendem Wissen gratulierte.

In seinem Metier aber betrachtete er sich als einen guten Fachmann, ohne sich zu überschätzen. Auf die Frage, wie er Schriftsteller geworden sei, antwortete er einem Reporter: »Vielleicht so, wie aus einer Frau eine Prostituierte wird. Zuerst tat ich es, weil es mir gefiel; später, weil es anderen Freude bereitete; schließlich mache ich es nur für Geld!«

Dieser beste Konfektionär der leichten – nie der seichten – Muse verhalf seinen Landsleuten endgültig zum Durchbruch. Das ungarische Bühnenstück, vornehmlich in der heiteren Sparte, wurde in den dreißiger Jahren eine in aller Welt gesuchte Ware. Darf ich einige seiner Vertreter in Erinnerung rufen?

Melchior Lengyel, Librettist von Bartóks »Wunderbarem Mandarin« und Vater der »Ninotschka«, wurde in seiner zweiten Lebenshälfte US-Bürger, verbrachte dann viele Jahre in Rom, und übersiedelte schließlich, als seine Zeit herannahte, in weiser Voraussicht in die alte Heimat, um in Budapest zu sterben.

Johann von Bókay, Autor der »Gattin«, hatte neben der Schriftstellerei wichtige Ämter inne. Er war Verlagsleiter, Theaterdirektor, Präsident des Bühnenautorenverbandes und noch mehr. Diese Posten wurden ihm 1945 zum Verhängnis – er fiel in Ungnade und bekam Schreibverbot. Nach 1956, als die vorsichtige Liberalisierung ihren Anfang nahm, konnte er seinen geliebten Hauptberuf wieder aufnehmen und es gelang ihm auf Anhieb ein großer Wurf. Sein Buch über Puccini, mit dem ihn in jungen Jahren Freundschaft verbunden hatte, wurde in Ungarn ein Bestseller. Das Werk ist auch in deutscher Sprache erschienen. Von den Tantiémen konnte Bókay ein letztes Mal nach Portofino reisen, wo er in seiner besten Zeit den alljährlichen Sommerurlaub damit verbracht hatte, jedesmal ein neues Erfolgsstück fertigzustellen. Diesmal fuhr er ohne ein solches heim und starb bald darauf in Budapest.

Istvan Bekeffi, Verfasser des berühmten Lustspiels »Die unentschuldigte Stunde«, hielt sich im Herbst 1956, als es in Ungarn krachte, gerade im Westen auf, und zwar mit Genehmigung der Behörden seiner Heimat. Er arbeitete in Madrid mit seinem dort ansässigen Landsmann, dem angesehenen Regisseur Ladislao Vajda, an seinem Ustinov-Film »Der Hund, der Herr Bozzi hieß«. Weil er schon einmal da war, blieb er noch ein Weilchen, so an die zwanzig Jahre. Während er abwechselnd in Wien, München und Ancona wohnte, entstand in seiner Werkstatt ein

Drehbuch nach dem anderen, vornehmlich für Heinz Rühmann. Nachdem die Bühnenversion seines Fernsehstücks »Tagebuch eines Frauenmörders«, das im Westen mit Helmuth Qualtinger in der Hauptrolle zu sehen war, in der ungarischen Hauptstadt aufgeführt wurde, entschloß er sich zur Heimkehr, um Lengyels und Bókays Los zu teilen.

Ja, und die zahlreichen Stückeschreiber dürfen wir auch nicht vergessen, die entweder vorne oder hinten László heißen. Die Liste ist lang: Miklós László, Aladár László, László Fodor, László Bus-Fekete, László Lakatos, László Vadnai, László Görög etc. Der Vor-, mitunter Nachname László wurde zum Markennamen. Das wußten auch die amerikanischen Behörden, denn ein gut Teil der Herrschaften wanderte nach Hollywood aus.

Friedrich Torberg behauptete in seiner »Panmagyarischen Schule«: Einer jener Außenseiter, die weder mit dem Vor-, noch mit dem Zunamen László heißen, hatte bei seiner Einwanderung die größten Schwierigkeiten. »Was sind Sie von Beruf?« wurde er gefragt und »Bühnenschriftsteller« lautete wahrheitsgetreu die Antwort. »Und was ist das für ein Paß?« forschte der Beamte weiter. »Ein ungarischer«, antwortete der Befragte. Es bekam ihm schlecht. »Das soll ein ungarischer Paß sein?« fuhr das Kontrollorgan ihn an. »Wo haben Sie Ihr László?«

Noch einen Sprung zurück ins »ernste Fach«. Zwischen dem Ersten und dem Zweiten Weltkrieg gab es zwei Romanschriftsteller in Ungarn, die Ende der vierziger Jahre in den Westen übersiedelten und unbegreiflicherweise doch nicht den ihnen gebührenden Platz in der Weltliteratur einnehmen konnten: Márai, von dem André Gide behauptete, er sei der größte Schriftsteller der Gegenwart; und Zilahy, dessen »The Dukays«, eine Familiengeschichte aus der österreichisch-ungarischen Monarchie, in Amerika ein Bestseller wurde.

Wenn ich hier noch einige in den Westen gedrungene Namen von Romanciers magyarischer Herkunft erwähne, wie Harsányi, Körmendi oder Passuth, und feststelle, daß sie ihre Übersetzungen dem puren Zufall zu verdanken haben, denn es könnten ebenso andere ihres Metiers übertragen worden sein – dann ist dies keine Herabsetzung dieser verdienten Schriftsteller, sondern nur eine echt ungarisch-prahlerische Behauptung: In Ungarn gibt es ähnliche Begabungen in Hülle und Fülle. An dieser Tatsache ändert es auch nicht viel, daß Körmendi 1932 in London einen Preis für den »weltbesten Roman« bekommen hat.

Natürlich hat Ungarn auch eine Reihe unverwechselbarer Talente hervorgebracht, denen ihre Auslandskarriere sehr wohl »zusteht«. Ein stolzes Beispiel: Gabor von Vaszary, der liebenswürdige, humorvolle Autor von »Monpti«, der in mehr als eineinhalb Millionen Exemplaren deutschsprachig zu lesen ist.

Nicht mehr zur Literaturgeschichte, wohl aber zur ungarischen Schicksalsgeschichte gehören jene Autoren, die sich in einem fremden Land niedergelassen und eingebürgert haben. Ödön von Horváth wird bereits als österreichischer Klassiker gehandelt. Arthur Koestler heimste seine Lorbeeren für England ein. Joao Bethencourt, Brasiliens Boulevardier Nr. 1, hieß ursprünglich Bettelheim. Literaturpapst Martin Esslin, lange Zeit hindurch Hörspielchef bei der BBC, ist ein geborener Pereszlényi Márton. Lorenzo Azertis war Puppentheaterspieler, bevor er einer der bekanntesten Bühnenautoren Spaniens wurde. Sein Name verrät dem Eingeweihten typisch ungarische Seelenzustände: *azértis* bedeutet im Ungarischen »zum Trotz« oder »justament«, im Sinne von »ich werd's euch zeigen«.

Die Literatur in Ungarn nach 1945 rühre ich besser gar nicht an. Außer Déry und Háy würden Sie keinen einzigen Namen kennen. Höchstens vielleicht einen: den großen

Dichter Gyula Illyés, der kurz vor seinem Tode Nobelpreiskandidat werden sollte. Warum nur sollte? Ich hörte munkeln, ein Regierungsmitglied wollte auch den Dichter Weöres eingereicht wissen. Als dann der Kulturgewaltige des Zentralkomitees noch einen dritten Poeten namens Juhász ins Spiel bringen wollte, winkte Oslo ab.

Wir sind jedoch noch nicht fertig mit den großen Auslandskarrieren.

Humornobelpreisträger Ephraim Kishon alias Kishont Ferenc hat's uns schon gezeigt – er wurde zum Nationalhumoristen von Israel. Nein, nicht zum Satiriker, gottlob noch nicht! Ich zitiere ihn selbst: »Wissen Sie, was ein Satiriker ist? Ein toter Humorist.«

Der Band »Milk and honey«, der in lustiger Form das gelobte Land preist, stammt dennoch nicht von ihm, sondern von seinem Exlandsmann George Mikes. Dieser zum Meiks gewordene Mikesch hat durch seine Humoresken unter dem Sammelnamen »How to be an alien« Berühmtheit erlangt. Die britische Regierung ließ das heitere Werk gleichsam als Lehrbuch in Riesenauflagen herausgeben, um den damals vor Hitler geflohenen Polen die britische Lebensform vor Augen zu führen.

Übrigens: Wissen Sie, wer den alljährlich in Paris verliehenen Nobelpreis für Humor nach Kishon erhalten hat? Mikes.

Der Verfasser dieses Buches erklärt hiemit feierlich, daß er weder ein Nobelpreis-Verweigerer à la Sartre ist, noch Untertan eines Staates, der ihn zu einer Ablehnung à la Pasternak zwingen könnte.

V

Im Humor kennen sie keinen Spaß

»In Sachen Humor verstehe ich keinen Spaß!« erklärte der Humorist Karinthy und kennzeichnete damit die ungarische Mentalität auf das treffendste. Der Sinn für Humor ist natürlich keine individuelle Angelegenheit, sondern er ist tief in einem Volk verwurzelt – oder nicht. Die Magyaren jedenfalls müßten eigentlich von Humor statt von Hunor abstammen, so ernst nehmen sie ersteren. Sie verzeihen eher einem Muttermörder als einem Pointenmörder. Sie verliehen dem köstlichen Clown Grock die Ehrendoktorwürde der Universität Budapest.

Jánoska oder Ferike (damit Sie etwas dazulernen: »ka« oder »ke« sind Verkleinerungsanhängsel, wie »chen« und »lein«) werden meistens schon mit gesundem Mutterwitz geboren; spätestens saugen sie ihn mit der Muttermilch auf. Sie wachsen in einem Elternhaus heran, wo viel gestritten und geschrien wird, aber die meiste Zeit wird gelacht. Sie werden größer und gescheiter und erkennen, daß sie ihre Umgebung nicht ernst nehmen dürfen. Mit dem Alter kommt allmählich die Weisheit; der Humor wird zum Panzer, mit dem man sich gegen die ständigen Schicksalsschläge wappnet, welche das Ungarland gepachtet zu haben scheint.

Das ganze Volk lacht für sein Leben gern. Ein schlagender Beweis dafür sind die vielen Wörter, die der Ungar für den Begriff des Lachens kennt: *nevetni, kacagni, vihogni, hahotázni, vigyorogni, röhögni.*

Ein Ungar ohne Humor ist wie ein Butterbrot ohne Butter.

Daß Jánoska oder Ferike, welch seriösen Beruf sie auch erwählen, in welch todernste Lage sie im Leben auch kommen mögen, immer und überall ihren Humor hervorkehren, dafür drei verschieden gelagerte Beispiele:

Im Humor kennen sie keinen Spaß

Im Jahre 1964 wurde bei Vértesszöllös, 50 km westlich von Budapest, der älteste menschliche Siedlungsplatz Europas entdeckt und freigelegt. Dies stellt noch keine Pointe dar, sondern eine absolut ernst zu nehmende anthropologische Sensation, über die seinerzeit die Weltpresse mehr oder weniger ausführlich berichtete. Der Urmensch, auf dessen Spuren man in Form von Steinwerkzeugen und Knochenresten gestoßen war, erhielt jedoch von den Wissenschaftlern, die ihn ausgegraben hatten, nicht den ihm gebührenden Respekt. Die erste Sorge des Prähistorikers Dr. Vértes und seiner Arbeitsgemeinschaft war, dem Lebewesen des unteren Paläolithikums einen Namen zu geben. Sie tauften ihn »Samu«, als Koseform von Samuel.

Im Jahre 1945 erschien in Budapest ein humoristischer Roman aus der Feder Paul Királyhegyis unter dem Titel »Nicht alle sind gestorben«. Der Autor erzählte darin, mit welchen Tricks er in einem Todeslager der SS am Leben blieb. Das Buch war ein überragender Erfolg, obwohl mehr als ein Kritiker dem beliebten Humoristen Geschmacklosigkeit vorwarf. Doch wir wollen hier nicht kritisch untersuchen, nur feststellen, daß der Humor des Ungarn vor nichts halt macht.

In den 30er Jahren gab es einen, seiner humorvollen Aussprüche wegen bekannten ungarischen Journalisten, der nebenbei Weltmeister im Fechten war. Er hieß Attila Petschauer. Einmal nahm er mit der Nationalmannschaft an einem Turnier in Madrid teil. Als es bei der Eröffnungsfeier im Rahmen spanischen Zeremoniells zur gegenseitigen Vorstellung der Mannschaften sowie der anwesenden Prominenz kam, ärgerte es den Ungarn, daß die Spanier alle so imposant lange Namen hatten, während sich die Magyaren mit ein paar Silben begnügen mußten. Das hörte sich etwa so an: »Don Raffael Martinez de Santos y Assuncion.« – »Kis György.«

Der Spaßvogel entschloß sich, seine Namensnennung

nicht kürzer zu gestalten als die der Gastgeber. Als er an die Reihe kam, leierte er in einem Atemzug in seiner Muttersprache herunter:

»Petschauer Attila heiße ich und« dann fügte er das Götz-Zitat hinzu.

Alles blieb ernst und feierlich, weil die Spanier annehmen mußten, daß der Sportfreund nur seinen Namen gesagt hatte, die Ungarn hingegen vor Schreck erstarrt waren.

Da sprach Petschauers Gegenüber, der nun an der Reihe war, seinen Namen zu nennen, laut, deutlich und ebenfalls auf ungarisch: »*Du* kannst *mich*, mein Sohn, ich bin der ungarische Gesandte.«

Der vorzügliche Sportler und liebenswerte Mitmensch Petschauer hatte sich die falschen Ahnen auserkoren – er wurde von Hitlers Todesmaschinerie hinweggefegt.

Ungarische Humoristen, ob Amateure, ob Profis, wurden nur allzuoft unter einem Unstern geboren.

Nehmen wir den kleingewachsenen Mann mit dem langen Namen. Paul Királyhegyi wanderte vor mehr als einem halben Jahrhundert mit seinem besten Freund in die USA aus, um dort sein Glück zu suchen. Was er fand, waren schmutzige Teller, die er waschen durfte, während sein Kumpan Charles Vidor Hollywood eroberte. Paul remigrierte in die Heimat und kam gerade noch zurecht, um Auschwitz nicht zu verpassen. Er überlebte, um in den stalinistischen Jahren abermals deportiert zu werden, diesmal angeblich irrtümlicherweise, infolge einer Namensverwechslung. In der Deportation vertrieb er sich die Zeit mit dem Abfassen von Telegrammen, die er natürlich niemals abschickte. Das trefflichste lautete: »J. V. Stalin, Kreml. System hat sich nicht bewährt stop. Dringendst abschaffen, Királyhegyi.«

Nach einer Weile durfte er zurück in die Hauptstadt, wo er in unsäglichem Elend lebte. Er hauste in einem Kellerloch, kleidete sich in Lumpen und aß, wenn er überhaupt was zu futtern hatte, aus Papier. In dieser Situation stellte er einmal seiner Frau die Frage: »Sag mal, Ida, würdest du mich auch lieben, wenn ich arm wäre?«

In den 60er Jahren drehte Charles Vidor einen Film in Wien. Er erwirkte seinem Kameraden Paul eine Ausreise und engagierte ihn als Gagman. In Österreich bearbeitete er Királyhegyi pausenlos: »Bleib im Westen! Komme mit mir nach Amerika! Ich verschaffe dir eine Lebensstellung! Du wirst nie mehr Sorgen kennen!« Der Humorist dachte nach und war fast schon entschlossen, das Angebot anzunehmen, als Vidor eines Nachts an einem Herzanfall starb. Der Traum war wieder einmal ausgeträumt.

Um der Wahrheit die Ehre zu erweisen, muß man allerdings festhalten, daß der große kleine Humorist in seinen letzten Lebensjahren spät aber doch noch gute Zeiten erlebte. Er wurde in Budapest als Starhumorist behandelt, hatte eine »Brigade«, mit der er im ganzen Land auf Tournee ging, und verdiente viel Geld. 1981, als er genauso alt war wie das Jahrhundert, konnte er beruhigt die Augen schließen, auch wenn die Grabinschrift, die er längst für sich selbst entworfen hatte, das Los seiner Telegramme teilte und nicht verwendet wurde. Der Text spielte auf seine kleine Statur an: »Hier ruht Paul Királyhegyi – wo?«

Karl Aszlányi, Autor des Ufa-Erfolgsfilms »Sieben Ohrfeigen« und beliebtester Humorist der Zwischenkriegszeit, brach sich bei einem Autounglück auf der regennassen Autobahn das Genick.

Einen Autounfall, der nicht von schlechten Eltern ist, kann auch Albert Vajda aufweisen. Dieser populäre Humorist, der sich nach 1956 unter den Exilungarn in aller Welt einen Namen gemacht hat, von dem aber auch mehrere Bände in deutscher Sprache erschienen sind, hatte in London eine Karambolage. Er saß in einem Taxi, das mit einem Personenkraftwagen zusammenstieß. Sieben Personen wurden mit schweren Verletzungen ins Krankenhaus transportiert, allein Vajda verließ den Unglücksort auf eigenen Füßen. Nach einigen Wochen begann er an Sehstörungen zu laborieren, bis er schließlich erblindete. Nach erfolgreichen Operationen sieht er heute wieder. Nicht ohne mittlerweile ein humorsprühendes Buch über seine Erfahrungen unter dem Titel »Umso heller die Nacht« geschrieben zu haben.

Einige Beispiele sollten aufzeigen, wie schwer es ungarische Humoristen im Leben haben. Und doch sprudelt es geistreich aus ihnen hervor. Sie können nicht anders, der Humor ist ihr Lebenselixier. Er ist das einfachste Ausdrucksmittel für sie.

Albert Vajda verblüfft den Leser auf der ersten Seite eines Buches aus seiner Werkstatt mit folgender Formel: »a, b, c, d, e, f, g, h, i, j, k, l, m, n, o, p, q, r, s, t, u, v, w, x, y, z. Dies sind die Zutaten, aus denen mein Buch entstanden ist.«

Sehen Sie, so einfach ist das.

Der Humor des einfachen Volkes, der Bauern, hat folgende Hauptgegenstände: Faulheit und Wortkargheit, die miteinander verwandt sind, denn ein wortkarger Mensch ist zu faul zu reden, und Prahlerei.

Ein Beispiel für die Verbindung der ersten zwei Eigenschaften ist die berühmte Geschichte von den drei Faulpelzen am Hofe von König Matthias. Sie lagen den lieben langen Tag im Bett und dösten. Einmal brach in dem Gebäude, wo sie untergebracht waren, Feuer aus.

Der erste regte sich nach einer Weile und fragte seine Kumpane: »Spürt Ihr etwas?« Dann schliefen sie ruhig weiter.

Nach einer halben Stunde etwa stellte der zweite fest: »Ich glaube, es brennt.« – Und sie pflegten wieder der Ruhe.

Ungefähr eine weitere Stunde später sprach der dritte: »Schämt ihr euch denn nicht, so viel zu schwatzen?« – Und sie verbrannten alle drei.

Für die Prahlerei, den Einbruch des Chauvinismus auch in den Humor, sei folgender Witz erzählt:

Bei einem internationalen Holzfällerwettbewerb nimmt unter Riesen aus dem Norden auch ein kleiner, unansehnlicher magerer Ungar teil, der von allen anderen ausgelacht wird. Er kommt an die Reihe, arbeitet unglaublich rasch, kräftig, wuchtig; Schlag auf Schlag fällt er mit ein, zwei Hieben die stärksten Bäume und geht als Sieger hervor. Man überreicht ihm den wertvollen Preis, man ehrt und feiert ihn. Schließlich wollen alle wissen, wo er denn seine Kunst gelernt habe.

»In der Wüste«, gibt er zur Antwort.

Allgemeines Staunen. »In der Wüste gibt es doch keine Bäume.«

»Jetzt nicht mehr!« sagt der Ungar und schlägt sich stolz an die Brust.

Der Budapester Witz ist ein Kapitel für sich. Die Hauptstadt des Landes stellt ja meistens einen Sonderfall dar; Berlin ist nicht typisch für ganz Deutschland, der Pariser nicht der Franzose schlechthin.

»Der Witz ist das Volkslied des Budapesters«, schreibt Mikes.

Nun, wir haben es mit sonderbaren Weisen zu tun. Sie bestehen aus folgenden Ingredienzien: Bosheit, die hie und da in Grausamkeit ausartet; kindische Einfalt, die unwissenschaftlich mit »Blödelei« bezeichnet werden kann; geistvolle Wortspielereien; gesellschaftskritischer bis politischer Inhalt, stets oppositionell.

Der Budapester mit seinem kindlichen Gemüt ist unbarmherzig. Er liebt schwarzen Humor, den die Welt als »Horrorwitz« für angelsächsische Importware hält. Wie zum Beispiel diesen:

Jemand stürzt sich aus dem dritten Stock eines Wohnhauses in die Tiefe. Sofort versammelt sich eine Menschenmenge. Ein Neugieriger, der die Ansammlung sieht, stürzt auf den Verletzten, der auf dem Pflaster liegt, zu und fragt ihn, was geschehen sei.

Der Todeskandidat antwortet: »Ich weiß es nicht, ich bin eben erst angekommen.«

Ein anderer, in seiner Mentalität typisch ungarischer Witz handelt von einem Menschen, der soeben niedergestochen wurde. Der Polizeiarzt will das Messer, welches noch immer im Rücken des Opfers steckt, entfernen und fragt den Sterbenden, ob er Schmerzen habe, worauf der Unglückliche röchelnd antwortet: »Nur wenn ich lache.«

Der frischeste Witz dieser Sorte, den ich aus Budapest habe, lautet: Zwei Gammler bleiben vor einer Kaffeehausterrasse stehen und sprechen eine Gesellschaft alter Damen, die da ihren Nachmittagskaffee genießen, mit folgenden Worten an:

»Soso, hier sitzen wir herum und trinken Kaffee – und die Friedhöfe sind leer?!«

Vermutlich um sein Gewissen, das ihn quält, weil er an solchen Witzen Gefallen findet, zu beruhigen, blödelt der Budapester so gerne. Karinthy hat dieser Vorliebe zuliebe eigens eine Sprache erfunden, die keine ist. Er hat sie *halandzsa* getauft, was etwa dem Kauderwelsch entspricht.

Von Zitaten sehe ich ab, denn für den deutschsprachigen Leser ist ja auch Ungarisch nichts anderes als Kauderwelsch.

Künstler sowie Tagediebe vergnügen sich seit Karinthys Zeiten damit, sich stundenlang auf *halandzsa* zu unterhalten. Wer sie deshalb gleich als verrückt abtut, sollte an das absurde Theater denken. So mancher Ungar kann jedenfalls den Verdacht nicht loswerden, daß der aus Rumänien stammende Ionesco seinen Karinthy gelesen hat.

Der wichtigste Faktor des ungarischen Humors aber ist

seine oppositionelle Haltung. Der Magyare opponierte im Laufe seiner Geschichte unablässig; es versteht sich daher von selbst, daß sich dies in seinem Humor widerspiegelt. Nicht so selbstverständlich ist es hingegen, daß die Opposition in heiterer Form nicht nur im geheimen blühte, sondern meistens auch »von oben« geduldet wurde. Da der Humor vom Volk so ernst genommen wird, daß Verbote ungeheuren Schaden anrichten würden, stempelt auch ein Regime der Unterdrückung die Humoristen zu einer Art Hofnarren; die Machthaber tun so, als würden sie diese Spaßvögel nicht ernst nehmen und lassen sie gedeihen.

Darauf wurden stets die Witzblätter aufgebaut, die der Ungar so wenig vermissen kann, wie andere Nationen ihre Tagespresse. Darauf basiert das ungarische Kabarett, einst aus Paris übernommen, später zum weltweiten Begriff geworden.

Diese Institution verdankt ihren Ruhm nicht nur den vielen brillanten Schwänken, die noch heute auf dem Programm vieler ausländischer Kabaretts stehen, sondern ihrem Stil, der unter dem Motto »Immer dagegen!« stand.

Wie sehr die unter allen Umständen anzubringende Widerrede den Kabarettisten ins Blut überging, bewies einmal Julius Kövary, der nicht nur mein Vater, sondern einer der Begründer des ungarischen Kabaretts und außerdem ein leicht aufbrausender Mann war. Er hatte bei den Proben eines Programms, das er geschrieben hatte, inszenierte, spielen und konferieren sollte, viel Ärger mit einem Kollegen, der immer zu spät kam. In seiner Eigenschaft als Regisseur beschimpfte er also den unordentlichen Mimen, daß die Wände wackelten.

»So eine Gemeinheit«, herrschte er den Betroffenen an, »das ganze Ensemble aufzuhalten! Ich habe deine faulen Ausreden satt! Wenn du noch einmal unpünktlich bist, fliegst du!«

Der Angeschnauzte war zerknirscht. »Du hast ja vollkommen recht«, bemerkte er leise.

Mein Vater, verärgert, daß ihn die Einsicht des Schuldigen aus dem Gleis gebracht hatte, schlug auf den Tisch und brüllte: »Ich habe *nicht* recht!«

Sogar die Volksdemokratie hält sich mehr oder weniger an die alten Spielregeln. Die Regierung unterstützt »mutige Kritik« auf den Brettern, um damit ihre demokratische Gesinnung unter Beweis zu stellen.

Bezeichnend der Kommentar eines populären Conférenciers: »Im Kaffeehaus, unter vier Augen, würde ich mich nicht trauen, die Dinge auszusprechen, die ich abends auf der Bühne sage.«

Aber dieses Aperçu liegt schon Jahre zurück. Es stammt aus der Ära des Stalinvasallen Matthias Rákosi, den man im Gegensatz zu Matthias rex »Matthias links« nannte.

Heute erzählt man sich in Budapest und im ganzen Land scharenweise Polizistenwitze, die alle dasselbe aussagen: daß nämlich die ungarischen Wachmänner samt und sonders Idioten sind. Aus den schwer übersetzbaren Stories sei eine herausgegriffen, die international verständlich ist:

Ein Polizist will einen Fußgänger bestrafen, weil dieser angeblich falsch die Straße überquert hat. Der Schutzmann verlangt seine Daten, will ihn anzeigen, bedroht ihn im Obrigkeitston.

Bis der Mann sich ein Herz faßt und sagt: »Sie gehen zu weit, Herr Inspektor, schließlich bin ich Bürger eines freien Staates!«

Worauf der Polizist stramm steht, salutiert und spricht: »Verzeihung, ich konnte nicht wissen, daß der Herr Ausländer sind!«

Auch der nächste Witz wird frei kolportiert. Dazu muß man wissen, daß der Parteigruß »Freiheit« lautet. So sagt also der Aktivist, der einen Bauern auf dem Lande trifft: »Freiheit!«

Der Bauer blickt gen Himmel, nickt und meint: »Die brauchten wir – und ein bißchen Regen.«

Nichts zeigt jedoch so deutlich die Anerkennung des Humors in Ungarn wie der landesübliche Name einer Zeitschrift. Sie wird überall nur »Und« genannt. Die Kunden verlangen vom Zeitungshändler nur ein »Und«.

Ich selbst las in jener Zeitschrift, daß ein Leserbrief mit folgenden Worten begann:

»Mit Interesse las ich auf der x-ten Seite der Nummer soundso des Und . . .«

Die Zeitschrift heißt offiziell mit vollem Namen: »Leben und Literatur«. Die Erklärung des Spaßes: Dies ist weder ein Leben noch eine Literatur; das einzig wahre Wort im Titel ist – und.

Nach der Fülle der angeführten Beispiele hat man das Gefühl, daß die Muttersprache des Witzes Ungarisch sei. Jeder Witz müsse zuerst auf ungarisch erfunden worden sein, um später aus dieser Quelle für den Rest der Welt in andere Sprachen übersetzt zu werden. Ungarn haben jedenfalls dieses Gefühl.

Oft wird die Frage gestellt: »Wo entstehen wohl die Witze, die man so erzählen hört? Wer erfindet sie?«

Ich kann es Ihnen genau sagen: in Budapest! Im Kaffeehaus und im Künstlerklub Fészek sitzen die Humorkanonen und brüten über Pointen.

Das gleiche tue ich jetzt auch. Solch ein Kapitel sollte eine starke Pointe bieten. Aber woher nehmen? Da gibt es nur eine Lösung: aus Budapest. Eines der zahllosen Franz-Molnár-Bonmots gefällig?

Der große Ferenc hat einmal im Café New York eine Suppe vorgesetzt bekommen, in der Fliegen herumschwammen. Er rief den Kellner herbei und befahl ihm energisch:

»Herr Ober, das nächste Mal bringen Sie mir die Fliegen

auf einem Extrateller. Ich werde schon selbst soviel davon in die Suppe tun, wie ich brauche.«

Oder nehmen wir einen echten Mikes als Schlußpointe? Einen Ausspruch, der beweist, daß der bekannteste ungarische Humorist außerhalb seiner Heimat ein unterkühlter Brite geworden ist? Sein Aphorismus »Kontinentalvölker haben ein Sexleben, Engländer haben Wärmflaschen«, ist laut »Observer« eines der erinnerungswürdigsten Bonmots in der englischen Literatur. Wohlgemerkt, der Verfasser ist Brite, und der übertreibt nur, wenn er unbedingt muß.

Als Abschluß nun doch noch eine typisch magyarische Anekdote. In einem kleinen Provinzmuseum war ein Kinderschädel ausgestellt, den der Führer den Besuchern mit leuchtenden Augen als Schädel des ungarischen Freiheitshelden Kossuth vorzustellen pflegte. Als ihn ein Besucher darauf aufmerksam machte, daß Kossuth mit 92 Jahren gestorben sei, erwiderte der Führer ungerührt: »Das ist Schädel von Kossuth, wie war 12 Jahre.«

VI

Ungarische Küche schwere Küche

»Kati néni, aztán jó sok piros paprikát a piritott májba!« (»Tante Kathi, bitte recht viel roten Paprika in die geröstete Leber!«) ruft der Schauspieler Lajos Lendvay, ehemaliges Mitglied des Nationaltheaters zu Budapest, im Spezialitätenrestaurant zur Küchentür hinein.

»Meglesz, lelkem!« (»Wird gemacht, mein Seelchen«), erwidert Tante Kathi in urwüchsigem Ungarisch.

Was das Gespräch aufzeichnenswert macht? Der Ort, an dem es stattfand: New York, in der Gegend der von Ungarn okkupierten Second Avenue. Und vielleicht noch die Person der Köchin: Tante Kathi ist eine waschechte Negerin, deren Wiege in den Südstaaten stand.

Zu unserer früher aufgestellten Behauptung, daß Herr Kovács oder Frau Szabó, wo immer sie in der großen Welt auftreten, am liebsten die Muttersprache verwenden und diese auch ihrer Umgebung beibringen, kommt nun die Erkenntnis hinzu, daß sie auch überall ungarisch essen. (Und ungarisch beten und rechnen und träumen – doch auf diese Punkte können wir eventuell nach dem Essen zurückkommen . . .)

Es gibt keine Metropole, ja kaum eine bedeutende Stadt oder einen Hafen auf dem Globus, wo nicht ein ungarisches Speisehaus zu finden wäre. Die Luxuslokale in aller Welt nennen sich »Hungaria« oder leihen sich einen weiblichen Namen wie »Piroschka« aus oder sie wählen assoziationsfreudige Begriffe als Aushängeschild, »Puszta« oder »Paprika«. Oft spielt eine Zigeunerkapelle zum Diner und Souper auf, die Speisen sind papriziert, die Preise gepfeffert. Die Mehrzahl der ungarischen Gasthäuser bewahrt jedoch die heimatliche Tradition, begnügt sich mit ein wenig rot-weiß-grün im Fenster und ein paar Maiskolben an den Wänden zwecks Lokalkolorit; es werden solide

Preise verlangt und der Paprika ist mehr süß denn scharf. Im Namen führt man oft das Wort »Csárda«, das mit dem Tanz »Csárdás« nur mittelbar verwandt ist. (Es bezeichnete die volkstümlichen Wirtshäuser und Kneipen, die am Rande der Landstraße standen. Eine Art Vorläufer der Rasthäuser entlang der Autobahnen also.) Das Gaumenfreudenhaus »Weiß-Csárda« am Berliner Kurfürstendamm war vor dem Krieg genauso berühmt wie Kempinski.

Reden wir nicht so viel um das heiße Gulasch herum: der Magyare ist nicht nur ein Feinschmecker, sondern auch ein Vielfraß. (Er selbst nennt sich Gourmand statt Gourmet.) Er leistet sich die allergrößte Kalorienzufuhr in ganz Europa. Er verbraucht 20 Kilo Schweinefett und 15 Kilo Geflügel pro Jahr. Und pro Kopf. In diesem Falle präziser: pro Magen.

Schon die Urungarn hatten ihren Bauch stets im Kopf. Es ist überliefert, daß sie bei ihren Feldzügen, bei der Landnahme oder auf Raubzügen, also bei all ihren Aktivitäten zu Pferde stets ein Stück rohes Fleisch unter dem Sattel mit sich führten, um es gar zu reiten.

Die heutige ungarische Küche geht auf eine Italienerin zurück: Beatrix, die Gemahlin des König Matthias, hielt auf Eßkultur; sie ließ Käse, Knoblauch und vielerlei andere Delikatessen aus Italien in ihre neue Heimat bringen. Sogar Salami, das magyarische Wahrzeichen neben dem Turulvogel und dem Paprika.

Allerdings ist nicht eindeutig festgehalten, wer das Markenzeichen der magyarischen Küche schlechthin, den Paprika, einführte. Man weiß nicht einmal mit Sicherheit, woher er stammt. Einige schwören auf die Türkei, andere auf Indien. Bis heute kennt man für Paprika die Bezeichnungen »türkischer (oder indischer) Pfeffer«. Im Deutschen sagt man eher »spanischer Pfeffer«. Das ungarische Wort »paprika« wurde aus den Sprachen der slawischen Nachbarvölker übernommen: pepr, piperka, peperke.

George Lang behauptet, der Paprika müsse aus Amerika kommen, weil man ihn vor Kolumbus in Europa nicht gekannt habe. Dieser George Lang ist ein geborener Láng György, früher Musiker, heute Gastronom in den USA, der als einziger nicht gebürtiger Amerikaner in die Kommission zur Vorbereitung der Zweihundertjahrfeier der Vereinigten Staaten (1976) berufen worden war.

Die Herkunft der Paprikaschoten bleibt also ungewiß, fest steht hingegen, daß der gemahlene Edelpaprika mit der Geschmacksklaviatur von zartsüß bis höllisch eine ungarische Erfindung ist. Dieses Gewürz ist aus der ungarischen Küche einfach nicht wegzudenken. Die mannigfaltigen Speisen, die mit Paprika bereitet werden und deshalb auf »paprikasch« enden, haben es auch so manchem Nichtungarn angetan. Kaiser Franz Joseph hat zum Beispiel viel für Paprikahühner (auf ungarisch: »csirkepaprikás«) übrig gehabt. Als er einmal mit seinem Sonderzug einen Ausflug nach Ungarn unternahm, tafelte er dort sein Lieblingsgericht, das ihm ausgezeichnet mundete. Auf der Rückfahrt, kaum nach Passieren der österreichischen Grenze, wurde Seiner Majestät übel. Der Lokomotivführer kehrte um. Auf ungarischem Gebiet fühlte sich der Monarch im Nu wieder – wie man heute sagen würde – topfit. »Was dem ungarischen König wohl bekam, das konnte der österreichische Kaiser offenbar nicht vertragen«, behauptet die Anekdote.

Für den gebürtigen Ungarn ist das Essen ein Kult, eine Zeremonie, wie für den Japaner das Zubereiten des Tees oder das Blumenstecken. Ein festliches Mahl ist allemal willkommen. Als es 1945 den Anschein hatte, daß Ungarn nunmehr für ewige Zeiten die Freiheit gepachtet haben würde, bereiteten sich Emigranten in London auf ihre Heimkehr vor. Der weise George Mikes sagte: »Veranstalten wir ein großes Abschiedsessen, bevor wir alle dableiben.« Und exakt so geschah es auch.

Ein Beispiel, von der entgegengesetzten Seite aufgezäumt: Eine 1956 geflüchtete Zigeunerkapelle zog bald wieder geschlossen in die Heimat zurück, weil sie das britische Essen nicht vertrug. Der ungarischen Küche zuliebe nahmen sie schließlich das System in Kauf, dem sie entrinnen wollten.

Die amerikanische Unsitte des »working lunch«, bei dem das gemeinsame Essen ausschließlich als Unterlage für ein Arbeitsgespräch dient, hält der Magyare für ein Sakrileg. Wenn der Ungar speist, dann wird nicht gearbeitet, dann wird gegessen. Und was für Unmengen üppiger Kost diese Leute vertragen! Mikszáth, Krudy und andere Schriftsteller beschreiben Gelage auf dem Lande, die drei Tage und drei Nächte hindurch dauerten. Csortos, einer der prominentesten ungarischen Schauspieler des zwanzigsten Jahrhunderts, hatte in seinem Stammgasthaus folgende Regel eingeführt: Man mußte ihm die gesamte Speisekarte vorlegen – nicht auf dem Papier, sondern in natura, versteht sich – und er kostete jeden einzelnen Gang nach der Reihe. Wenn er gerade einen appetitlosen Tag hatte, blieb es beim Herumstochern; war er jedoch bei guter Laune, vertilgte er das ganze Repertoire des Hauses.

Ein anderer Schauspieler, der sich neben der Bühnenkunst auch der Kochkunst verschrieben hatte, verhalf durch seinen Namen einem einfachen Suppenhuhn zu, na ja, vielleicht nicht eben Weltruhm, aber das »Suppenhuhn á la Ujházy« ist weit über die Grenzen Ungarns bekannt. Es könnte das Wappentier der ungarischen Köche sein, eine Art moderner Turulvogel.

Es ist wohl anzunehmen, daß der Leser nunmehr Appetit auf ein ungarisches Mahl bekommen hat. Er erwartet womöglich ein echtes Gulasch – als Nationalspeise Nr. 1 bekannt – serviert zu bekommen. Dies geht aber leider nicht nach dem Suppenhuhn. Es muß endlich einmal enthüllt werden, daß jenes Gulasch, das im Westen für ein solches gehalten wird, eine Art »pörkölt« ist; das Originalgulasch ist nämlich eine Suppe! Obendrein wird es auch noch falsch geschrieben wie der »Fogosch«, der sich *fogas* schreibt. Also richtig ist *gulyás*. Dieses Gericht ist von Pusztahirten erfunden worden. Er, der Hirte selbst ist der »gulyás«. Seine Suppe ist als »die Suppe des Gulyás« zu verstehen. Im Laufe der Zeit wurde dann sein Name einfach von der populären Speise konfisziert. Es mutet ungefähr so an, als wenn man beim »Hirtenspieß« behauptete, man verspeise den Hirten.

Wie ich dem Kapitel über die ungarische Sprache gern ein Wörterbuch beigefügt hätte, würde ich nun am liebsten Kochrezepte mitteilen; aber ich mag keine Fachliteratur, vor allem nicht aus meiner eigenen Feder.

So wollen wir uns weiterhin nur mit dem Typischen beschäftigen.

Typisch ist für Ungarn unter anderem, daß dort bis heute nicht nur Menschen, sondern auch Gänse, Enten und sonstiges Geflügel gemästet werden dürfen. Dadurch bekommen die ungarischen Gänse, Enten und das sonstige Federvieh eine übergroße Leber. Der Tierschutz ist empört, der Export blüht, die Gänseleber schmeckt.

Wie gesagt, Herr Kovács und Frau Szabó sind Feinschmecker und Vielfraß in einer Person. Die Annahme, daß der Mensch ein Allesfresser sei, leitete wohl den Hungaro-Amerikaner Lászlo Bónis bei seiner Erfindung. Er entwickelte das eßbare Glas. In seinem Laboratorium in Natwick, Massachusetts, begann er mit der Produktion von 2.000 Flaschen täglich. Der Geschmack seiner Erfindung soll einstweilen ein wenig sonderbar sein, aber man kann sich, laut Presseberichten, dran gewöhnen. In den eßbaren Flaschen wird Bier, Milch, Eistee und allerlei Limonade verkauft. Das Material ist Protein auf Zellulosebasis, es erinnert an künstliche Schlagsahne. Eine nicht unbedeutende Erfindung, bei den allein in Amerika weggeworfenen 47 Milliarden Flaschen im Jahr. Ob es sich durchsetzt? Abwarten und Tee trinken. Aus Bónis-Flaschen? Warum eigentlich nicht? Die Ungarn haben es immer verstanden, sich auf Notzeiten einzustellen, und die nächsten Notzeiten kommen bestimmt.

Wir haben uns – das Mahl neigt sich dem Ende zu – noch anderen Problemen zu widmen. Zum Nachtisch kann es passieren, daß uns noch eine Hauptspeise angeboten wird. Ungarn lieben gekochte Teigwaren, wie Mohnnudeln. Flüchtlinge, die nach Skandinavien ausgewandert waren und dort dieser Vorliebe huldigten, wurden schief angesehen. »So etwas ißt man doch nicht!« schüttelten die Schweden ihre Köpfe. »Das ist Rauschgift!«

Im Sommer wird fast ausnahmslos jedes Mahl mit gekochtem Mais (an jeder verkehrsreichen Straßenecke erhältlich, wie im Winter die gebratenen Maroni) und Wassermelone (auf den Märkten in unübersehbaren Mengen zu haben; Anschneiden, Kosten, Wühlen und Wählen gehört zur selbstverständlichen Kundenbetreuung) beendet.

Beim Trinken läßt sich der Magyare bekanntlich auch nicht lumpen. Vor der Mahlzeit ist der begehrteste Aperitif der Barack. Wissen Sie, wer den köstlichen Tropfen für die große Welt entdeckt hat? Der verstorbene Herzog von Windsor, damals Prince of Wales, bevor er, ganz flüchtig, als King Edward VIII. den Thron des British Empire bestieg.

Der Ungar gehört bekanntlich zu den Weintrinkern. Und zwar zwangsläufig, da in seinem Lande Reben gedeihen, um die er von aller Welt beneidet wird. Besonders beliebt sind die Plattenseer Sorten; das Erlauer Stierblut ist ein Star im Bereich des Rotweins, und der Tokajer – übrigens schon im 17. Jahrhundert im »Großen Arzneibuch für Apotheker« als fiebersenkende Medizin empfohlen – hat den Superlativ »König der Weine« errungen.

Leider ist seine Abstammung nicht astrein. Er wurde

ursprünglich aus Italien eingeführt, und zwar ausnahmsweise nicht von Königin Beatrix, sondern bereits unter dem Heiligen Stephan. Die Herstellung dieses köstlichen Tropfens vollzog sich in der italienischen Gegend von Tocai. Von da brachte man Reben ins Ungarland, und als sich hier der vulkanische Boden als noch geeigneter, der neue Wein als einzigartig köstlich erwies, gab man dem Weinort den magyarischen Namen Tokaj. An dieser Geschichte ist nicht zu rütteln; dies mußte auch die ungarische Regierung erfahren, als sie den italienischen Staat wegen der Namensführung klagte und mit dem Prozeß abblitzte. Der Tocai-Wein lebt nämlich in Italien weiter, nur rangiert er unter »ferner liefen«, während der Tokajer jene einzigartige Qualität darstellt, die etwa für einen Zigarrenraucher eine »Havanna« bedeutet. Bereits Ariosto besang ihn als Schatz der Ungarn. Nebenbei: mit dem Paprika gemeinsam.

Ähnlich wurde der Kaffee »enteignet«. Von den Türken übernommen, von den Italienern mit ihrem Espresso-Verfahren »modernisiert«, ist und bleibt er seit etwa einem halben Jahrhundert ein Modehit. Kaum ein Ungar kommt ohne fünf bis sechs Täßchen kleinen Schwarzen täglich aus. In den Büros wird er genauso getrunken wie von Bauern auf dem Lande. Kaffeetrinken ist zum Volksbrauch geworden.

Zum Kaffeegenuß trägt der modische Ungar folgenden Witz:

Anläßlich einer politischen Feier hält Kubas Führer Fidel Castro eine zündende Rede. »Und ich begrüße die brüderliche Supermacht, das gewaltige Hundertmillionenvolk der Ungarn!« ruft er aus. Jemand flüstert ihm zu, Ungarn hätte nur rund zehn Millionen Einwohner. Darauf Castro barsch: »Unterbrechen Sie mich nicht, ich weiß, was ich sage. Schließlich liefern *wir* ihnen den Kaffee.«

VII

Trade-Mark Piroschka

Auch die Ungarin kommt selten allein, doch scheint ihr Auftreten in der Weltgeschichte nicht so unangenehm aufzufallen. Ich biete dem Leser eine Wette an, daß er von den meisten Persönlichkeiten, die hier aufgezählt werden, allerlei wußte, nur eben ihre Abstammung nicht. Aus dem Land im Karpatenbecken (so konnte man es bis zum ersten Weltkriegsende exakt bezeichnen) kamen unter anderen:

Zwei Heilige. St. Margaret of Scotland kennt man in unseren Breitengraden nicht näher – umso mehr die Heilige Elisabeth von Thüringen. Das war die wohltätige Gemahlin des Landgrafen Ludwig IV., die mit dem Rosenwunder. Ihr Vater war der Ungarnkönig Andreas.

An die Gräfin Therese Brunswick, geboren 1775 in Pozsony (heute Bratislava), gestorben 86jährig in Budapest, sollte man sich eigentlich nicht nur als die Geliebte von Beethoven erinnern, sondern als Vorkämpferin der Kinderfürsorge mit den von ihr gegründeten Heimen in Ungarn, Österreich und Bayern.

Die Fürstin Pauline Metternich war die Tochter des »Teufelsreiters« Graf Moritz Sándor, über den Emmerich Kálmán eine Operette komponiert hat.

Geraldine Gräfin Apponyi bestieg im April 1938 durch ihre Heirat mit König Zog den albanischen Herrscherthron. Ihre Schönheit machte sie auf den Titelbildern der Illustrierten zu einer Vorgängerin von Caroline, Sylvia und Diana.

Diese Beispiele dienen nur zum Vorkosten. Wir wollen die Ungarin Piroschka nicht individuell, sondern als Begriff abhandeln.

Die Ungarin war seit Menschengedenken eine Weltmarke. Der Film »Ich denke oft an Piroschka« hat höchstens die Akzente verschoben, denn Lieselotte Pulvers unvergeßliche Darstellung hat den reizvollen Akzent der Ungarin in den Vordergrund gespielt, während früher ihr *Chic* betont wurde.

Beides stimmt nach wie vor. Aber daß ihre Aussprache sich lustig anhört und sie selbst nett anzusehen ist, macht ihr Geheimnis noch lange nicht aus. Ihren Platz, den sie sich auf dem Jahrmarkt der Eitelkeiten errungen hat und der in nächster Nähe der Französin zu suchen ist, hat die Ungarin unter anderem folgenden Eigenschaften zu verdanken: ihrem Temperament, ihrem Charme, ihrem Witz, ihrer Natürlichkeit.

Vor allem Natürlichkeit zeichnet sie in allen Dingen aus. Sie ist natürlich in ihrem Aussehen, und das will etwas heißen, denn die Stärke des schwachen Geschlechtes ist ja gerade, dem Aussehen mit künstlichen Mitteln kunstvoll nachzuhelfen. Glamourgirls vom Schlag einer Zsa Zsa Gabor sind Ausnahmen, die die Regel bestätigen.

Piroschka (eigentlich »Piroska«, denn laut ungarischem Alphabet wird das »s« wie »sch« ausgesprochen) wirkt in einem einfachen Kleid am entzückendsten. Sie braucht keinen prunkvollen Rahmen, sie dreht das Sprichwort von den leutemachenden Kleidern um – *sie* macht die Kleider. Wenn sie, nur allzuoft während ihres Daseins, keine Mittel zur Entfaltung ihrer angeborenen Eleganz hat, hilft ihr stets ihr Geschmack. Sie versteht ein Kattunkleid so zu tragen, daß es für ein sündteures Pariser Modell gehalten wird. Sie ist auch im unscheinbaren Kostüm stets *da,* sie repräsentiert auch in einem Fähnchen vom Vorjahr.

Da ich Beweise erbringen möchte, daß sich Piroschka so gibt wie sie ist und nicht glauben machen will, daß sie mehr hat als sie hat, warne ich Leser mit schwachen Nerven, daß ich jetzt indiskret sein werde. Wer A sagt, muß auch BH sagen.

Die überwiegende Mehrzahl der Piroschkas trägt keinen. Er wird von ihnen nicht als »Reizwäsche«, sondern als korrigierendes Behelfsmittel angesehen und sie sind der Meinung: wenn man schöne Beine hat, wozu orthopädische Schuhe tragen? Nach 1945, als man die Russinnen so nahe zu Gesicht bekam, wie man es sich niemals gewünscht hatte, ernteten die Barischnjas bei der ungarischen Bevölkerung Lacherfolge am laufenden Band. Anstatt ihren Lebensstandard zu heben, hoben sie einen ganz anderen Bereich, den aber fast bis Schulterhöhe. Und zusammengeschnürt waren die Genossinnen, daß es einem den Atem verschlug, wenn man nur hinsah.

Für viele Ungarn war es ein Schock, dieselbe Sitte, wenn auch in einer moderneren, hübscheren Form, im Westen zu erleben. Piroschka ist damit bis heute nicht vollkommen einverstanden, wenn sie sich auch gefügt hat. Aber sie trägt ihn mit Vorbehalt.

Vom Äußeren einen Rückzug ins Innere von Piroschka: sie ist auch in ihrem Benehmen natürlich. Prüderie ist ihr fremd. Man kann vor ihr getrost Herrenwitze erzählen. Und das will keineswegs besagen, daß sie unmoralischer, leichtsinniger ist als Damen anderer Nationen. Obwohl es Zeiten gibt, in denen die Versuchung so groß ist, daß sie versucht, das Beste herauszuholen.

1956 ruinierte Piroschka häufig den guten Ruf, den sie dem Film zu verdanken hatte. Um ein Auto aus der Nähe zu erleben, war sie willig, sehr weit zu gehen.

In normalen Zeiten jedoch, dies wage ich zu behaupten, ist die Ungarin – fast hätte ich das Wort »anständig« gewählt, doch seit der Umkehrung aller Werte ist das Wort »anständig« anrüchig geworden; so einige ich mich auf »fein«.

Die Ungarin ist feiner als Frauen so mancher Länder. Sie heuchelt nämlich nicht so viel; was sie tut, geschieht offen, gerade heraus, ohne viel Getue. (Womit ich nicht gesagt haben will, daß sie in bzw. nach einer gewissen Standardsituation nicht ebenso fragt: »Was werden Sie jetzt von mir denken . . .?«, wie weibliche Wesen aller Länder, die sich vereinigt haben. Es gibt schließlich Spielregeln, die übernational sind.)

Piroschka ist, das muß man ihr lassen, noch echt weiblich, im romantischsten Sinne des Wortes; empfänglich für Mondschein und Komplimente, Zigeunermusik und Zärtlichkeit. Woher sollte auch der Ungarmann, der den Ruf eines überdurchschnittlich guten Liebhabers genießt, seine Praxis herhaben, wenn er seine Kunst nicht jahrhundertelang im Buhlen um die Gunst einer äußerst anspruchsvollen Partnerin hätte erproben können?

Wenn die Ungarin heiratet, ist sie mit Leib und Seele ihrem Manne untertan, den sie in ihrer Sprache ihren Herrn nennt. (Ihr Mann = az ura = ihr Herr.) Diese Unterwürfigkeit hat sie aus dem Feudalismus mitgebracht. Sie wird nach der Hochzeit nicht für voll genommen, sie zählt nur halb. (Ehefrau = feleség = Halbheit.) Allerdings kann man diesem sonderbaren Wortgebrauch einen schöneren Sinn geben, indem man in der Frau eine Ehehälfte sieht. Von der Vermählung an gilt für sie der Name des Mannes mit der Endsilbe »né«, die verwandt mit der deutschen Endsilbe »in« zu sein scheint. Frau Kovács heißt also Kovácsné. Aber das Komischste kommt erst: wenn Piroschkas Gatte Ferenc mit dem Vornamen heißt, lautet Piroschkas Name offiziell: Kovács Ferencné. Sogar der männliche Vorname geht also auf sie über. Damit habe ich nun Amerika entdeckt. Mittlerweile ist mir nämlich eingefallen, daß diese Form auch im englischen Sprachgebiet gebräuchlich ist!

In der Regel ist Piroschka mit dem Männernamen, den sie auf ihrem Lebensweg mitschleppen muß, eine gute Mutter. In jedem Falle eine patriotische Mutter. Denn alle Kinder aus Mischehen, wobei ich keine religiöse, sondern nationale Mischung meine, erlernen die ungarische Sprache, wenn der mütterliche Teil ungarischer Abstammung ist. Wo der Vater der Magorenabkömmling ist, wird die Muttersprache nicht weiterverpflanzt. Väter haben keine Zeit für Traditionspflege; sie müssen sich um die Assimilierung kümmern.

Es geht aber nicht nur um die Sprache – »Mischlinge« mit ungarischen Müttern fühlen sich meistens als Ungarn. Und daß sie von ihren chauvinistisch-weitherzigen Halblandsleuten für Vollungarn genommen werden, versteht sich von selbst. Aus der Ehrenliste ungarischer Muttersöhnchen oder Muttertöcher wieder nur eine kleine Auswahl:

Hollywoodstar Paul Newman hat einen jüdischen Amerikaner zum Vater und eine katholische Ungarin zur Mutter, mit dem etwas atypischen Namen Therese Fetzer.

Der Tänzergott Waclaw Nijinsky heiratete 1913 seine hartnäckige Verehrerin Romola von Pulszky, Tochter einer der berühmtesten ungarischen Schauspielerinnen ihrer Zeit, Emilia Márkus. Ihretwegen mußte Nijinsky das Russische Ballett verlassen. Vier Jahre später zeigten sich bei ihm die ersten Anzeichen einer Schizophrenie. Ähnliche Anzeichen kann man viele, viele Jahre später bei Tochter Kyra beobachten, in dem von Robert Dornhelm über sie gedrehten Film. Doch der Verdacht liegt nahe, daß sie nur verrückt spielt. (Übrigens ist der Filmemacher mit dem schönen deutschen Namen, der für einen Österreicher gehalten wird, selbst ungarischer Abstammung.)

Esté Lauder, Begriff in der internationalen Kosmetikbranche und somit für die Damenwelt, darf ebenfalls eine Ungarin als Mutter ihr eigen nennen.

Der bekannte österreichische Schriftsteller mit dem markanten Namen Alexander Sacher-Masoch entstammte der Ehe des Bruders vom Ritter S.-M., nach dem der Masochismus seinen Namen erhielt, mit einer Magyarin. Er beherrschte Ungarisch nicht nur im Umgang, sondern auch literarisch, wovon seine Klassiker-Übersetzungen ein beredtes Zeugnis ablegen. (Mikszáth, »St. Peters Regenschirm« und andere.) Seine ungarische Hälfte kehrte er durchaus stilgerecht in weinseliger Laune hervor. Da pflegte er dann zu sagen: »Jaja, wir Ungarn sind ein kleines, aber penetrantes Volk.«

Im Falle des ehemaligen Wiener Staatsoperndirektors Egon Seefehlner kann ich mich nicht zurückhalten, einiges aus seinen Memoiren (Titel: »Die Musik meines Lebens«) zu zitieren. Seine Familiengeschichte hat mehr zu bieten als nur eine ungarische Mutter; sie ist typisch für das Hin und Her im Donauraum:

»Ich habe einen österreichischen Vater, der in Budapest geboren wurde und lange Jahre ein begeisterter Ungar war, bis er erkannte, daß er in Ungarn nicht erreichen konnte, was er anstrebte . . . Meine Mutter war Ungarin, aber ihr Großvater mütterlicherseits hieß Frumer vom Kreuze und mußte sich als erster Landesverteidigungsminister Ungarns nach dem Ausgleich des Jahres 1867 zum Béla Szende von Keresztes magyarisieren. Der Vater meiner Mutter hat über seine Geburt und seine Herkunft nie gesprochen. Als er 1875 als bedeutender Bergbauingenieur und Hochschulprofessor vom schlichten Anton Kerpeli zum Ritter von Kerpely-Krasso erhoben wurde, bestätigte ihm das zuständige Amt, am 3. Februar 1837 in Lugos bei Arad, in Siebenbürgen im heutigen Rumänien, geboren worden zu sein . . . Der Vater meiner Mutter war dreimal verheiratet, und sie hatte zwei Geschwister und elf Halbgeschwister. Einer ihrer Halbbrüder, Anton von Kerpely-Krasso, war der eigentliche Gründer der Alpine Montan-Gesellschaft und jener Galan der Tänzerin Anna Pawlowa, der dieser vergötterten Künstlerin das Diadem geschenkt hatte, das sie stets trug, wenn sie ›Der sterbende Schwan‹ tanzte . . ., Stammvater der Familie Seefehlner war Franz Anton Seefelner (noch ohne h). Er war aus Landsberg oder Landsperg – weder am Lech noch in

Schlesien konnte sein Taufbuch gefunden werden – nach Untergriesbach in Bayern gekommen . . . Und August Seefelner übersiedelte nach Pesth. Dort beschloß hundert Jahre später mein Urgroßvater August, das ›h‹ einzufügen, wohl um der ungarischen Neigung zur archaischen Schreibung von Familiennamen seinen Tribut zu zollen . . . Ich habe aber durch die Mutter meines Vaters, eine geborene Polz, auch alpenländische Vorfahren. Die Polz waren 1645 nach Karlovac gekommen, als sich nach den Türkenkriegen und wiederholten Pestepidemien dreihundert Familien im verödeten Kroatien ansiedelten. Durch diese ›kroatische‹ Großmutter, die perfekt deutsch sprach, aber nie ein Wort ungarisch gelernt hatte, obwohl sie 47 Jahre in Budapest gelebt hat, weil der Haß der Kroaten auf die Ungarn zu groß war . . . Im vorigen Jahrhundert hatte einer meiner Vorfahren väterlicherseits, Josef Ludwig Seefehlner (1840 bis 1896) ein vornehmes Mal- und Zeichenutensiliengeschäft in der Váciutca 20, der ›Kärntnerstraße‹ Budapests, gegründet. Er wurde bald Hoflieferant und erwarb damit das seltsame Vorrecht, die ungarische Stephanskrone, dieses nationale Heiligtum, durch Kartoneinlagen dem jeweiligen Herrscherkopf für die Krönungsfeierlichkeiten anzupassen. Dieses kuriose Privileg konnte nur einmal geltend gemacht werden, und damals war ›Lajos bácsi‹ schon tot, nämlich 1916, als Kaiser Karl am Krönungshügel vor der Matthiaskirche in Buda zum König von Ungarn gekrönt wurde . . . Brükken beherrschten dagegen das Leben seines Bruders, meines Großvaters Julius Seefehlner. Er war der bedeutendste Brückenbauer Ungarns. Von ihm stammten die Donaubrücken bei Preßburg, Györ, Komorn, Esztergom, in Budapest baute er die Elisabeth- und die Franz Joseph-Brücke und in Wien die Nußdorfer Schleusenbrücke . . . Trotz dieser Bindungen waren die Seefehlners in Budapest im Grunde Fremde geblieben. Erst die Nachkommen der

Schwester meines Vaters, die Bierbauer hießen, nannten sich aus Haß auf die Deutschen, die verhinderten, daß Budapest im Zweiten Weltkrieg zur offenen Stadt erklärt wurde, Borbiró. Aber einer der Söhne meines Cousins, der 1956 nach Deutschland floh, heißt dort wieder Bierbauer. Namen sind eben nicht Schall und Rauch, sondern Geschichte. Im Falle meiner Familie, deren Schicksalsfluß die Donau war, spiegeln sie die Geschichte der österreichisch-ungarischen Monarchie wider.«

Seefehlners Familienchronik ist typisch für die Geschichte eines Teiles der Welt, aber untypisch für den Einzelnen, denn aus dem kleinen Egon wurde ja kein echter Ungar, »nur« ein österreichischer Hofrat. Als ein gegenteiliges Beispiel ist hingegen, um bei der Opernkunst zu verweilen, Eva Marton anzuführen. Die umjubelte Diva der Metropolitain und der Staatsoper, vielfach ausgezeichnet (Titel »Beste Debutantin aller Zeiten« in Argentinien, New York Times Medaille als »Beste Sängerin des Jahres«, »best artist« neben Sir Laurence Olivier und Julie Andrews in London), wird auf dem ganzen Erdball als Ungarin gehandelt. Dabei verschweigt sie in Interviews nicht ihre wahren Daten: »Mein Mädchenname war Eva Steyrer – mein Vater war ein Bauer aus der Steiermark, meine Mutter eine ungarische Adelige. Die Mischehe scheint wohlgelungen.«

Ad vocem Mischehen: auf diesem Gebiet ist die Statistik eher für Ungarn als für Ungarinnen schmeichelhaft. Eine Scheidung erfolgt nach jeder 3. Ehe zwischen einem Ausländer und einer Ungarin, hingegen nur nach jeder 90. Ehe zwischen einem Ungarn und einer Ausländerin. Von den Flüchtlingen 1956 heirateten denn auch 85% unter sich.

Piroschka ist aber auch fähig, ihr Geschlecht völlig in den Hintergrund zu stellen, wenn es die Umstände erfordern. Kriegt sie keinen Mann, so stellt sie ihren. Wehen politische Winde, welche die Gleichberechtigung hochspielen, wird sie zum Arbeitstier, zur kämpferischen Amazone, sodaß die Herren der Schöpfung sich sehr um *ihre* eigene Gleichberechtigung bemühen müssen. Hat sie keinen Lebensgefährten und muß sie ihren noch unbeständigen ständigen Begleiter davon überzeugen, daß sie nicht im Traum daran denkt, geheiratet zu werden – also in jenem Stadium, wo Piroschka mit ihrer ganzen Raffiniertheit unverfroren auf Männerfang aus ist – so ist sie der beste Kamerad, den man sich denken kann. Keine Spur von weiblicher Zurückhaltung, sie ist im Höchstmaß aktiv, sie verlangt vom männlichen Partner gar nicht, unterhalten zu werden, sie unterhält ihn, sie brilliert, sie schillert in bunten Farben. Man muß sich einfach in sie verlieben. Man muß sie heiraten. Die Falle schnappt zu.

In den letzten Jahrzehnten sind besonders viele Fallen in allen fünf Erdteilen zugeschnappt. Piroschka hat sich in die High Society in Amerika eingeschlichen, sie ist in Großbritannien mehrfach zur Lady geworden, sie hat ihren Platz in afrikanischen, indischen, japanischen Familien eingenommen. Die Welt spricht weiterhin nur von der schwarzen und gelben Gefahr – und Piroschka lacht sich ins Fäustchen. Keiner ahnt, daß die Ungarin eine nicht zu unterschätzende Gefahr darstellt. Denn sie ist unwiderstehlich und liebenswert, unnachahmlich und einmalig – aber sie hat einen schrecklichen Fehler: Sie ist es, die immer wieder neue Ungarn auf die Welt bringt.

VIII

Großgemacht als Sportgroßmacht

Szakképzett birkozó.

Szakképzett boxer.

Szakképzett tárgyalogló.

Szakképzett lovar.

Auf die Quizfrage: »Wer ist für Sie der berühmteste Ungar?« bekäme man mit Bestimmtheit von 99 unter 100 Befragten den Namen eines Sportlers zur Antwort. Es könnte Ferenc (»Öcsi«) Puskás sein, der brillante Fußballer. Oder László Papp, der Boxer, dreifacher Olympiasieger, eine Zeitlang erklärter Liebling der Wiener. Viktor Barna, der Tischtennischampion, würde kaum genannt werden; er war außerhalb seiner Heimat höchstens in Fachkreisen bekannt. Dabei handelte es sich bei ihm um den erfolgreichsten Sportler aller Zeiten. Wohlgemerkt, nicht nur daheim, sondern auf der ganzen Welt, in der gesamten Sportgeschichte. Nicht weniger als 22 Weltmeistertitel waren an seinen Namen gebunden, davon 5 persönliche, die anderen heimste er als Mannschaftsmitglied ein.

Einst ein Volk der Reiter, mittlerweile heruntergekommen (nämlich vom Pferd), sitzen die Ungarn schon wieder fest im Sattel. Obendrein in allen Sätteln gerecht. Fast jeder Sportart gewachsen.

Vergleicht man die Bewohnerzahlen der rivalisierenden Länder mit denjenigen Ungarns, so hat dieses kleine Land sämtliche Olympiaden der modernen Zeit haushoch gewonnen. Aber sogar ohne solche arithmetische Kunststücke rangiert Ungarn stets in der Spitzenklasse. Nach der nichtoffiziellen, aber jedesmal veröffentlichten Nationenwertung haben es die »Paprikas« bisher zweimal, und zwar 1936 in Berlin und 1952 in Helsinki, fertiggebracht, auf der Rangliste den 3. Platz zu erklimmen.

(Dabei sind die Ergebnisse der Nachbarvölker selbstverständlich nicht berücksichtigt. Studieren Sie doch einmal die Siegerlisten Rumäniens, Jugoslawiens oder der CSSR, wie viele magyarische Namen sie enthalten!)

Weitere Stationen ungarischen Sportruhms sind die Welt- und Europameisterschaften verschiedener Sportarten, welche hier aufzuzählen kein Raum zur Verfügung steht. Eines der interessantesten Ergebnisse erzielten die ungarischen Fünfkämpfer auf der Pentatlonweltmeisterschaft für Senioren und Junioren 1965 in Leipzig. Unter 18 Teilnehmerländern gingen alle zu gewinnenden Goldmedaillen an Ungarn.

Die von Sportjournalisten zusammengestellten Listen der Weltbesten enthalten zahlreiche ungarische Namen. 1955 zum Beispiel wurde der Langstreckenläufer Iharos zum besten Sportler der Welt gekürt.

Zum Ausgleich – um ein wenig Abwechslung in die Siegesstimmung zu bringen – sind die Ungarn die miserabelsten im Wintersport. Bei den Winterolympiaden scheinen sie, wenn überhaupt, vornehmlich als Letzte auf.

Hingegen gehören die Magyaren zur absoluten Weltklasse in folgenden Sportarten: Fechten (als kleines Kuriosum erlaube ich mir, aus der Fachzeitschrift »Sport«, Zürich, die Namensliste der zur Münchner Olympiade antretenden schweizerischen Säbelmannschaft abzuschreiben: Sándor Gombay, János Mohoss, Alain Bárdonyi, István Kulcsár, Toni Réber.) Wasserpolo, Pentatlon, Tischtennis, neuerdings auch Tennis (Andrea Temesvári und Balázs Taróczy rangieren auf der Weltbestenliste) und – last not least – Fußball.

Letzteres ist am erstaunlichsten; werden doch zu jedem Match elf Mann gebraucht, die dasselbe wollen! Daß dieses Spiel besagtem Volk dennoch liegt, ist aus einer anderen Sicht zu erklären: elf Leute rackern sich ab und hunderttausend schauen zu.

Da die Show, in deren Mittelpunkt der von 44 Beinen getretene runde Ball steht, in unseren Tagen die weitaus populärste aller Sportarten ist, sind auch die auf diesem Gebiet erzielten Erfolge die bekanntesten.

Das Ländermatch Ungarn–England (25. 11. 1953), in dem die Erfinder des Fußballs auf heimischem Rasen eine 6 : 3-Niederlage erlitten, wird in der einschlägigen Fachliteratur schlicht das »Match des Jahrhunderts« genannt. Das Treffen setzte die Phantasie von Dichtern in Bewegung; Artikel, Filme, Bücher verkündeten den Triumph Hidegkutis und seiner Mannen. Eine britische Zeitung berichtete von dem Ergebnis unter der in ungarischer Sprache verfaßten Schlagzeile: »Micsoda csapás!« (Was für ein Schicksalsschlag!) Das Ergebnis des Revanchetreffens, bei dem Puskás und Co. auf heimischem Rasen 7 : 1 siegten, empfand man gar nicht mehr als Sensation.

Im April 1958 versah König Fußball sogar diplomatische Dienste. Das Los entschied, daß im Rahmen der Spiele um den Europacup der Budapester Sportklub »Vasas« gegen »Real Madrid« anzutreten hatte. Die ungarischen Fußballfanatiker mußten damit rechnen, daß es keine Rundfunkübertragung aus Madrid geben würde. Seit Beendigung des Zweiten Weltkrieges war nämlich zwischen Ungarn und Francos Spanien jegliche Telephonverbindung unterbrochen. Doch die Ungarn sind die letzten, die sich ohne weiteres in eine hoffnungslose Situation fügen. Georg Szepesi, damals Sportreporter Nr. 1 des ungarischen Rundfunk – heute Fußballverbandskapitän – verhandelte zwei Tage und zwei Nächte lang mit den ministeriellen Stellen in Spanien, bis er die Zuständigen mit folgendem Argument herumkriegte:

»Meine Herren, Sie wollen doch gewiß auch die Übertragung der Revanche aus Budapest hören!?«

Mit sofortiger Wirkung wurde die Funkverbindung Madrid–Budapest aufgenommen. Fünf Monate später waren die Politiker, denen der Sport den Weg geebnet hatte, soweit, daß eine Vereinbarung unterschrieben wurde, welche die normale Fernsprechverbindung zwischen den beiden Ländern wieder herstellte. Einer der seltenen Fälle, welcher den so häufig gebrauchten Gemeinplatz vom »völkerverbindenden Sport« rechtfertigte.

Im internationalen Blickfeld standen auch die über hundert Begegnungen, die sich zwischen Ungarn und dem »Erbfeind« Österreich abspielten. Die beiden Nachbarländer betrachten einander in echtem Sportgeist als härteste und liebste Gegner. Dr. Gerö, der österreichische Fußballfunktionär mit dem ungarischen Namen, sprach von »Erbfreunden«.

Welche Ausmaße der Fußballfanatismus annehmen kann, zeigte der schwarze Tag des ungarischen Sportes, an dem der zum Greifen nahe Weltmeistertitel verloren ging. Es geschah im Juli 1954 in Bern: Puskás und seine Wunderknaben hatten bereits die schwierigsten Gegner geschlagen; sie kamen bis ins Finale. Ein wahrer Siegestaumel bemächtigte sich ihrer, als sie erfuhren, daß der Entscheidungskampf gegen Deutschland auszutragen sein würde. Die Regeln der Punktewertung brachten es mit sich, daß eine Mannschaft in die Endrunde aufgestiegen war, über welche die Magyaren bereits in der Vorentscheidung gesiegt hatten. Es war kein ernst zu nehmender Feind. Das dachten jedenfalls die verwöhnten Nachkommen abgehärteter Steppenreiter. Umso bitterer war das Erwachen: nachdem sie in der ersten Halbzeit noch mit 3 : 0 in Führung lagen, endete das Spiel für alle Beteiligten völlig unerwartet mit einem deutschen Sieg.

Es nützte nichts, daß Erklärungen folgten, dies und jenes sei an dem Debakel schuld gewesen; Übermüdung, schlechte Aufstellung des Bundeskapitäns, sogar von Doping der Deutschen wurde gemunkelt.

Ich bin eher geneigt, einem Fußballer recht zu geben, der damals Mitglied der siegreichen Mannschaft war. Fritz Walter hat sich über seine ehemaligen Gegner folgendermaßen geäußert:

»Wenn es um Fußball geht, sind die Ungarn komische

Vögel. Führen sie um ein, zwei Tore, beginnen sie übermütig zu werden, und wenn sie dann vom Gegner überrumpelt werden und es zum Unentschieden kommt, glauben sie, die Welt sei eingestürzt! Sie verlieren den Kopf und überlassen den Sieg widerstandslos dem Gegner.«

Wie dem auch sei, die Ungarn sind keine guten Verlierer. Wenn die Sportler die unabänderliche Tatsache auch hinnehmen mußten – die Nation tat es nicht. Ein Sündenbock war in der Person des Bundeskapitäns schnell gefunden. Am Abend nach dem ruhmlosen Finale kam es in Budapest zu Demonstrationen. Es waren die ersten Aufmärsche in der Volksdemokratie, die nicht von der Regierung befohlen worden waren! Die Ausschreitungen, die sich gegen den Bundeskapitän richteten, nahmen drohende Formen an. Es hing an einem Faden, daß die Revolution von 1956 nicht zwei Jahre früher ausbrach.

Dieses Beispiel gilt auch mit umgekehrtem Vorzeichen: Nach einem sportlichen Triumph bricht die gesamte Bevölkerung in unbeschreiblichen Jubel aus. Sie fühlt mit, sie spielt mit; als Daumendrücker, als Anfeuerer. Und das dürfte eines der Geheimnisse der Unbesiegbarkeit der ungarischen Sportler sein: sie verfügen über mehrere Millionen Musen, die sie zu Großtaten inspirieren. Sie wissen, was sie ihren anspruchsvollen, kritischen Musen schuldig sind.

Wie streng die ungarischen Sportler von ihren Anhängern behandelt werden, wie man sie ständig bedrängt, ihre letzten Kraftreserven einzusetzen, das kann jeder Sportfreund selbst miterleben, wenn er einen Sportkommentar des ungarischen Rundfunks anhört. Er muß gar nicht der Sprache mächtig sein, die Musik des Redeschwalls ist international verständlich. Es beginnt bereits damit, daß der ungarische Sportsprecher kein Kommentator, sondern ein Vollblutreporter ist, der mit beiden Beinen mitten im Geschehen steht, sein ungarisches Herz in der Hand hält, mit den Spielern lebt, leidet, sich freut, weint, schreit, schreit und schreit. In diesen drei letztgenannten Formen teilt er sich am liebsten mit. Er schimpft jedoch nicht etwa mit seinen Leuten, wenn sie miserabel spielen; dann ist er nur traurig und verzweifelt leise. Wenn er frisch drauflos brüllt, sind seine Mannen in bester Form, aber er mag es nicht, wenn sie sich auf ihren Lorbeeren ausruhen. Er will noch mehr aus ihnen herausholen. Er brüllt sie wütend an, wenn sie nur drei Goal Vorsprung haben oder eine Schwimmbassinlänge oder etliche Meter oder was immer der Maßstab sein mag.

Hier war vom »offiziellen« ungarischen Sportreporter die Rede. Von einem, der aus Ungarn kommt und, heute muß man dies dazusagen, dorthin auch zurückkehrt. Der Sportruhm der Ungarn wird nämlich in aller Welt zu einem großen Teil von ehemaligen Landsleuten verbreitet. Es gibt auf unserem Erdball unglaublich viele Sportberichterstatter ungarischer Abstammung. Die meisten waren einst aktive Sportler, die sich in irgendeinem Land, wo es ihnen gefallen hat, niedergelassen und den Beruf gewechselt haben; selbstredend gibt es unter den Sportjournalisten eine stattliche Anzahl Flüchtlinge; schließlich kommt es merkwürdigerweise gerade in dieser Branche häufig vor, daß der Starjournalist eines fremden Landes sich zu der Nation, sagen wir zum Beispiel, seiner Großmutter väterlicherseits bekennt. So betrachtet, stellte sich anläßlich des Fußballweltmeisterschaftsspiels Ungarn gegen Brasilien 1966 im Old Stafford-Stadion zu Liverpool, bei dem die Magyaren den zweifachen Weltmeister besiegten, heraus, daß von den anwesenden Berichterstattern aus aller Welt nicht weniger als dreißig Exungarn waren!

Der zweite Lieblingsberuf, den ehemalige Aktive, vor allem Fußballspieler, erwählen, wenn sie die Fußballschuhe an den Nagel hängen, ist Trainer. Mit der Aufzählung der in fünf Erdteilen verstreuten einstigen Größen, die die unterschiedlichsten Vereine nach ungarischen Prinzipien gegeneinander trainieren, fangen wir gar nicht erst an. Ihre Zahl ist unübersehbar, wenn sie einzeln auch nicht alle so weltbekannt sind wie ihr jüngst verstorbener Doyen Béla Guttmann. Der alte Herr mit dem jugendlichen Elan hatte einst als Spieler in Ungarn, in Österreich und in den Vereinigten Staaten gewirkt. Seit 1933 übte er seine Trainertätigkeit in folgenden Ländern aus: Holland, Rumänien, Ungarn, Italien, Brasilien, Portugal, Uruguay und Österreich. Unter seiner »Herrschaft« kam es zu einem der traditionellen Ländermatches Österreich–Ungarn. Da mußte ja seine Mannschaft siegen. Sie siegte auch 1 : 0. Aber nicht die ungarische – sondern die österreichische!

Doch zurück zu den Aktiven. Es gibt auch viele ausübende Sportler, die im Ausland leben. Vor allem Pferdesportler. Der ungarische Jockey ist ein gefragter Exportartikel. Die von seinen Vätern ererbte Sachkenntnis im Umgang mit den edlen Tieren, sein Wuchs, seine Zähigkeit prädestinieren ihn für diesen Beruf, den er zumeist sehr erfolgreich ausübt. Somit ist er ein später Verfechter altungarischer Tradition, der Vorliebe für Pferde. Der weiße Hengst spielte eine zentrale Rolle bei der Krönungszeremonie – der neue Herrscher mußte auf einen frisch aufgehäuften Hügel vor der Matthiaskirche bei der Budaer Burg hinaufreiten. Und vergessen wir die nach wie vor legendären Lipizzaner nicht – der Zuchtort Lipica gehörte ehemals zu Ungarn.

Jener Ungar, der die ausgefallenste Sparte für sich ausgesucht hatte, war zweifelsohne der in Mexiko wirkende Torero José Gutto, der als Arnold Guttmann in der ungarischen Stadt Nyiregyháza auf die Welt kam.

Woher kommt dieses Interesse der Ungarn für alles, was mit Sport zusammenhängt? Und wie kommt es, daß sie so oft Erfolg haben? Haben sie denn die nötige Ruhe, den

Wohlstand, die Sorglosigkeit dazu, sich besser als andere Nationen auf die Wettbewerbe vorzubereiten?

Gewiß nicht. Bezeichnend ist vielmehr, was Ilona Elek, Olympiasiegerin im Florettfechten von Berlin 1936, auf eine ungefähr gleichlautende Frage antwortete, als sie sich 1948 in London, also zwölf Jahre später, in der gleichen Disziplin wieder die Goldmedaille holte:

»Ich habe in dem vergangenen Jahrzehnt einen Krieg, Elend, Hunger, Terror erlebt und durchgemacht . . . Nur, wissen Sie, wir Ungarn lieben das Leben und den Kampf . . .«

Kampfeslust, Willenskraft, Ausdauer, das ist das Geheimnis der Naturtalente vom Format eines Puskás, eines László Papp, der siegreichen Wasserpolo- oder Fechtmannschaften, der Allroundbegabungen im Pentatlon. Sie zerren das Wunder herbei, sie müssen es der Welt zeigen.

Und Mut haben sie obendrein. Es beginnt im frühesten Alter. Der kleine Sproß einer in Wien lebenden Familie – ihre Abstammung zu erraten will ich Ihnen überlassen – ist Zögling des Theresianums. Es begab sich noch in der ersten Klasse. Peter, ein begeisterter Turner und Sportler, hatte im Schwimmbad der Anstalt eben den Kopfsprung trainiert, als der Turnprofessor die ganze Gesellschaft zum ersten Mal im Freien antreten ließ. Es war einer der ersten milden Frühlingstage, die jungen Herrschaften sollten sich mit der Athletik vertraut machen. Der Professor rief zum Hochsprung auf. Peter nahm, ohne eine Sekunde zu zögern, Anlauf und landete mit einem kühnen, vollendeten Kopfsprung im Sand. Er hatte sich keine Gedanken gemacht, ob im Sand vielleicht andere Spielregeln gelten als im Wasser. Furcht ließ er gar nicht erst aufkommen – er verließ sich blindlings auf den Befehl des Professors und auf sein Glück. Sein Genick war stärker als die Nerven des Turnprofessors – so geschah nichts weiter, nur der Professor erlitt einen Schock.

Der kleine Peter ist gewiß ein Sonderfall; nicht alle Jugendlichen vollführen einen Kopfsprung in den Sand. Aber alle schreiben in ihrem Alltag Training ganz groß. Der Sport ist aus ihrem Leben einfach nicht wegzudenken, wie das Vergnügen aus dem Leben gleichaltriger Knaben und Mädchen anderer Länder. Training und Sport *ist* für sie ein Vergnügen.

1956 floh ein junger Bursche aus seiner Heimat. Er durchschwamm den Einser-Kanal, mit einer Hand ein Paket hochhaltend. Als er österreichischen Boden erreichte, entnahm er dem Bündel ein Handtuch, ein sauberes Hemd und einen Kamm. Nachdem er alle drei benützt hatte, trat er zu dem Erstbesten, von dem er annahm, daß er seine Sprache verstehe und erkundigte sich nach einem guten Schwimmbad in Wien. Auf die verblüffte Frage, was er denn da so Wichtiges vorhabe, antwortete er mit der Knappheit eines Sportsman von echtem Schrot und Korn:

»100 Meter Butterfly . . .«

Damit entfernte er sich zu Fuß in Richtung Wien, um dort sein gewohntes Training so bald wie möglich wieder aufnehmen zu können.

IX

Sie haben alles erfunden

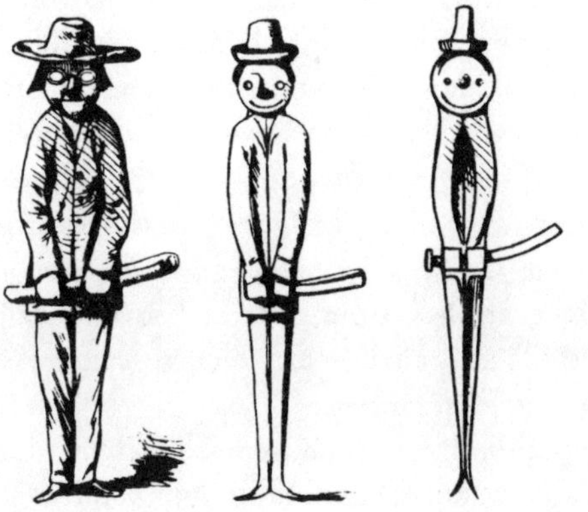

Zu Recht werden die Russen von aller Welt ausgelacht, wenn sie immer wieder behaupten, sie hätten alles erfunden, was dem Fortschritt der Menschheit dient. Dies ist wirklich lächerlich. Denn mindestens jede zweite Entdekkung oder Erfindung stammt von Ungarn.

Dem ungarischen Hochmut somit Genüge getan, wollen wir versuchen, die Spreu vom Weizen zu trennen: Was hat die Welt tatsächlich ungarischem Entdecker- oder Erfindergeist zu verdanken?

Ehe wir mit einer Aufzählung wichtig-nützlicher bis spaßohne weltbewegender Erfindungen beginnen, befassen wir uns kurz mit einer unnützen Idee, die völlig aus dem Rahmen fiel.

Wolfgang von Kempelen, Wirklicher Hofrat im Dienste der Kaiserin Maria Theresia, war ein Tausendsassa. Er war Mechaniker und Phonetiker, Verfasser sprachwissenschaftlicher Bücher, Architekt des Springbrunnensystems im Schloßpark Schönbrunn, Erbauer des Burgtheaters zu Ofen (Buda), Schöpfer von rund hundert Erfindungen, darunter zwei Dampfmaschinen, eine Schreibmaschine für Blinde, eine sprechende Maschine (die menschliche Laute hervorbrachte, zur Demonstration der Kempelen-These, daß die Sprache nichts anderes sei als durch verschieden geartete Öffnungen durchströmende Töne) und ein verstellbares, auch zum Schieben geeignetes Krankenbett für die Herrscherin.

Weltberühmt wurde Kempelen jedoch durch seinen Schachautomaten. Dieses raffinierte Spielzeug fertigte er im Laufe eines halben Jahres an, um damit zwei Franzosen zu übertrumpfen, die mit magischen (magnetischen?) Tricks einen tiefen Eindruck auf Maria Theresia gemacht hatten. Nicht nur seine skurrile Idee – auch der Automat selbst war unbesiegbar! Das unheimliche Ding bestand aus einer lebensgroßen türkischen Puppe, die vor einem Kastentisch saß; auf diesem stand das Schachbrett und die Figur spielte wahrhaftig; Zug um Zug immer einen Arm bewegend, gegen jeden Partner, der sich bereitfand. Die erste Partie verlor Graf Cobenzl gegen den mysteriösen Mechanismus; der wohl berühmteste Verlierer war kein Geringerer als Friedrich der Große. Der Preußenkönig war der einzige, dem Kempelen jemals das Geheimnis der Konstruktion verriet. Die Erklärung dauerte genau eine Minute. Als der Monarch lachend aus dem Zimmer kam, wo er unter vier Augen eingeweiht worden war, sagte er nur:

»Das hätte auch ein Kind herausfinden können . . .« – von da an bewahrte auch er Stillschweigen.

Man munkelte, daß im Kasten ein Zwerg oder ein Kind Kempelens den Arm des Türken bewegte. Derselben Meinung war auch der amerikanische Dichter Edgar Allan Poe, der das Unikum auf dessen Weltreise für die Nachwelt skizzierte.

Des Rätsels Lösung war ein System von Fächern und Spiegeln, hinter dem sich ein Schachspieler von kleiner Statur verborgen halten konnte. Der Automat kam 1826 in die USA und wurde in Philadelphia ausgestellt, wo er 1954 verbrannte.

Nun zu den echten wissenschaftlichen Großtaten:

Wolfgang und Johann von Bolyai, Vater und Sohn (der Alte wurde 1775 geboren, der Junge starb 1860) waren jene Mathematiker, welche durch ihre neuen Thesen die bis dahin unangetastet regierende euklidische Geometrie stürzten. Wolfgang, ein ungewöhnlich vielseitig begabter, unstillbar wißbegieriger Jüngling, besuchte die Universität zu Jena, dann zu Göttingen, wo Gauß, der später in der Fachwelt den Beinamen »Princeps mathematicorum« erhalten sollte, ihm nach kurzer Bekanntschaft versicherte:

»Sie sind ein Genie, Sie sind mein Freund!«

Sohn Johann, der nach einer militärischen Ausbildung und Architekturstudien zur Mathematik stieß, war ein aufbrausender, schwieriger Charakter. Der Junge überwarf sich mit seinem Erzeuger. Als er sich von seinem überschäumenden Temperament dazu hinreißen ließ, seinen Vater zum Duell zu fordern, wies ihm der Alte endgültig die Tür.

Der Erfinder des Zündholzes, Johann Irinyi, war ein Pechvogel. Das Geburtsjahr des winzigen Stäbleins mit dem Phosphorkopf war 1836. Geburtsort: Wien. Hier war der Student an der Technischen Hochschule der Lieblingsschüler von Professor Meissner. Er verkaufte seine Idee einem in der Kaiserstadt lebenden Landsmann, Herrn Romer, und zwar für einen Pappenstiel und selbst den wollte er kaum annehmen, da er in Romers Tochter verliebt war. Nachdem er einen Korb bekommen hatte, verließ er Wien. Nun bereute er, seine Erfindung aus der Hand gegeben zu haben. 1840 gründete er in Pest eine Zündholzfabrik, die er aus patriotischen Gründen bald aufgab: er widmete sich dem Freiheitskampf von 1848. 1895 starb er auf seinem entlegenen Bauernhof, nachdem er noch den Triumph seiner Idee erlebt hatte, deren Früchte er nicht genießen durfte.

Ignaz Semmelweis (1818–1865, zur Zeit seiner Geburt lebte die Familie mit dem deutschen Namen bereits seit 300 Jahren in Ungarn), der »Retter der Mütter«, entdeckte die Ursache des Kindbettfiebers, von dem so viele Frauen dahingerafft wurden. Die Medizinstudenten trugen an den hohen Sterblichkeitsziffern schuld! Sie waren es, die das tödliche Gift von den Leichen, welche sie im Zuge ihres Studiums zu sezieren hatten, auf die Patientinnen übertrugen. Semmelweis hat also, so könnte man es vereinfachen, das Händewaschen für Ärzte erfunden. Der Bahnbrecher der ärztlichen Hygiene teilte sein Wirken zwischen der Pester und der Wiener Universität auf, doch war er ein glühender Magyare, der Tag und Nacht in Nationaltracht herumlief. Ich habe das selbst gesehen. In einem ungarischen Film . . .

Der Physiker Baron Roland Eötvös vollzog ein Experiment mit einem äußerst präzisen Pendel, das unser Wissen über die Gravitation um ein gewaltiges Stück bereichert hat. Mein persönliches Wissen müssen Sie freilich hier ausschalten – ich war in Physik fast so schwach wie in Mathematik. Aber Einstein zum Beispiel soll sich auf die außergewöhnliche Genauigkeit des Eötvösschen Experiments gestützt haben, als er die Theorie der allgemeinen Relativität auf dem Prinzip der Equivalenz aufbaute.

Das Eötvös-Pendel ist kein abstraktes Ding geblieben – mit seiner Hilfe wurden bis in unsere Tage Milliarden Tonnen Öl unter der Oberfläche der Erde entdeckt. (Fragen Sie bitte nicht nach Einzelheiten, ich verweigere jede weitere Auskunft. Ich habe die Daten aus einem wissenschaftlichen Aufsatz von Zoltán Bay abgeschrieben.)

Der Kernphysiker Bay, Begründer der Radarastronomie, war jener Wissenschaftler, der kurz nach dem Zweiten Weltkrieg als erster ein intimes Verhältnis mit Frau Luna hatte. Er tastete unseren Erdtrabanten ab. Er sandte Funksignale zum Mond und dieser warf sie zurück. Es geschah im Rahmen des Mariner-Programms in den USA. Zoltán Bay hat auch große Verdienste in der Vervollkommnung der Computer.

Theodor Puskás (1845–1893), Erfinder des »Telephonnachrichtenvermittlers« (Vorläufer des Radios, mit Kopfhörern) und angeblich der Telephonzentrale, deren Idee er Edison erzählt haben will, entstammte einer vornehmen Familie, studierte am Theresianum in Wien und bereiste die halbe Welt. Er vereinte in sich die Züge eines Genies, eines großzügigen Geschäftsmannes und eines Abenteurers. Als er nach Abschluß seines Studiums London zu seinem Aufenthaltsort wählte, zwang er sich unerbittlich zum raschest möglichen Erlernen der englischen Sprache, indem er sich die Haare an einer Hälfte seines Schädels abrasierte, um nicht unter die Leute gehen zu können. In sechs Monaten beherrschte er die Sprache und bekleidete einen guten Posten. Zwei Jahre später leitete er in Ungarn den Bau einer Eisenbahnstrecke. Mit dreißig kaufte er sich in Colorado ein Bergwerk. Von einem Elektrotechniker in Chicago erstand er ein Fernschreiber-Patent und begann über Pläne für den Ausbau einer Zentrale nachzugrübeln, als ihn die Nachricht erreichte, daß Bell das Telephon erfunden und Edison dasselbe perfektioniert habe. Er versäumte es nicht, die Auswertungsrechte des Telephons zu erwerben. Edison verlangte 250.000 Kronen und klammerte nur England aus. Puskás verkaufte die Rechte weiter – Ungarn wurde das Territorium seines Bruders – und behielt nur Frankreich für sich, wo er gleich an die Organisation des Pariser Telephonnetzes ging. (Die sogenannten Interurban-Gespräche zwischen entfernten Gegenden hat auch Puskás ermöglicht.)

Er besaß in Paris nicht weniger als 23 Unternehmungen und widmete sich immer neuen Erfindungen. An eine unter ihnen wird die Welt sich wahrscheinlich bald wieder erinnern: Tivadar Puskás ließ in Paris das erste elektrische Auto konstruieren! Sein Lieblingskind war jedoch der eingangs erwähnte Telephonnachrichtenvermittler, den man zutreffend auch »sprechende Zeitung« nannte und der zum ersten Mal auf der ganzen Welt – wie könnte es auch anders sein? – in Budapest ertönte.

Der geneigte Leser wird bis zu dieser Stelle wohl bereits so abgehärtet sein, daß ihn die Nachricht, wonach am Telephon die ganze Welt ein ungarisches Wort benutzt, auch nicht mehr umwirft. Puskás hat sich bei der praktischen Erprobung seiner Telephonzentrale mit »Hallom!« gemeldet. Es bedeutet auf ungarisch: »Ich höre.« Daraus soll das internationale »Hallo« entstanden sein . . .

Mehr als ein ungarischer Erfinder zeichnete sich auf dem zweifelhaften Gebiet der Kriegstechnik aus. Die Behauptung der französischen Kriegsgeschichtenschreiber Reinaud und Favé, wonach die erste Kanone auf einem europäischen Schlachtfeld von Ungarn verwendet wurde, wage ich zu bezweifeln. Von Ungarn stammt jedoch einwandfrei der Urgroßvater der Gasmaske (Karl Mártony von Köszeg, 1830), der »moderne« Torpedo (Fregattenkapitän Johann Luppis, 1866) und der Flammenwerfer (Gabriel Szakáts, 1914), dessen Erfinder wegen seiner entsetzlichen Waffe als einziger Ungar unter 900 Namen auf die Liste der Kriegsverbrecher des Ersten Weltkrieges gesetzt wurde.

Die Flugtechnik scheint die Magyaren auch von jeher interessiert zu haben. Ein Mönch, Bruder Cyprian, bastelte in der Mitte des 18. Jahrhunderts ein Segelflugzeug, mit dem er über nordungarischen Berggipfeln Flugversuche unternahm. Ende des 19. Jahrhunderts konstruierte David Schwarz aus Keszthely am Plattensee das erste lenkbare Luftschiff der Welt, dessen Pläne und Patent seine Witwe um 15.000 Mark dem Grafen Zeppelin verkaufte. Im 20. Jahrhundert führt Oskar Asbóth, der Vater des Helikopters (Hubschraubers), die Reihe der ungarischen Luftpioniere an. Er war zugleich der Vater des gleichnamigen Wiener Malers: somit ist Oscar Asboth jr. eigentlich der Bruder des Helikopters!

Blättern wir wieder zurück im Kalender, um noch einen Pechvogel zu erwähnen: 1862, drei Jahre vor Pasteur, entdeckte der Chemiker Maurus Preysz den als Pasteurisierung bekannten Vorgang. Das Typische, echt Magyarische bei der Sache war, daß er ihn beim Wein anwendete, um die Weitergärung in den Flaschen zu verhindern. Mit seiner Methode konnten auch gewisse Weinkrankheiten bekämpft werden. Preyszens Forschungen schmälern natürlich nicht die Verdienste des großen Pasteur. Auf dem Gebiet der Wissenschaft kommt es immer wieder vor, daß zwei Gelehrte unabhängig voneinander dieselbe Entdekkung machen oder verschiedene Arten ein und derselben Maschine konstruieren. Deshalb begnügen wir uns mit einer vorsichtig zusammengestellten Auswahlliste von Erfindungen, die Ungarn zugeschrieben werden:

Telegraph: Josef Chudy, Kapellmeister des Deutschen Theaters zu Ofen und Pest, Komponist der 1796 aufgeführten Oper mit dem verblüffenden Titel: »Der Telegraph oder die Fernschreibmaschine«.

Dynamo: Ányos Jedlik, ein Geistlicher.

Akkumulator: Stephan Schenek.

Transformator: das Dreigespann Zipernowsky, Déri und Bláthy.

Elektrolok (elektrische Lokomotive): Koloman Kandó.

Postkästchen: Ignaz Vágó.

Langspielplatten: der in den USA kürzlich verstorbene Peter C. Goldmark, Abkömmling des großen Komponisten.

Kugelschreiber: ein in England wirkender Ungar namens Biró.

Es sei mir gestattet, nochmals darauf hinzuweisen, daß dies nur eine unvollständige Auswahl ist. Auf die Gesamtheit der ungarischen Erfinder gemünzt, fällt mir der wohl etwas hochgegriffene Ausspruch ein, den seine Kollegen für den großen Mathematiker, Atomphysiker, Kibernetiker etc., etc. John (János) Neumann parat hatten:

»Die meisten Wissenschaftler entdecken, was sie können. Neumann entdeckt, was er will.«

Das muß aber wirklich allein für Neumann gegolten haben. Über *nicht* gelungene Erfindungen pflegt man im allgemeinen Schweigen zu bewahren. Man erlaube mir aber die eine Ausnahme: In der Nähe der Stadt Szekszárd wurde mir eine Csárda gezeigt, die eben erst eröffnet worden war. Das nagelneue Gasthaus war vor kurzem errichtet worden an der Stelle, wo vorher eine andere Csárda gestanden hatte, jene Csárda nämlich, die von der Szekszárder Feuerwehr zur Vorführung ihres neuen Löschgerätes auserkoren worden war. Sie sollte in festlichem Rahmen stattfinden, handelte es sich doch um eine noch nie dagewesene Erfindung, die selbst einen Waldbrand in Sekundenschnelle wieder bekämpfen konnte.

Zuerst gab es Reden und Musik. Dann begann man mit der Demonstration. Man zündete die Csárda an und setzte das Wundergerät ein. Es versagte leider und die Csárda brannte bis zum letzten Mauerrest ab.

In der Geschichte der Entdeckungen gibt es einen Fall, der so typisch ungarisch ist, daß es eine arge Ungerechtigkeit gewesen wäre, wenn ihn das Schicksal einem Ausländer überlassen hätte:

Der Gelehrte Albert von Szent-Györgyi entdeckte das Vitamin C. Na und, werden Sie jetzt fragen, was soll am Vitamin C so spezifisch ungarisch sein? Nun, was glauben Sie, wo er es entdeckte?

Im Paprika!

Klingt dies nicht so, als würde ein Münchner Professor im Bier Gold oder ein italienischer Forscher in den Spaghetti Heilkräfte entdecken? So wurde der Ungar zu einem Prominenten der Internationalen Wissenschaft und gleichzeitig zum Propagandisten seiner Heimat. Es ist nur zu verständlich, daß er daheim populär war wie ein Filmstar. Nach Kriegsende wollte man ihn sogar zum Staatspräsidenten machen, doch er lehnte dankend ab.

Der hervorragende Wissenschaftler lebt seit 1947 in den Vereinigten Staaten von Amerika. Zehn seiner Assistenten sind ihm samt ihren Familien gefolgt. Heute betreibt Szent-Györgyi Krebsforschung in einem Fischerdorf namens Wood Hole am Cape Cod, wo man für ihn ein Laboratorium eingerichtet hat. In der Ortschaft, die in den heißen Monaten eine beliebte Sommerfrische ist, gibt es eine Straße, in der nur ungarisch zu hören ist. Sie erhielt den Namen *Kossuth-Straße*.

Übrigens erhielt Professor Szent-Györgyi für sein Paprika-Vitamin im Jahre 1937 den Nobelpreis. Und zwar als einziger »aktiver« Ungar in der Geschichte dieser Auszeichnung, die das höchste Ansehen unter allen Preisen der Welt genießt. Die anderen sechs ungarischen Nobelpreisträger waren nämlich zur Zeit der Verleihung an sie längst emigriert und bereits Bürger verschiedener anderer Staaten. Hier ihre Liste mit Kurzkommentaren:

1914 – Robert Bárány, österreichischer Arzt, bekam den begehrten Preis in der Kategorie Physiologie oder Medizinische Wissenschaften. Er war Ohrenspezialist und stellte Forschungen über das Labyrinth (Gleichgewichtsorgan) des Menschen an.

1925 – Richard Adolf Zsigmondy, österreichischer Chemiker, in der Kategorie Chemie. Er konstruierte das Ultramikroskop und verfaßte ein Lehrbuch über Kolloidchemie.

1937 – Albert von Szent-Györgyi, ungarischer Biochemiker, Entdecker des Vitamin C, der Muskelbiochemie und der Flavine, Kategorie Physiologie oder Medizinische Wissenschaften.

1943 – Georg von Hevesy, schwedischer Chemiker, Kategorie Chemie. Entdecker des neuen Elements Hafnium und der radioaktiven Spurensucher; arbeitete neben dem Atomzertrümmerer Rutherford und dem legendären Nils Bohr.

1961 – Georg Békésy, amerikanischer Physiker und Biophysiker; Kategorie Physiologie oder Medizinische Wissenschaften. Er galt als führender Akustiker unserer Zeit und stellte gleichsam als Nachfolger Báránys Forschungen auf dem Gebiet des menschlichen Gehörs an. Als glühender Ungar hat er zeit seines Lebens nie geduldet, auch nur einen Apostroph über seinem Namen wegzulassen.

1963 – Eugene P. Wigner, amerikanischer Kernphysiker in der Kategorie Physik. Er teilte sich den Preis mit Marie Goeppert-Mayer und J. H. D. Jensen.

1971 – Dennis Gabor, englischer Elektroingenieur, Kategorie Physik. Erfinder der Holografie (dreidimensionale Fotographie).

Mehrmals bis zur Nobelpreiskanditatur brachte es der im Alter von 75 Jahren in Montreal verstorbene Biologe, Hormonforscher und Universitätsprofessor János (John? Hans?) Selye. Er prägte den Begriff »Streß«, worunter die ins Physische übergreifende psychische Spannung zu verstehen ist. Bis zuletzt war er der ungarischen Sprache akzentfrei mächtig und stellte damit eine Ausnahme dar. Seine Mutter war nämlich Nichtungarin, so handelte es sich bei ihm um seine Vatersprache.

Der 90jährige, in der Schweiz lebende Psychologe Leopold Szondy, Vater der »Schicksalsanalyse«, wurde durch den nach ihm benannten Test weltberühmt.

Karl Kerényi, Ordinarius für griechische und antike Mythologie an der Universität Zürich, verfaßte ein Buch zusammen mit C. G. Jung und führte einen literarisch-wissenschaftlich überaus wertvollen Briefwechsel mit Thomas Mann sowie Hermann Hesse.

Michael Polányi, Oxford, ist ein Allroundgenie: er macht von sich reden als Chemiker, Soziologe, Ökonom und Kulturphilosoph, aber auch als Bruder eines zweiten Polányi, der gleichfalls ein Spitzenwissenschaftler ist.

Miklos Kürti, ebenfalls Oxford, hat für die auf Energiesparen bedachte Gegenwart herausgefunden, wie elektrische Energie ohne Verlust weiterzuleiten ist.

Es wäre besser gewesen, mit den Universitätsprofessoren gar nicht erst zu beginnen. Es soll einen idealistischen Ungarn gegeben haben, der vor einigen Jahren anfing, eine Liste der Universitätsprofessoren ungarischer Herkunft in aller Welt aufzustellen. Er ließ es schließlich bleiben und legte lieber ein Verzeichnis jener Universitäten an, an denen keine Ungarn lehren. Dies erwies sich als weitaus weniger zeitraubend.

Allein in Amerika gibt man die Zahl der auf leitenden Posten eingesetzten ungarischen Wissenschaftler erster Generation – also die sozusagen auf eigenen Beinen eingewandert sind – nach vorsichtigen Schätzungen mit mindestens 500 an.

Keine Angst, ich zähle sie nicht alle auf. Aber den Fall Frank Gárdonyi kann ich nicht unerwähnt lassen.

Der 1956 in die USA geflüchtete junge Filmfachmann schuf 1962 einen medizinischen Dokumentarfilm unter dem Titel »Pulse of life«. Damit heimste er ein, was an internationalen großen Preisen zu gewinnen war: San Francisco Film Festival, American Film Festival, Biennale von Venedig etc. Die American Medical Association schickte eine Kopie nach Moskau, wo der Film ein Ehrendiplom der dortigen Akademie erhielt. Aufgrund seines Rufes wurde Gárdonyi von der NASA geholt, um die »Apollo-Mission«, d. h. die Vorbereitungen zum ersten bemannten Mondflug, zu filmen.

Damit verlassen wir für Ungarn durchaus stilgerecht nicht nur den Boden der Realität, sondern die Erde überhaupt. Wir widmen uns anderen Regionen und Dimensionen. Nichts zu machen – auch dort wimmelt es vor Ungarn . . .

Mit sicherlich gemischten Gefühlen dürfen die Ungarn auf ihre bedeutende Rolle im Ringen um die schrecklichsten Vernichtungswaffen der Menschheit hinweisen. Die Berechnungen der ungarischen Mathematiker-Brüder (haben Sie diese Unbescheidenheit schon bemerkt? Ungarische Berühmtheiten treten gern paarweise auf!) Friedrich und Marcel Riesz ebneten den Weg zur Herstellung der ersten Atombombe. Hie und da wird behauptet, Lilienthal und Oppenheimer seien ebenfalls ungarischer Abstammung gewesen. Irgendein Ahnherr würde sich sicherlich finden lassen. Aber eindeutig Ungarn waren die Mitglieder des berühmt-berüchtigten »Atomquartetts« in der Atomenergiekommission der Vereinigten Staaten:

1. Edward Teller, erst Freund, dann Widersacher von Oppenheimer und Vater der H-Bombe.

2. Leo Szilárd, der mit Enrico Fermi die erste Kettenreaktion hervorgerufen hat. Er sagte einmal: »Auf dem Papier sprechen 85 Prozent dafür, daß wir untergehen, aber ich lebe für die 15 Prozent.« Optimisten ins Stammbuch geschrieben: er verstarb 1964.

3. Eugene P. Wigner. Statement des Nobelpreisträgers: »Nur weil jemand den Pfeil erfunden hat, muß man damit noch nicht töten. Nicht die Erfinder sind die Verantwortlichen, sondern diejenigen, die die Erfindung anwenden.«

4. John Neumann war sogar nach Meinung der anderen drei der Allergrößte. Da er nur 53 Jahre lebte, mußte er es sich wohl so einteilen, daß er schon als Wunderkind auf die Welt kam. Kaum erwachsen, erschien 1932 sein Buch »Die mathematischen Grundlagen der Quantenmechanik« in Berlin. Unsere umschwärmt-verhaßten Zeitgenossen, die Computer, wären ohne ihn auch nicht auf die Welt gekommen. Die Leistungsfähigkeit der ersten elektronischen Rechenmaschinen verglich er vorerst mit der Geschwindigkeit seines eigenen Kopfrechnens. Da er offenbar nicht ausgelastet war, nahm er sich Zeit zu Spielereien, wie Auswendiglernen des Telephonbuchs von Manhattan. Als Ausgleich war dieser Mann mit dem unheimlichen Gedächtnis ein zerstreuter Professorentyp, wie er im Bilderbuch steht. Eines Tages zum Beispiel verabschiedete

er sich von seiner Tochter, die nebenbei Nixons Wirtschaftsberaterin war, und setzte sich vor seinem Heim in Princeton ins Auto, um nach New York zu einer Besprechung zu fahren; doch in New Brunswick hatte er sein Reiseziel schon vergessen. Er rief seine Frau zuhause an und stellte ihr die merkwürdige Frage: »Weißt du nicht zufällig, wohin ich fahre?«

Soviel über das Quartett, das eigentlich ein Quintett war. Ihr Oberster Chef, Leiter der Atomenergiekommission, dann der NASA, war nämlich der Ungar Theodor Kármán.

Von diesem 1963 verstorbenen Wissenschaftler ist nichts Besonderes zu berichten, außer vielleicht, daß er noch vor Asbóth den militärischen, noch von der Erde aus gelenkten Helikopter erfand, daß er als Aerodynamiker der »Vater der Überschallgeschwindigkeit« genannt wurde, daß er 29 Ehrendoktorate sein eigen nennen durfte, daß er in den USA der erste Träger der »First National Medal of Science« war und daß nach ihm je ein Krater am Mond und am Mars benannt ist.

Nimmt es unter solchen Umständen jemanden Wunder, wenn Gerüchte besagen, daß Wernher von Braun emsig ungarisch gelernt haben soll? Der Tratsch entbehrt wohl nicht jeglicher Grundlage, denn die Konferenzen fanden nicht selten auf ungarisch statt. Ich fühle es, Sie zweifeln schon wieder an meinen Behauptungen. Warum, frage ich Sie in aller Bescheidenheit, gibt es dann ein Protokoll, in dem Präsident Eisenhower die Wissenschaftler auffordert, die Arbeitskommunikation nicht in ihrer Muttersprache abzuwickeln?

Wenn Sie das Überhandnehmen der Magyaren in diesem »Geschäftszweig« noch immer nicht glauben wollen, übergebe ich das Wort dem ungarischen Filmregisseur aus Hollywood Steve Sekely, der beschreibt, wie er Theodor Kármán (Jahrgang 1881) in Turin begegnete, wo beide im gleichen Hotel wohnten. Kármán saß mit einigen Amerikanern an einem Tisch im Restaurant, wechselte jedoch zu seinem Bekannten Steve hinüber, um mit ihm zu plaudern. Es ist nicht schwer zu erraten, welches Thema zur Sprache kam. Hier die Stellungnahme Kármáns, überliefert von Sekely:

»Es gibt Menschen, die an die ›Fliegenden Untertassen‹ glauben, und es gibt welche, die sie als Hirngespinste abtun. Doch nur wenige kennen die volle Wahrheit. Ich gehöre zu ihnen.

Die Ufos (unbekannte Flugobjekte) kommen vom Mars. Offensichtlich wollen sie die Erde erobern. Aber wie? Sie wollen weder das Leben ihrer Leute, noch ihr wertvolles Material einem Risiko aussetzen. So beschlossen sie, die Menschheit – zum Selbstmord zu bewegen! Sollen sich die Menschen doch gegenseitig umbringen! Sobald sie bis zum letzten Mann ausgestorben sind, kann man die Erde in Besitz nehmen.

Der Plan wurde in die Tat umgesetzt: ein paar hundert Marsbewohner wurden ausgewählt, um sie auf der Erde anzusiedeln. Zuerst hieß es, man würde sie in Amerika aussetzen. Doch entschied man an höchster Marsstelle, daß die Ausgewählten zunächst ›konditioniert‹ werden müßten: erst wenn sie sich wie Menschen benähmen, dürfte man sie auf Amerika loslassen. Die Aufgabe war also, ein Land zu finden, in dem die Marsgeschöpfe durch ihr Benehmen nicht allzusehr auffielen; wo man an komische Figuren gewöhnt war. Die Suche verlief erfolgreich, die Wahl fiel auf Ungarn.

In diesem ausgefallenen Land wurden die Marsbewohner zu Menschen umerzogen. Aus den einen wurden Wissenschaftler, aus den anderen Schriftsteller, Musiker, Filmregisseure und so weiter. Sie begannen nach Amerika auszuwandern. Selbstredend schafften es alle. Sie hatten Erfolg. Man hörte auf sie. Die meisten konzentrierten sich darauf, die Moral zu untergraben. Die Widerstandskraft der Menschheit bis zum Tag X zu schwächen. Die Spitzenkräfte hatten jedoch eine noch wichtigere Aufgabe: Es sind die Wissenschaftler, die am Zustandekommen der Atombombe beteiligt waren. Sie spielen eine bedeutende Rolle in der Zusammenstellung der Hydrogenbombe.

Somit ist alles bereit. Wir stehen vor dem letzten Schritt. Nur ein kleiner Weltkrieg muß noch ausgelöst werden, die erste H-Bombe wird gezündet und die Marsbewohner aus Ungarn haben der Erde den Gnadenstoß versetzt . . .«

Nachdem Professor Kármán geendet hatte, begab er sich zu seiner Gesellschaft zurück. Er entschuldigte sich und erzählte, daß er wieder einmal die »Mars-Story« zum Besten gegeben habe, worauf die Amerikaner in herzhaftes Gelächter ausbrachen, da sie ja die Geschichte schon kannten.

Kármán blinzelte seinem Landsmann am anderen Tisch zu und sagte mit saurer Miene in ungarischer Sprache:

»Die Unglücklichen glauben, ich spaße . . .«

X

Ein ungarisches Dorf namens Hollywood

Vor etlichen Jahren, zur Zeit der großen Filmkonjunktur, hing im Produktionsbüro eines mächtigen Filmstudios in Hollywood eine Tafel mit folgender Inschrift: »Es genügt nicht, Ungar zu sein.«

Dies ist übertrieben. Denn in den meisten Fällen hat es genügt.

Das Rätsel ist gar nicht so schwer zu erklären. In dem satirischen Titel dieses Kapitels steckt nämlich ein Körnchen Wahrheit. Wenn man in der Fachliteratur nachschlägt, wer Hollywood gegründet und diesen Außenbezirk von Los Angeles zum Zentrum der Filmwelt erhoben hat, stößt man unter der Hand voll Pionieren unumgänglich auf den Namen Adolph Zukor. Das war jener Mann, dessen hundertster Geburtstag Anlaß zu einer der größten Feiern Hollywoods wurde. Höchstens die Party, welche für den UdSSR-Parteichef Nikita Chruschtschow gegeben wurde, konkurrierte mit dem Festtag des greisen Filmzaren. Zukor hielt danach nicht mehr lange durch: er verstarb im Alter von 103 Jahren. Durch diesen aus dem Dorf Ricse im Komitat Zemplén stammenden Landsmann haben die Ungarn einen hübschen Prozentsatz Anteil, um nicht zu sagen Anrecht auf Hollywood. Zukor scheint jedenfalls dieser Meinung gewesen zu sein. Denn nachdem er, der ehemalige Kürschner, in den »Nickelodeon«-Automaten die gewaltigen Entwicklungsmöglichkeiten erkannt hatte und 1912 mit seinem ersten Stummfilm (Hauptrolle: Sarah Bernhard) ein Bahnbrecher der Zelluloidkunst geworden war, ließ er die besten Schauspieler, Regisseure und Autoren aus seiner Heimat über den Ozean holen.

Im späteren Verlauf der Kinogeschichte mag die Überschwemmung Hollywoods mit Ungarn durch unablässiges Einsickern von Einzelpersonen ausgelöst worden sein – am Anfang, kurz nach der Geburt der Filmmetropole, war es ein vorbedachter Ansiedlungsplan.

Einer, dem diese ungarische Expansion unheimlich vorkommt, könnte einwenden, Zukor habe immerhin nur eine einzige Firma vertreten, nämlich die Paramount, wo er den Posten des Generaldirektors auf Lebenszeit bekleidete. Nun, Sie haben es gewollt, unzufriedener Leser, wohlan: Untersuchen wir den ungarischen Einfluß anhand der Filmproduktionsgesellschaften.

Zerlegen wir zunächst die dreiteilige Bezeichnung der weltberühmten Firma Metro-Goldwyn-Mayer. Der erste Teil ist der eigentliche Firmenname, die beiden anderen gehören den Firmengründern. Sam Goldwyn war ungarischer Abstammung, Louis B. Mayer war ungarischer Abstammung – allein Metro war nicht ungarischer Abstammung.

Bei der gleichrangig prominenten Fox sieht die Sache noch eindeutiger aus: William Fox wurde in Tolcsva geboren.

Die Universal, zeitweise von finanziellen Schwierigkeiten erschüttert, wurde von einem Produzenten und Talententdecker namens Joe Pasternak saniert. (Beachten Sie bitte, wie der Name des Dorfes, aus dem er stammt, zu seinem Namen paßt: Szilágysomlyó. – Ungarn, die Karriere machen, pflegen in unaussprechlichen Ortschaften geboren worden zu sein. Lexikonmitarbeiter ärgern sich darüber grün und blau.)

Die Warner Brothers waren zufällig keine ungarischen Brüder, aber der Regisseur, der die Tochter eines der Brüder heiratete, war ein ungarischer Bruder. Er hieß Charles Vidor und hatte in der künstlerischen Gebarung der Firma, in die er eingeheiratet hatte, ein bedeutendes Wort mitzureden. Zur selben Firma stieß Michael Curtiz, recte Kertész Mihály, dessen künstlerische Stationen Budapest

– Wien – Hollywood waren. Eine Vorstation war Norwegen, wo er in den Nordisk-Filmstudios zum Schauspieler ausgebildet und für die Hauptrolle der ersten »Atlantis«-Verfilmung engagiert wurde. Zu Hause dann auf Regisseur umgesattelt, drehte er 43 Stummfilme. In der Kaiserstadt schuf er unter anderem den monumentalsten Monumentalschinken, den man sich vorstellen kann: »Sodom und Gomorrha«, vor der gewaltigen Kulisse des Laaer Berges, der im heutigen zehnten Wiener Gemeindebezirk als Unterlage für Hochhäuser dient. Ein Aufgebot von tausenden Statisten stellte das biblische Volk dar. Daß einer von ihnen eine Brille trug, wie dies auf einer Vergrößerung zu beobachten war, kann doch wirklich vorkommen.

Auf der drüberen Seite des großen Teiches wurde Curtiz zu einem der prominentesten Regisseure und zur Säule seiner Firma. Unter den Kollegen war er nicht zuletzt seiner Aussprüche wegen ungeheuer populär. Seine Bonmots wurzelten in der perfekten Unkenntnis der englischen Sprache. David Niven betitelte sein Memoiren-Buch nach der weitverbreitetsten aller Curtiz-Sprachverwirrungen: »Bring on the empty horses«. Dieser schöne Satz entglitt dem Ahnungslosen im Zusammenhang mit einer Filmaufnahme, bei der er wieder einmal mehrere hundert Reiterkomparsen beschäftigte. Nachdem die Massenszene, eine Schlacht auf Pferderücken, »im Kasten« war, wollte er die Niederlage in Form von Pferden zeigen, die ohne ihre Reiter zurückgaloppieren. Das war der Moment, wo er seinen Assistenten die Anweisung gab, die sich deutsch etwa so anhörte: »Bringt die leeren Pferde auf!«

In der Glanzzeit Hollywoods gab es sieben tonangebende Filmgesellschaften. Nachdem es uns gelungen ist, bei fünf den ungarischen Einfluß nachzuweisen, sieht es bereits so aus, als hätten die Ungarn die Aktienmehrheit in der Tasche.

Versuchen wir an Einzelfällen zu analysieren, wie man

als Ungar nach Hollywood kommt und dort auch Fuß faßt:

1. Man gehört bereits im Vaterland zur Elite und wartet ab, bis jemand von der »Kolonie« auf einen Sprung herüberkommt und einen entdeckt. Wie im Falle Paul Lukas. 1927 spielte der damalige Lukács Pál als Star des Lustspieltheaters gerade einen schneidigen britischen Offizier in Melchior Lengyels »Antonia«. Der Autor, bereits mit Adolph Zukor in Verhandlungen getreten, machte diesen auf den ungemein gutaussehenden Bühnenliebling aufmerksam. Der Kürschner mit den filmischen Ambitionen engagierte den Schauspieler vom Fleck weg. Ausschlaggebend war dessen akzentfreies Englisch: stand doch der Tonfilm unmittelbar vor der Tür; angelsächsische Experten in der Begleitung Zukors bestätigten, Lukács spreche wie ein Sprachlehrer aus Oxford. Sie ahnten nicht, daß man ihm die englischen Sätze für seine Rolle papageienhaft eingetrichtert hatte. Erst drüben begann dann Mr. Lukas mit dem Sprachunterricht. Er schaffte es, er kam an. Nach der Premiere seines ersten Filmes jubelte die Presse zweier Länder. In Ungarn wurde weiterhin an der Version des »Sprachlehrers aus Oxford« festgehalten, während die amerikanischen Filmkritiker einen neuen Star feierten, der den einheimischen etwas voraushatte, nämlich »a lovely hungarian accent«. Mit dem brachte er es immerhin bis zum Oscar (1943 für »Wacht am Rhein«).

2. Man verschafft sich mit Mühe und Not den Ruf eines oder einer »Schwierigen«. Das ist nicht leicht; Unpünktlichkeit, Absagen teurer Drehtage, Ohrfeigenausteilen an Kritiker, Skandale aller Art gehören dazu. Mit genügend Ausdauer dringt die Propaganda bis Hollywood und weckt den Ehrgeiz der Filmmetropole, eine außerordentliche Künstlerpersönlichkeit für sich zu gewinnen und zu bändigen. So geschehen mit Franziska Gaal, die ihrem in österreichischen Filmen wie »Frühjahrsparade«, »Csibi

der Fratz« usw. errungenen Ruhm, den sie in ganz Europa genoß, in den weiblichen Hauptrollen zweier amerikanischer Filme die Krone aufsetzen wollte. Aus der Widerspenstigen Zähmung scheint allerdings nichts geworden zu sein, denn nach Frederic March und Bing Crosby wollte niemand mehr mit ihr spielen. Zwanzig Jahre später erarbeitete sich die Budapester Juwelierstocher Zsa Zsa Gábor durch weithallende Skandale (zum Beispiel ihre Liebesgeschichte mit dem Diktatorssohn Trujillo) einen vorderen Platz in der Rangliste der Hollywoodstars.

3. Man geht systematisch mit der entgegengesetzten Masche ans Werk. Immer freundlich und liebenswert, unkompliziert und fleißig, die Zuverlässigkeit in Person, baut man seine Karriere Stück für Stück auf, indem man sich kilometerweise bis nach Hollywood schmuggelt. Wie gesagt, es ist natürlich auch nur eine Masche, man hat die Augen ständig auf Hollywood als Endziel gerichtet, obwohl man so tut, als hätte man ursprünglich gar nicht vorgehabt, heimischen Boden jemals zu verlassen. Man ändert nicht einmal den verteufelt schweren Namen, um zu beweisen, daß man nie mit dem Ausland kokettiert hat; alles ist eben nur so gekommen . . . Paradebeispiel Szöke Szakáll, der Komiker aus »2 Herzen im 3/4-Takt«, der Oberkellner aus dem Kultfilm »Casablanca«. Er hieß ursprünglich Jenö Gerö. Damals war er noch Kaufmann und trug einen Bart, der, weil blond, sehr komisch wirkte. Dann wurde er zum Schauspieler, rasierte sich den Bart ab und nahm, quasi als Andenken, den Künstlernamen Szöke Szakáll an, der ins Deutsche übertragen eher wie die Bezeichnung eines Indianerhäuptlings klingt: *Blonder Bart!* Damit wurde er nach Budapest zum Liebling des Wiener und Berliner Kinopublikums, bevor er sich in Hollywood auch einen Namen machte. Und zwar den verstümmelten S. Z. Zakall.

4. Man kommt als Sohn eines Einwanderers in zweiter

Generation direkt in Amerika auf die Welt. So fällt es weniger auf, und wenn man dann »drin« ist und in einem Interview die ungarische Abstammung lüftet, hört es sich sogar ganz gut an. Dies paßt auf Tony Curtis, den Sohn des Schneidermeisters Schwarz; auf den Abenteuerhelden Cornel Wilde, dessen Vater Präsident der Amerikanisch-Ungarischen Gesellschaft war; auf Tarzan-Darsteller Charles Corvin, mit dem richtigen Namen Géza Kárpáti; auf den verstorbenen Starkomiker Ernie Kovacs. Sie und viele andere haben den amerikanischen Anekdotenschatz bereichert, indem der stereotype Anfangssatz ihrer Interviews mit den Worten: »My parents where poor but hungarian . . .« begann.

Last but not least einer der Allergrößten Hollywoods: Fred Astaire. Sein Vater, der noch Austerlitz hieß, wanderte aus Eisenstadt aus. Diese Ortschaft, heute Sitz der burgenländischen Landesregierung in Österreich, trug damals den Namen Kismarton und gehörte zu Ungarn.

5. Man »heiratet ein«. Wie im Falle des Artisten und »Mr. Universe«-Titelträgers Mike Hargitay, der das Sexidol Jayne Mansfield, solange sie seine Gattin war, zur glühenden Ungarin und zur Mutter eines Miklós und eines Zoltán gemacht hatte. Dafür verhalf sie ihm zu Filmrollen, sogar zu einer eigenen Produktion und zu viel Geld. Es schadete weder dem Filmregisseur André de Toth, den Star Veronica Lake zu ehelichen, noch dürfte es dem Drehbuchautor George Tabori zum Nachteil gereicht haben, mit der Schwedin Viveca Lindfors, die eine Zeitlang als Greta Garbo-Nachfolgerin gehandelt wurde, verheiratet gewesen zu sein.

Unsere 5 Punkte sollen nur als Musterbeispiele dienen; vermutlich würden nicht einmal 50 Punkte zur vollständigen Studie der Ungarn in der Filmbranche ausreichen. Jeder Fall ist anders gelagert; unzählige Tricks werden angewendet, um anzukommen; aber um sich festhalten zu können, um oben zu bleiben, dazu bedarf es schon echter Begabung. Und das scheint dieses Volk gerade für diesen Beruf, der eine Mischung von Kunstgefühl und Geschäftssinn, viel Geschick und Beweglichkeit und immer wieder Ideen erfordert, zu besitzen. Wie hätten sie sonst Hollywood so überrennen können?

Denn das haben sie, angefangen von dem Stummfilmstar Lia de Putty, die am Gipfel ihres Ruhms angeblich an einem verschluckten Hühnerknochen erstickte. Diese Nachricht geisterte damals durch die Zeitungen. Es gab eben auch zu jener Zeit findige Pressechefs, die den meinungsformenden Frauenklubs den Wind aus den Segeln zu nehmen wußten. Was hätten nämlich die Feministinnen, die im heutigen Sinne nicht im entferntesten solche waren, gesagt, wenn sie erfahren hätten, daß Lia lesbisch war und sich wegen einer anderen Frau das Leben genommen hatte?

Vilma Banky, die Partnerin von Rudolf Valentino, tat hingegen am Gipfel ihres Ruhmes einen gutbürgerlichen Schritt – sie heiratete ihren anderen Partner, Rod la Roque, und zog sich ins Privatleben zurück.

Lili Darvas, die Witwe Franz Molnárs, huldigte eher der Bühne – sie war Reinhardts Ensemblemitglied am Theater in der Josefstadt, später in Amerika gründete sie zusammen mit Grete Mosheim ein deutsches Theater –, doch in vorgerückten Jahren ließ auch sie Hollywood nicht aus.

Die massenhaft vorkommenden männlichen Darsteller erlasse ich dem hoffentlich noch immer geneigten Leser, sonst würde das Buch noch übergehen. Pars pro toto (mißverstehen Sie mich bitte nicht, der italienische Filmkomiker Toto war seltsamerweise kein Ungar) stelle ich einen einzigen Namen zum Bestaunen aus, dessen Abstammung am allerwenigsten bekannt ist: Fritz Langs große Entdeckung in »M«, in Hollywoodstreifen abwechselnd Mörder und Detektiv, jawohl, Peter Lorre hieß ursprünglich Péter Lörincz und wurde in Rózsahegy geboren.

Stellvertretend für die Regisseurinvasion erwähne ich nur George Cukor, einen Vertreter der in Amerika geborenen Generation. Er war der Sprache seiner Eltern nicht mächtig. Warum sollte er auch, meinen Sie? Ich bitte zu bedenken, ein Hollywoodregisseur kann nie wissen, wann er Ungarisch braucht. Cukor hätte es zum Beispiel in Wien nötig gehabt, als er den mitten in den Filmaufnahmen verstorbenen Kollegen Charles Vidor ersetzen und dessen Liszt-Film fortsetzen sollte, und Vidors in ungarischer Sprache verfaßte künstlerische Notizen nicht lesen konnte. Es mußte ein Übersetzer engagiert werden.

Drehbuchautoren zähle ich gar nicht erst auf. Ich erinnere nur an die zahlreichen Lászlós, die anderen interessieren Sie ohnehin nicht, denn in der Filmwelt ist außer den Schauspielern allein der Regisseur wichtig, was der Verfasser dieses Buches der Filmwelt sehr übel nimmt, denn er ist zufällig auch Schriftsteller.

Auch die anderen Sparten müssen wir streng sieben. Vielleicht fällt Miklos Rozsa, dreifacher Oscar-Preisträger für Filmmusik, der an der Amerikanischen Filmakademie unterrichtet, nicht durch das Sieb. Ebenso der Zeichner Marcel Vertés, der daheim als Karikaturist Vértes hieß. In seiner Wahlheimat Frankreich wechselte er einfach den Apostroph über seinem Namen. Er war der Unsichtbare, der in »Moulin Rouge« die Hand Toulouse-Lautrecs führte und dessen Werke vor der Kamera beendete. Er bekam gleich zwei Oscars für den Film. Allerdings einen für die Dekoration, den anderen für die Kostüme.

Die Techniker sind noch ärmer dran als die Autoren, die Namen des übrigen Teams vom Kameramann bis zu den Trickleuten merkt sich kaum jemals ein Zuschauer. Nicht einmal die Ungarn unter ihnen, welche Schande. Nicht einmal die Oscar-Preisträger unter den Ungarn.

Diese Liste erhebt nicht einmal Anspruch auf Unvollständigkeit. Als Entschuldigung dafür aber will ich Chaplins absurden Witz erzählen.

Zu jener Zeit, als Lon Chaney senior, der unnachahmliche Maskenmeister, der Schauspieler mit den tausend Gesichtern, auf dem Gipfel seiner Popularität stand – ging Chaplin mit einem Freund in Beverly Hills spazieren. Als er einen Käfer vor seinen Füßen bemerkte, machte er einen Bogen und sagte: »Paß auf, zertreten wir ihn nicht – vielleicht ist es Lon Chaney!«

Die Anekdote wäre, auf unser Thema gemünzt, abzuwandeln: »Zertreten wir keinen, vielleicht ist es ein Ungar!«

Aber es kommt vor, daß sie einander zertreten ...

Wer hätte schon gedacht, daß diese Nation einst nicht nur in sportlichen, sondern auch in filmischen Wettkämpfen zu den Siegern gehören würde, als vergessene ungarische Pioniere ihre ersten Taten im Bereich der neunten Muse setzten? Unglaublich, aber solche gibt's auch. Der Tonmeister Dénes Mihály hat 1916 den ersten Tonfilm der Welt gemacht, natürlich in Budapest. Der Graphiker Moritz Gábor hat sogar schon 1909 den ersten Zeichentrickfilm der Welt zustande gebracht, im New York. Nicht *in*, sondern *im* New York, dem ruhmreichen Literatencafé von Budapest. Doch von diesen Erstversuchen wußten bisher nur Fachkreise. Ich empfehle Ihnen, Namen und Daten mit solchem Seltenheitswert einzustudieren; es könnte die sensationelle Wende eintreten, daß Sie über mehr Wissen verfügen als (andere) Ungarn. Dadurch wird Ihr Ansehen unerhört steigen und Ihr Lohn wird nicht ausbleiben. Sie werden zum Ehrenungarn ernannt oder so. Falls Sie schon Ungar sind, könnte, dem doppelten Doktor (DDr) ähnlich, der Berufstitel Doppelungar ins Auge gefaßt werden, Kürzel UU.

Doch die Welt ist ungerecht, unvergessene Pioniere interessieren den Leser mit Gewißheit mehr, und so kommen wir zu einem der Größten der Filmgeschichte überhaupt: Sir Alexander Korda. Da Hollywood schon fest in ungarischen Händen war, begnügte er sich damit, der britischen Filmkunst zu Weltruhm zu verhelfen.

Einige Jahrzehnte bevor ihn der König von England adelte, kam der prominente Mann in Pusztatúrpásztó bei Túrkeve, Komitat Jásznagykunszolnok, zur Welt. (Na bitte, schon wieder ein Zungenbrecher, den sich eine Berühmtheit als Geburtsort leistete.) Zuerst hieß er Kellner Sándor László. Ursprünglich hatte er den Journalismus zum Beruf gewählt. 1916, mitten im Weltkrieg, drehte er seinen ersten Streifen in Kolozsvár. 1917 gründete er eine eigene Produktionsfirma und baute das Corvin Filmstudio auf. In den nächsten zwei Jahren drehte er zwanzig Filme.

In Wien hörte ein Namensvetter, Graf Alexander Kolowrat, von dem hochbegabten jungen Mann. Durch ihn wurde Korda künstlerischer Leiter der neugegründeten Sascha-Filmgesellschaft in der österreichischen Hauptstadt.

Sein unruhiges Blut trieb ihn weiter nach Berlin, wo er verschiedenen Gesellschaften beitrat und eigene Firmen ins Leben rief, im Adlon residierte und zeitweise keinen Pfennig in der Tasche hatte, je nach den wechselseitigen Gesetzen von Angebot und Pleite. Doch die Hauptsache war, er kurbelte einen Film nach dem anderen herunter.

1926 wagte er den Sprung über den Ozean, obwohl ihn ein erfahrener Filmfachmann warnte, er solle nicht zu früh in Hollywood eintreffen; von hier führt kein Weg mehr weiter, wenn es schief geht.

Nun – es ging schief und Kordas Weg führte dennoch weiter, sogar steil aufwärts. Die Jahre in Hollywood waren eine Krise in Kordas Leben; die Umstellung auf den Tonfilm tat ihm nicht gut.

Es folgte wieder ein Abstecher nach Berlin, doch diesmal hielt es Korda nicht lange dort, obwohl es an aufregenden Vorschlägen nicht fehlte. Max Reinhardt, der Theaterdirektor und Regisseur, dachte daran, eine Filmproduktion aufzuziehen, um seine Schauspieler und unzählige Bühnenstücke, deren Rechte er besaß, noch vielseitiger zu verwenden. Er trug die Idee an Korda heran, den er für einen leitenden Posten engagiert hätte – aber die Vorstellungen des Theaterfachmannes entsprachen den Träumen des Filmbesessenen nicht. Ein anderer Ungar, Gábor Pascal, beabsichtigte Kálmáns »Gräfin Mariza« zu verfilmen und bot Korda die Hälfte der Einnahmen, jedoch kein Honorar an. Solch revolutionäre Unsitten waren zu jener Zeit noch völlig ungewohnt – Korda lehnte ab.

Sein nächster Standort ist Paris. Adolph Zukor gibt ihm einen Paramount-Auftrag für die französische Hauptstadt. Dort inszeniert er drei Filme und fühlt sich in seinem Element. Er verläßt Paris schweren Herzens, aber er ist es Zukor schuldig. Dieser ist mit der Londoner Paramount-Produktion unzufrieden und schickt Korda als künstlerische Blutauffrischung über den Kanal.

Und dort, im nebligen Albion, wartete die Erfüllung seines Schicksals: sowohl er als – durch ihn – der englische Film sollten ihren Zenith erreichen. Sein bester Freund und Drehbuchautor Lajos Biró und der Filmproduzent Steven Pallos brachten ihn 1931 dazu, eine Filmproduktionsgesellschaft zu gründen. Der Name war »London Films«. Das Emblem, welches vor jedem Streifen erschien: der Big Ben. Während des Zweiten Weltkriegs kam es zur amerikanisch-britischen Ehe M.G.M.-London Films.

1946 wechselte Korda zur British Lion Film Corporation über. In diesem Vierteljahrhundert (der Tod ereilte ihn anfangs 1956) schenkte er der Welt rund hundert großartige Filme, für die er als Regisseur, Produzent oder Executive Producer verantwortlich zeichnete.

Anstelle von weiteren Lebensdaten seien hier nur noch einige Merkmale hervorgehoben, die ihn als Ungarn ausweisen.

Sein unüberhörbarer Akzent war eine Selbstverständlichkeit. Doch sprach er nicht nur – er aß auch gern ungarisch. Wie jeder Landsmann. (Siehe das betreffende Kapitel!) Sobald er es sich leisten konnte. Ach, was sage ich da – er lebte stets auf großem Fuß, ob er sich's leisten konnte oder nicht. Kurzum, er bat brieflich einen Budapester Freund, ihm eine gute heimische Köchin zu schicken. Der Wunsch wurde erfüllt. Am ersten Tag lud der Hausherr eine große Gesellschaft zu Mittag ein, um mit den Spezialitäten seiner Heimat zu prahlen. Leider war das Essen ungenießbar. Kein Wunder, denn die eingetroffene Ungarin war nie im Leben Köchin gewesen – sie hatte schauspielerische Ambitionen und hatte diese Gelegenheit beim Schopf gepackt, um in die Nähe des großen Mannes zu kommen.

Die Karriere blieb ihr versagt, sie wurde heimgeschickt. An ihre Stelle kam eine echte Köchin, ohne schauspielerische Ambitionen.

Noch ein Charakterzug zeichnete den späteren Sir aus: seine immerwährende Hilfsbereitschaft. Er verstieß dadurch gegen ungeschriebene Gesetze, die Ungarn meistens befolgen: sie können sich auf ihre weltweite Organisation verlassen, sie stehen einander bei wie die Freimaurer. Nur mit dem Unterschied, daß besagter Geheimbund, der übrigens auf Ungarn weltweit von jeher eine große Anziehungskraft ausübte, seinen Brüdern durch dick und dünn hilft – die Ungarn helfen nur durch dünn; wenn einer dick wird, hört die Hilfe auf. Mit anderen Worten: ein Ungar kann von seinen Stammesbrüdern immer mit einer raschen Erste-Hilfe-Leistung rechnen – eine zweite Hilfe gibt es allerdings nicht mehr. Hat er es einmal geschafft, wird gegen ihn intrigiert.

Korda war da eine wohltuende Ausnahme. Er half ausnahmslos jedem, der sich an ihn wandte; jedem, der in seine Nähe kam. Nicht nur seinen Ehefrauen. (Aus Maria Corda machte er zur Stummfilmzeit einen Star; Merle Oberon brachte es durch ihn von der Statistin zur weltberühmten Diva; nur seine dritte Gattin, die junge Alexa, hatte keinerlei künstlerischen Ehrgeiz.) Nicht nur seinen Brüdern. (Zoltán war längere Zeit hindurch sein Assistent, dann selbständiger Regisseur; Vincent entwarf die Dekorationen und Kostüme für seine Filme.) Nicht nur Schauspielern und technischen Fachleuten, deren Karrieren zu fördern schließlich zu seinem Geschäft gehörte. Er half sogar Rivalen, Konkurrenzunternehmen auf die Beine zu stellen – einfach aus Dankbarkeit, weil derjenige, den er nun unterstützte, einst ihm geholfen hatte. Doch was seine ehemaligen Landsleute, die bei ihm stets ein- und ausgehen durften und diese Erlaubnis auch reichlich mißbrauchten, von ihm profitierten, ist zahlenmäßig kaum auszudrücken.

Diese in den Korda-Studios ein- und ausgehenden Landsleute verleiteten einmal einen Besucher, von Beruf Filmproduzent, Nationalität Brite, der Kordas Telephonapparat benützen mußte, zu der Frage an die anwesende Sekretärin: »Hat hier das Telephon auch einen ungarischen Akzent?«

Mit seinen zwei Brüdern und den Unmengen von Exlandsmännern und -frauen personifizierte Korda schlechthin den Titel dieses Buches.

Nach einer Weile war in London um Korda genauso die ungarische Künstlerelite versammelt wie einst zu Adolph Zukors Zeiten in Hollywood.

Das unübertroffene Beispiel dafür erbrachte der Klassiker »Der scharlachrote Pimpernell«. Es beginnt damit, daß dieser Typ, den die Briten für den britischen Prototyp par excellence halten, nämlich der sich dumm stellende, überaus intelligente Supermann, eine Erfindung der ungarischen Baronin Emma Orczy war. Ihr Roman lag Lajos Birós Drehbuch zugrunde. Der Hauptdarsteller, der britischeste aller britischen Filmschauspieler, Leslie Howard – ich wage es kaum niederzuschreiben – war ebenfalls Ungar. (Dieser, bei einem Flugzeugunglück umgekommene, hervorragende Künstler hieß ursprünglich László Steiner, kam in seinen Flegeljahren nach England und übte vor seiner künstlerischen Laufbahn den Beruf eines Bankangestellten aus.) Die Musik komponierte Nicholas Rózsa, die Kamera führte Gábor Pogany – heute Starkameramann in Italien. Wenn wir noch die drei Kordas hinzurechnen, die an dem Film mitgearbeitet haben, kommen wir auf acht Ungarn. Hier muß ich die Angaben abbrechen, denn ich habe keine Stab- und Besetzungsliste zur Hand. Man kann wohl getrost sagen: »Der scharlachrote Pimpernell« war der beste ungarische Film aller Zeiten.

Wenn Sie ein wenig zurückblättern – Kordas Lebensweg hat flüchtig ein Mann gekreuzt, der so interessant ist, daß es sich lohnt, länger bei ihm zu verweilen. Dieser Gabriel Pascal, der seinen Filmoperettenplan mit anderen verwirklicht und viel Geld damit verdient hat, sollte später mit einer noch besseren Idee eine Schlüsselposition im Weltfilmbussiness an sich reißen. Er war ein echter ungarischer Bohemien, einmal steinreich, einmal bettelarm. Eines Tages, als er wieder einmal des Bargeldes völlig bar war, las er in der Zeitung, daß George Bernard Shaw die Erlaubnis zur Verfilmung seiner Werke zum xten Male unwiderruflich verweigert hatte. Er würde die Filmrechte nie und an niemanden hergeben, ließ er verkünden. Pascal dachte sich, dieser geniale, schwierige, bis zur Selbstvergötterung eingebildete alte Mann müßte sich mit einem

Ungarn gut vertragen, wenn es so etwas wie Seelenverwandtschaft gibt. Es gelang dem Jüngling, zu Shaw vorzudringen. Schwimmend, denn die Unterredung fand nämlich auf offenem Meer statt, im Urlaubsort von Shaw. Pascal hatte sich ausgerechnet, daß sie dort ungestört sein würden. Er bat den großen Schriftsteller rundheraus, er solle ihm ein Filmcopyright für seine gesamten Werke abtreten. Soviel Naivität von einem unbekannten Fremden rührte den Alten, sodaß er zwar verneinte, sich aber die künstlerischen Pläne des jungen Produzenten anhörte. Und wenn es um das Erzählen von Plänen, um das Wahrmachen von Träumen geht, dann ist ein Ungar nie verlegen. Shaw war beeindruckt, sein Besucher gefiel ihm. Die Besprechung wurde auf dem Trockenen fortgesetzt.

»Und wieviel Geld haben Sie, um diese Pläne zu verwirklichen?« fragte der Hausherr zum Schluß.

Pascal leerte unversehens die Taschen auf den Tisch. Er besaß gerade noch Kleingeld für den Autobus.

Schallendes Gelächter war die Antwort – jedoch kein Hohngelächter. Die beispiellose Unverfrorenheit imponierte dem greisen Satiriker. Am Ende des Besuches war Gabriel Pascal alleiniger Besitzer der Filmrechte G. B. Shaws. Mit dem Vertrag in der Tasche wurde er von Kapitalgebern geradezu bedrängt, er brauchte nur das günstigste Angebot unter vielen auszuwählen. Shaw mußte seine rasche Entscheidung nie bereuen – Pascal wachte auch über Werktreue und künstlerische Gestaltung. Durch Pascal als Mittelsmann kamen filmische Meisterwerke zustande.

Der ideenreiche Filmgeschäftsmann mit dem feinen Kunstsinn lebt nicht mehr. Seit seinem Tode verwaltet seine Witwe, die Schauspielerin Vali Hidvéghy, ehemalige Darstellerin in ungarischen Filmen, das Erbe. So fließt also, um ein Beispiel zu nennen, ein großer Anteil des Welterfolges »My fair lady« – bekanntlich die Filmmusicalversion von Shaws »Pygmalion« – in zarte ungarische Frauenhände.

Mit Kordas Würdigung, Pascals märchenhafter Karriere, Leslie Howards Gedenken haben wir London noch nicht bewältigt. Ein weiterer Ungar, John Halas, ist aus Englands Filmkunst ebensowenig wegzudenken. Er war Londons Walt Disney. Als Trickfilmzeichner führte er ein gewaltiges Studio, das so wertvolle Filme wie Orwells »Farm der Tiere« herausgebracht hat.

Wir können nicht umhin, die Filmgroßmacht Frankreich wenigstens kurz zu streifen. Immerhin begannen hier so manche ungarische Filmkarrieren in den verschiedensten Sparten dieser Kunstindustrie. Als Muster könnte der Bakteriologe Paul Fejos dienen, der ein Stipendium für die USA erhielt und ausgerechnet im Rockefeller Institute for Medical Research seine Liebe zum Film entdeckte. Das geliebte Objekt erwiderte seine Gefühle dann in Paris, wo er zum bekannten Regisseur aufstieg und den später internationalen Star Annabella entdeckte. Oder der Ausstatter Alexander Trauner, Mitarbeiter von Billy Wilder in neun Filmen, Oscarpreisträger. Seine Laufbahn begann er mit den Dekorationen für ein französisches Meisterwerk, das in die Filmgeschichte eingegangen ist: »Les enfants du paradis«. Oder Joseph Kosma, Filmkomponist, der mit seinem Chanson von den fallenden Blättern alle Grenzen durchbrach.

Lili Murati, Gattin des Lustspielautors Johann von Vaszary, Schwägerin des noch berühmteren Gabor v. V., verließ das Land ihrer Väter 1944, mit den letzten deutschen Truppen. Zuvor war sie Theaterpublikumsliebling Nummer eins in Budapest. Ein neuer Start war ihr in Madrid beschieden, wo sie zur angesehenen spanischen Bühnendarstellerin avancierte. Ihre internationale Chance kam mit dem Film »Dr. Schiwago«, der in Spanien gedreht wurde. Die kleine Rolle, die man ihr anvertraute, bescherte ihr keinen Weltruhm, aber immerhin viel Geld. Sie spielte darin eine arme Frau, die mit einem Kleinkind auf einen fahrenden Zug aufsprang. Bei der Aufnahme passierte das Entsetzliche: sie stolperte und kam unter die Räder. Das gesamte Team und die zahlreichen Statisten schrien auf, einige brachen in Schluchzen aus, andere verdeckten ihr Gesicht . . . Nachdem der Zug über sie hinweggefahren war, stand die Murati unversehrt auf und staubte ihre Kleider ab. Sie war so zwischen die Schienen gefallen, daß sie von den Rädern nicht berührt worden war. Außer ihrer Gage stand ihr wegen des gefährlichen Arbeitsunfalles eine beträchtliche Entschädigungssumme zu.

Wenn nun noch Erwähnung davon getan wird, daß es ungarische Kameramänner in Brasilien, ja sogar in Afrika gibt und daß ein magyarischer Filmregisseur in Dänemark arbeitet und dazu den unpassenden Namen Rodriguez trägt, dann können wir uns wohl endlich deutschsprachigen Landen zuwenden, wo ungarische Zelluloidkünstler lange vor der Erfindung des Breitwandverfahrens sich schon breit gemacht hatten.

Bereits zu den Stummfilmzeiten begannen sie außer in Österreich (dort sowieso, denn in jener Ära waren sie ja noch Untertanen des Staates Österreich-Ungarn) auch in Deutschland einzusickern. Es war eine ähnliche Situation wie in den Pioniertagen Hollywoods, aber doch nicht die gleiche. Jemand dürfte die Losung ausgegeben haben: »Kinder, auf nach Berlin, dort wartet ein neues Land der unbegrenzten Möglichkeiten auf uns!« – Aber die Idee ging von einem oder mehreren Einheimischen aus und war nicht in eine offizielle Form à la Zukor-Einladung gekleidet. Also hieß es, sich tarnen. Scharenweise überfielen angehende Schauspielerinnen, die sich Allerwelts-Pseudonyme zugelegt hatten, um nicht unnötig als Fremde aufzufallen, die neue Filmmetropole. Wer hätte auch hinter folgenden Namen, die sich so anhören, als seien sie einem internationalen Schundroman entsprungen, Ungarinnen vermutet: Peggy Norman, Mary Kidd, Mici Palma, Teddy Bill . . . Ich zähle nur jene auf, die wahrhaftig zu Filmrollen gekommen sind. Manche sogar zu Hauptrollen, wie Sacy von Blondel. (Besonders raffiniert: Sacy ist die ungarische Schreibweise von »Schatzi«.) Die Dame machte sich nach einer kurzen Kinoleinwandkarriere tatsächlich als Schriftstellerin einen Namen. Verzeihung, »machte« ist nicht der richtige Ausdruck – sie kehrte zu ihrem eigenen Namen zurück: Sári Megyeri. Eine der wenigen Ausnahmen, die keine Tarnung nötig hatte, weil ihr echter Name wohlklingend genug war, um sie in die erste Reihe der Cinematographkünstlerinnen zu befördern, war Agnes von Esterhazy.

Die Herren, die sich aus dem Ungarland für die neue Kunstform interessierten, beschieden sich nicht mit reproduktiven Aufgaben; sie wollten gestalten, das heißt, Regie führen. Eugen Illes inszenierte Filme mit Pola Negri (1919) und mit Asta Nielsen (1921). Arsen Cserépy (unter dem Decknamen Konrad Wieder auch Drehbuchautor) schuf in den Jahren 1921 bis 1923 einen Vierteiler, den preußischsten Film, den man bis dahin kannte: »Fridericus Rex«.

Mit dem Tonfilm in den dreißiger Jahren ergoß sich eine Flut von Ungarn über Berlin. An die damenhafte Martha Eggerth mit ihrer schönen Stimme erinnert man sich heute noch gern. Sie war die wohltuende Ausnahme im hektisch-geschäftigen Drängeln ihrer Landsleute. Bei ihr hörte man nichts von Starallüren, privat blieb sie eher im Hintergrund. Sie konnte es sich leisten: ihr Ehemann, der Pole Jan Kiepura, einer der größten Filmtenöre aller Zeiten, machte spielend zwei Ungarn wett. Sein Drang nach Publicity, seine Gier nach Publikumsgunst verließen ihn auch in späteren Jahren nicht. Noch kurz vor seinem Tode, so wird von Augenzeugen berichtet, als er längst in Amerika lebte und gemeinsam mit seiner Frau zu einem letzten Gastspiel nach Wien kam, wo die beiden im Raimundtheater in Lehars »Lustiger Witwe« zu bewundern waren, ließ er vor der Vorstellung im Foyer zum Zuschauerraum ein Klavier aufstellen. Dort plazierte er sich, empfing die ankommenden Besucher persönlich und sprach zu ihnen: »Erinnern Sie sich noch an meinen Film, in dem ich dieses Lied gesungen habe . . .?« – und gab Kostproben aus alten Reminiszenzen.

Auch Gitta Alpar, Opern- und Operettendiva, dann gewissermaßen Kiepuras Koloratur-Konkurrentin auf der Leinwand, hatte einen berühmten Gatten. Der Filmliebhaber Gustav Fröhlich war's, der in ihrer Verteidigung – ihre Abstammung hat den Idealen des Reichsministers nicht entsprochen – Göbbels geohrfeigt haben soll. Fröhlich dementierte später diesen Vorfall. Schade, wir hätten nun eine Anekdote mehr . . .

Fest steht hingegen, daß Eva Bartok, international beschäftigte Filmberühmtheit der fünfziger Jahre, eine schallende Ohrfeige in aller Öffentlichkeit von ihrem nicht minder prominenten Künstlergemahl, nämlich Curd Jürgens, erhalten hat.

Irgendwie hat es sich ergeben, daß Filmstars mit berühmten Ehepartnern an der Reihe sind. Nun denn: Maria von Tasnady, einst Miss Hungary, anschließend Miss Europa (bis zum Universum drang man seinerzeit noch nicht vor) und schließlich Ufa-Star, hat einen großen Regisseur als Ehegespons aufzuweisen – Geza von Radvany. Er ist der Mann, der »Irgendwo in Europa« schuf und damit ein Mitbegründer des Neorealismo wurde. Der mit österreichischem Paß noch heute mit seinen mehr als 75 Jahren ständig zwischen Paris, München, Wien und Budapest pendelt. Der momentan, wenn dieses Buch in Druck geht, einen Beethoven-Film vorbereitet. Der eines mit dem Musiktitanen gemein hat: auch ihm versagte gerade jenes Sinnesorgan die Zusammenarbeit, die für sein Metier die meiste Bedeutung hat. Infolge seines Augenleidens liest er Drehbücher mit der Lupe, schaut sich Filme aus der allerersten Reihe an. Doch nach innen, dorthin, wo die Kunst sitzt, sieht er schärfer, klarer als viele andere.

Außerdem ist Radvany Vorstandsmitglied der Riege der »Geza von«, zu der noch Geza von Bolvary und Geza von Cziffra gehören. Wie der Leser bemerkt haben wird, sind die Geza-Regisseure ein Gegenstück zu den Laszlo-Autoren. Ein gutes Dutzend – und nicht nur das Dutzend stimmt, sondern auch, daß sie gut sind – muß ich zu meinem Bedauern übergehen. Die anderen Regisseure haben eben nicht den zu diesem Absatz passenden Vornamen gewählt.

Auch beim schlechtesten Willen ist es mir hingegen unmöglich, alle teils un-, teils vergessenen, noch heute aktiven oder zwangsläufig passiven Schauspieler, die mit Film zu tun hatten, zu ignorieren. Höchstens den überwiegenden Großteil von ihnen. Die paar übriggebliebenen bringe ich am besten anhand familiärer Beziehungen unter. Nach den Ehepaar-Beispielen nachstehend einige Eltern-Kind-Fälle: Margit Symo, Oben-ohne-Darstellerin im erinnerungswürdigen »Postmeister« ist die Mutter einer Protagonistin des neuen deutschen Films, Eva Matthes. Hans Jaray und Susanne von Almassy sind Österreicher, aber ihre Väter, von denen sie ihre schönen Namen geerbt hatten, waren Ungarn. Das gleiche trifft auf den Burgschauspieler Alexander Trojan, geboren in der Ungarischen Botschaft zu Wien als Sándor Takács, zu. Burgmime Helmut Janatsch entstammt einer Familie von Siebenbürger Sachsen und wuchs in Budapest auf, wo er die Reichsdeutsche Schule absolvierte. Unter ungarischen Künstlern scheint es überhaupt eine begehrte Mode zu sein, die österreichische Staatsbürgerschaft zu erringen. Auch die vielversprechende Ufa-Soubrette Rosy Barsony, die 1933 ihre reichsdeutsche Filmlaufbahn abbrechen mußte, war österreichische Staatsbürgerin; sie spielte fast bis zu ihrem Tod in Wien Operette und Musical.

Ihre Nachfolgerin wurde ein Temperamentwunder, mit 70 genauso an der Spitze auf deutschsprachigen Bühnen wie einst im deutschen Film: das Nevergreen Marika Rökk. Sie war nie ein Grünschnabel, sie ist als Profi auf die Welt gekommen. Im Kindesalter als Tänzerin auf Welttournee gejagt vom Vater, der nebenberuflich Architekt, hauptberuflich Rökk-Papa war. Von 1933 bis 1945 war ihre große Zeit. Sie nahm einen vornehmen Platz ein in der Reihe der größten »deutschen« Filmstars: zwischen den Schwedinnen Zarah Leander und Christine Söderbaum, den Tschechinnen Anny Ondra und Lida Baarowa, den Holländern Johannes Heesters und Fritz van Dongen und dem Balten Victor de Kowa.

Das unverwüstliche Phänomen Marika Rökk tut gut daran, bis zum letzten Atemzug ihres Publikums weiterzumachen. Denn der Nachwuchs, und in dieser Fibel wird speziell an den ungarischen gedacht, ist dünn gesät. Violetta Ferrari, klassische junge Heldin des Ungarischen Nationaltheaters, setzte sich 1956 in den Westen ab, um hier in Windeseile mißbraucht zu werden. Sie wurde in musikalischen Lustspielchen, zumeist als Partnerin des Komikers Georg Thomalla, in Soubrettenrollen eingesetzt. Da sie jedoch eine traumhafte und traumwandlerisch sichere Schauspielerin ist, stellte sie sich auch auf der Bühne um und wurde im Theater am Kurfürstendamm als »Irma la douce«, im Theater an der Wien als Sally Bowles (»Cabaret«) eine Stütze der Gattung Musical. Heute spielt sie vornehmlich Boulevard auf BRD-Bühnen. Auf Musicalbrettern hat sich auch ein Mann einen Namen gemacht: Bela Erny. In seiner Heimat war er auch als Filmschauspieler bekannt; hierzulande war er bislang nur einmal im Kino zu sehen. Der Film »Armer Gigolo« wird immerhin als Kuriosum in die Filmgeschichte eingehen, hat doch in der Hauptrolle Marlene Dietrich bewiesen, wie recht die Garbo gehabt hat, ihr göttliches Image nicht mit einem späten Comeback zerstört zu haben. Die neueste Entdekkung am Film- und Fernsehhimmel, Sunnyi Melles, ist die Tochter des Dirigenten Carl Melles und einstweilen ein kaum beschriebenes Blatt.

Drüben, in der (Ex-)Heimat tut sich mehr Positives auf dem Filmsektor. Zwei Fachleute haben bereits ihre Oscars eingeheimst. Es sind dies der Trickfilmzeichner Ferenc Rófusz für »Die Fliege« und der Regisseur István Szabó für »Mephisto«. Die Talente sprießen nur so aus dem Boden. Heutzutage würde ein Stümper keine Chance mehr haben, wie es in den dreißiger Jahren noch der Fall war. Damals hieß der meistbeschäftigte Filmregisseur . . . nein, ich tue es ihm nicht an, seinen vollen Namen preiszugeben. Nun, er hieß Emil M. Er arbeitete am schnellsten und billigsten, da fragten die Produzenten nicht viel nach der Qualität. Nach den Außenaufnahmen eines Streifens über die Urgeschichte der Magyaren, die mit Hunderten von Reiterstatisten irgendwo am Land abgewickelt worden waren, entdeckten die Verantwortlichen auf dem Schneidetisch, wo der Film endgültig zusammengestellt wird, zu ihrem großen Schrecken, daß die Telegraphenmasten der ungarisch-königlichen Post im Bild zu sehen sind. Telegraphenmasten – im Jahre 1096! Darauf angesprochen, winkte Emil M. mit dem Selbstbewußtsein des überlegenen Künstlers ab: »Das wird niemand merken, es kommt noch Begleitmusik darunter!«

XI

Komm Zigan

Jede Nation hat eine kulturelle Ausdrucksform, die für sie die charakteristischste ist. Zu Österreich gehört Musik, zu Ungarn Literatur. Die Österreicher sind das Volk der Tänzer und Geiger, die Ungarn jenes der Schreiber und Leser. In einem der Musik gewidmeten Kapitel kann man schwerlich behaupten, daß die Magyaren auf diesem Gebiet ebenso führend seien, wie nach eigener Einschätzung auf allen anderen Gebieten von Kunst und Wissenschaft.

Es gibt aber auch in der Musik Bereiche, wo die Federführung der Magyaren nicht abzustreiten ist. In Peter Hammerschlags Gedicht »Ungarische Schöpfungsgeschichte« lautet eine Strophe:

»Wo leichte Kunst sich bettete,
Macht stets Magyar das Lager,
Und Operette rettete
Der ungarische Schlager.«

Fest steht jedenfalls, daß die Operette, nachdem Offenbach und seine Epigonen dieselbe in die Welt gesetzt hatten und sie von Österreichern und Ungarn (größtenteils von ungarischen Österreichern) okkupiert wurde, vieles rettete: das Ansehen der Ungarn, ihren guten Ruf, mit einem Modewort ihr Image. Dabei war das Bild, das die Operette von diesem Volk vermittelte, eher ein Zerrbild. Eigentlich verbitten sich die Magyaren die Behauptung, daß sie so seien wie sie die Operettenbühne darstellt, doch sie fügen sich widerwillig in ihr Schicksal und nehmen den Welterfolg hin. Genau wie die Österreicher, zuletzt im Falle der Trapp-Familien-Hymne »Sound of Music«.

Zur Ehrenrettung muß aber darauf hingewiesen werden, daß nicht nur die leichte Muse viel in Ungarn herumschmust, sondern auch ihre ernste Schwester Kußspuren auf den Stirnen ungarischer Komponisten und Musiker hinterlassen hat. Die Beweisführung ist kinderleicht – wir müssen nur einige -zigtausend Jahre in der Historie zurückblättern . . .

»Den ältesten Beweis für Musikpflege auf ungarischem Boden zu einer Zeit, in der weder von Magyaren, noch von ihrem Land gesprochen werden konnte, erbrachte die Archäologie durch den Fund einer winzigen, dreilöchrigen Pfeife aus Bärenknochen in der Höhle unweit der nordungarischen Siedlung Istállóskö. Die Radiokarbonuntersuchung brachte ein überraschendes Ergebnis: dieses Musikinstrument wurde vor 30.900 Jahren hergestellt!« – so beginnt eine wissenschaftliche Abhandlung des Titels »Kurze Geschichte der ungarischen Musikkultur« von János Breuer.

Ich kann mich des Eindrucks nicht erwehren, daß die Triller- oder was immer für eine Pfeife viel jüngeren Ursprungs, höchstens 30.892 Jahre alt war, dafür neige ich zu der Ansicht, daß die drei Löcher auf die Handwerkerkunst von Urmagyaren hinweisen.

Die älteste Orgel der Welt, eine Wasserorgel, soll nach der gleichen Information aus Aquincum stammen, einer ehemaligen Römersiedlung, die nördlich von Budapest gelegen ist und heute an das Stadtgebiet angrenzt.

Den ersten Musikanten von europäischem Rang gibt Ungarn im 16. Jahrhundert der Welt: den Lautenvirtuosen und Komponisten Valentin Bakfark. Er unternahm fast soviele Gastspiele wie heute Rockstars, nur daß er eben nicht in Konzerthäusern und Stadthallen auftrat, sondern an Herrscherhöfen. Er wirkte in Paris, in Lyon, in Krakau, in Wien und in Padua. Französische und polnische Dichter besangen ihn. In Polen gibt es bis heute ein Sprichwort: »Nach Bakfark zur Laute greifen«, was etwa soviel heißt wie etwas tun, wozu man nicht berufen ist. Sein Konkurrent, der Lautenspieler Sebastian Tinódi, lebte zur selben Zeit.

Der Schöpfer der ungarischen Oper – zugleich Komponist der Nationalhymne – hieß Franz Erkel. Er vertonte Katonas patriotisches Drama »Bánk bán«. Heute trägt der Zweitsitz der ungarischen Staatsoper seinen Namen.

Man muß über ihn noch wissen, daß er der erste Direktor der Musikakademie war. Diese wurde von keinem Geringeren als Franz Liszt gegründet. Endlich ein Name, dessen Bekanntheitsgrad optimal ist. Jedoch nicht unbedingt als Ungar. Eine Ironie des Schicksals, daß gerade die magyarische Abstammung dieses Genies immer wieder angezweifelt wird. Genügen denn seine unsterblichen Ungarischen Rhapsodien nicht? Nein, werden die Zweifler erwidern, denn Berlioz, Komponist des Rákóczi-Marsches, oder Brahms mit seinen Ungarischen Tänzen waren auch keine Ungarn. Und besagt der Vorsitz der Musikakademie in Budapest nicht alles? Nein, werden dieselben Skeptiker entgegnen, denn Gustav Mahler, 1881 Generaldirektor des Budapester Opernhauses, war auch kein Ungar. Womöglich werden die Ungläubigen auch noch damit auftrumpfen, daß die Liszt-Tochter Cosima, Richard Wagners Ehefrau, nicht einmal der ungarischen Sprache mächtig war. Dennoch bleibe ich bei meiner Behauptung: Liszt war Ungar. Ich könnte Ihnen mein Ehrenwort dafür anbieten, doch habe ich es schon so oft verpfändet, und keiner hat es mir je zurückerstattet; stets fährt man damit so wie mit einem ausgeliehenen Buch.

Bei Karl Goldmark, dem Komponisten der Oper »Die Königin von Saba«, werden es die Unbelehrbaren noch leichter haben, Skeptik an den Tag zu legen – handelt es sich doch wieder einmal um einen deutschen Namen. Mit Goldmark (1830–1915) haben wir also die Schwelle unseres Jahrhunderts übertreten. Neben ihm ist vielleicht nur noch Ernst von Dohnányi zu erwähnen. Nicht nur weil er außer mit seinen Kompositionen auch als weltreisender Pianist Berühmtheit erlangte, sondern weil der Name durch zwei seiner Nachfahren noch heute prominent klingt. Der Politiker Klaus von Dohnanyi war bundesdeutscher Wirtschaftsminister, Christoph von Dohnanyi teilweise Operndirektor und »ganzweise« Dirigent. Obwohl er kein Ungarisch spricht, ist der Geist seiner Abstammung nicht zu verleugnen; er ist ein witziger Mann. Als ihm ein lästiger Komponist zwei eigene Opern vorspielen wollte und noch den Anfang der ersten am Klavier klimperte, unterbrach ihn Dohnanyi mit folgender Bemerkung: »Danke, die zweite gefällt mir besser.«

Nach Ernst von Dohnányi stagnierte die ungarische Musikkultur, die Jahrhunderte hindurch von den obersten Schichten gepflegt worden war und seit Matthias und seiner Gemahlin, der aus Italien gebürtigen Beatrix, insbesondere am Königshof blühte. Zum Glück besaß das Land auch noch eine Volksmusik. Darüber ist in der »Kurzen Geschichte . . .«, auf die wir uns schon berufen haben, folgendes nachzulesen:

»Von der im Ural beginnenden Wanderung brachten die Magyaren ihre in Asien beheimatete Volksmusik mit, jene von oben nach unten strebenden pentatonischen Melodien, denen Halbtöne fehlen, und die die benachbarten Intervalle umgehen.«

Dazu ist grundsätzlich zu sagen, daß die Melodien tatsächlich aus Asien mitgebracht worden sein dürften, denn das echt Ungarische strebt immer und überall von unten nach oben. Daß dann die Ungarn doch Besitz von ihnen ergriffen, beweist das Fehlen der Halbtöne, denn Ungarn gehen stets aufs Ganze. Am Ende stimmt die Richtung, denn Ungarn müssen unbedingt irgend etwas umgehen, und seien es nur Intervalle.

Zum Schluß wird der Bericht spannend wie ein Krimi: ». . . Dieses Melodiengut, dem ein vollständiger Untergang drohte, wurde sozusagen in letzter Minute von den beiden Volksmusikforschern Béla Bartók und Zoltán

Kodály am Anfang unseres Jahrhunderts für die Kunst und die Wissenschaft gerettet.«

Die beiden begannen im Jahre 1905 das auf wissenschaftlichen Prinzipien beruhende Sammeln und die Bearbeitung der von den Bauern in ihrer Originalform bewahrten Volkslieder. Verständlicherweise wird ihnen in ihrer Heimat diese Tat als der wertvollste Teil ihres Schaffens angerechnet. Daß sie daneben großartige Kompositionen schufen, ist gleichsam eine Draufgabe.

Kodály (1882–1967), Komponist des magyarischen Münchhausen-Singspiels »Háry János« und des »Psalmus Hungaricus«, blieb bis zu seinem Tode daheim. Es erwuchsen ihm keine Nachteile daraus, im Gegenteil, er genoß höchste Ehren; die etwa 30.000 Schüler der im ganzen Land nach seinem Konzept errichteten 130 Grundschulen mit erweitertem Gesang- und Musikunterricht pflegen noch heute sein Andenken als Pädagoge. Dabei war es bekannt, daß er kein Anhänger des herrschenden politischen Systems war. Doch außerordentlichen Persönlichkeiten billigt zuweilen auch ein totalitäres Regime eine Art Narrenfreiheit zu. Weder er noch seine um viele Jahre ältere Gattin hatten jemals Unannehmlichkeiten zu befürchten. Man lachte einfach darüber, als Tante Emma (so wurde Frau Kodály allgemein genannt), deren Muttersprache übrigens Deutsch war, bei einem Staatsbankett, an dem der Komponist neben Gerö, Matthias Rákosis Kumpan, saß, ihm hörbar zuraunte: »Paß auf Zoli, der da ist ein Kommunist!«

Bartók (1881–1945), der laut Musikenthusiasten neben Bach und Beethoven zu den »3 großen B« zählt, wanderte aus Gewissensgründen aus, als die nationalsozialistische Gefahr heraufdämmerte. Der Komponist der Oper »Herzog Blaubarts Burg«, des Balletts »Der wunderbare Mandarin« und zahlreicher symphonischer Dichtungen lebte fortan in den Vereinigten Staaten. Wie schwer er es dort hatte, verbürgt folgende Anekdote:

Bartók lebt krank im selbstgewählten amerikanischen Exil, und obwohl es ihm gar nicht gut geht, weist er mit äußerster Korrektheit jede finanzielle Unterstützung zurück. Er nimmt nur genau verbuchte Tantiemenzahlungen an. So kommt der Besitzer einer kleinen Schallplattenfirma, der aus Begeisterung für Bartók einige seiner Klavierwerke auf Platten herausgebracht hat, auf die Idee, bei der fälligen Tantiemenabrechnung statt einiger hundert verkaufter Platten 10.897 zu verrechnen, um den Komponisten auf diese Weise zu unterstützen. Worauf Bartók nach einigen Tagen zu Hans W. Heinsheimer, seinem Verleger, kommt und verlangt, er solle gegen die Plattenfirma Columbia Schritte wegen falscher Abrechnung unternehmen, da es ausgeschlossen sei, daß diese große Firma nur einige hundert Platten verkauft habe, wenn eine kleine Gesellschaft über 10.000 Platten an den Mann bringen konnte.

Wenn wir nun zum Aushängeschild Operette kommen, muß, wenn auch nur kurz und flüchtig, der Name Strauß den Beginn machen. Und zwar nicht nur, weil Johann Strauß den »Zigeunerbaron« vertont hat, sondern weil der Vater von Johann Strauß Vater, demnach Johann Strauß Großvater – aus Ofen kam, und Ofen war, wie bereits erwähnt, der deutsche Name von Buda, der Stadt an der schönen blauen Donau, die sich 1872 mit Pest vereinigte und zur (Hälfte der) Hauptstadt Ungarns wurde. Was Ungarlandbewohner mit deutschen Namen betrifft, erinnern Sie sich gewiß an die Information: Entweder Donauschwaben . . . Hier haben wir es mit dem Oder zu tun. Es ist eine geschichtliche Tatsache, daß Hitler die Strauß-Dynastie zu Ehrenariern machte, durch Dekret, klarer ausgedrückt durch Dokumentenfälschung.

Nach dieser Einleitung darf ich Ihnen versichern, daß die auf der ganzen Welt als Wiener Operette gefeierte Kunstgattung auch waschechtere Ungarn als Johann

Strauß aufweisen kann. Ich stütze mich nochmals auf Hammerschlag, der das so sah:

»So werden wir, barátocskám,
Das Wiener Erbe wahren.
Denn Kálmán, Lehár, Ábrahám
Stehn Wacht wie drei Husaren!«

Franz Lehár hat seinen Namen von einem französischen Ahnherrn geerbt, sein Vater entstammte einem mährischen Geschlecht, seine Mutter hatte deutsche Vorfahren, er selbst ist im damals ungarischen Komárom (Komorn) auf die Welt gekommen, und wenn man ihn um ein Autogramm bat, schrieb er Zeit seines Lebens *Lehár Ferenc.*

Bekanntlich übernahm er in jungen Jahren den Beruf seines Vaters: er wurde Militärkapellmeister. Doch schon 1899, mit 29 Jahren, wurde seine Oper »Kukuschka« in Budapest erfolgreich aufgeführt. Es begab sich, daß am Abend der Premiere der alte Kaiser Franz Joseph in Budapest weilte. Bei der Hoftafel erlaubte sich Korpskommandant Prinz Lobkowitz zu erwähnen, daß eine Oper von einem Budapester Militärkapellmeister aufgeführt werde. Am nächsten Morgen war Kaiserparade. Da Lehár aber nach dem Bankett erst spät nachts heimgekehrt war, verschlief er den Wecker und die Parade. Als er sich deshalb bei seinem Obersten entschuldigte, antwortete dieser eisig: »Schade, Herr Kapellmeister! Seine Majestät hat sich nämlich nach Ihnen erkundigt.«

Einige Jahre später wurde in Ischl »Die lustige Witwe« aufgeführt, und wiederum sprach man bei der Hoftafel vom Komponisten. Da gab Franz Joseph eine Probe seines berühmt guten Gedächtnisses: »Ja, ja«, sagte er, »ich weiß schon! Das ist der Lehár, der damals in Budapest nicht ausgerückt ist . . .«

Der Welterfolg »Die lustige Witwe« erwies sich übrigens bis heute als meistgespielte Operette aller Zeiten. Allein in Amerika wurde sie bereits in der ersten Aufführungsserie fünftausendmal gegeben.

Dabei war dieser Boom gar nicht vorbestimmt, denn den Direktor des Theaters an der Wien, den Förderer aller großen ungarischen Operetten, Vilmos (Wilhelm) Karczag, der – wie denn sonst? – selbst ein Ungar war, verließ diesmal sein gutes Gespür. Als ihm Lehár seine Melodien zu dieser Operette zum ersten Mal vorspielte, nahm Karczag den Librettisten Léon beiseite und flüsterte ihm zu: »Ich verstehe Sie nicht, lieber Léon, das ist doch keine Musik!«

Emmerich Kálmán, geboren in Siófok am Plattensee, ist jener Operettenkönig, dessen Witwe sich bei jeder Premiere auf der Bühne verbeugt. Es schaut so aus, als hätten die beiden Souveräns die Welt unter sich aufgeteilt; während Lehár in den USA zu unerhörtem Ruhm kam, wurde aus Kálmáns »Csárdásfürstin« so etwas wie eine Nationaloper in der Sowjetunion. Ich habe nach Kriegsende mit einem russischen Besatzungssoldaten geplaudert; er hat mir erzählt, wie er zu Hause lebt. Er wohnt in einem kleinen Dorf, so berichtete er, und ist in Zivil Schuhmacher. Wenn die Arbeit wieder einmal für sechs Tage getan ist, setzt er sich mit seiner zahlreichen Familie in einen Lastwagen und fährt in eine benachbarte Stadt, wo sie sich am Abend die »Sylva« ansehen. »Sylva« ist der russische Titel der Csárdásfürstin. »Und was machst du in der nächsten Woche, Iwan?« erkundigte ich mich weiter. »Dasselbe«, lautete die Antwort, »ich schau mir mit meiner Familie die Sylva an.« Und das war auch wirklich sein Wochenendvergnügen, 52mal im Jahr.

Daß Genies zuerst verkannt werden, stimmte bei Kálmán nicht. Sein Lehrer an der Musikakademie, der aus Bayern stammende, ungarisch radebrechende János Koessler, nebenbei Professor von Bartók, Kodály, Dohnányi und zahllosen anderen Begabungen, hatte drei spätere

Operettenkomponisten in einer Klasse. Kálmán, Jacobi und Szirmai. Er urteilte so über seine drei Schüler: »Der begabteste ist Jacobi. Handwerklich am meisten kann Szirmai. Am weitesten bringen wird es Kálmán.«

Paul Ábrahám kann nicht mehr, wie die beiden, zur Silbernen Ära der Operette gerechnet werden. Aber in der Bronzenen, wenn es eine solche gab, war er die Nummer eins. Er war ein Pionier des Musicals, nur kannte man damals den Begriff noch nicht. Er verwendete Jazzelemente in seiner Musik, die von zündenden magyarischen Rhythmen strotzte wie in »Viktoria und ihr Husar«, oder gar die Atmosphäre von exotischen Inseln heraufzubeschwören vermochte wie in der »Blume von Hawaii«. Meistens dirigierte er – weiß behandschuht, aber ohne Taktstock – selbst die Premieren seiner Werke. Der Zauberer lebensfroher, humorvoller Musik starb in geistiger Umnachtung in einer geschlossenen Anstalt in Hamburg.

Der Koessler-Schüler Victor Jacobi ist sonderbarerweise im deutschen Sprachgebiet unbekannt. Nicht so anderswo. Als er mit 40 Jahren in den USA starb, hatte er zwei Welterfolge hinter sich: die Operetten »Mädchenmarkt« und »Sybill«. Fred Astaire schreibt in seinen Memoiren, sein Vater hätte ihn mit fünf Jahren in die erste Broadwaytheatervorstellung mitgenommen. Sie spielten eine Operette von Fritz Kreisler und Victor Jacobi, und nach dieser Aufführung beschloß er, Tänzer zu werden.

Der dritte aus der Koessler-Klasse, Albert Szirmai, war in seiner zweiten Lebenshälfte Arrangeur des amerikanischen Komponisten Rodgers und somit ein von der Fachwelt anerkanntes Bindeglied zwischen der Operette und dem Musical.

Ach ja, Schubert haben wir vergessen . . . Nein, ich bin nicht größenwahnsinnig geworden, Franz Schubert war Österreicher, solche muß es ja auch geben. Aber für ihn erbringe ich zwei ungarische Namen. Der Komponist der

Schubert-Operette »Das Dreimäderlhaus«, Heinrich Berté, war trotz seines französisch klingenden Namens Ungar. Ebenso wie Sigmund Romberg, der sich in Hollywood als Filmkomponist einen Namen gemacht hat und dessen Spezialität es war, von anderen bereits komponierte Musik zu bearbeiten. Es wurmte ihn, daß nicht er auf die Idee gekommen war, Schuberts wunderbare Melodien für die Bühne auszubeuten. Er schuf eine »Gegenoperette« über Schubert, die in Amerika viel gespielt wurde. Darin wird sogar die Unvollendete Symphonie als Hit gesungen.

In den dreißiger Jahren wurden in Deutschland und Österreich auch Operetten und Filmmelodien von Denes von Buday, Michael Eisemann und Peter (Szabolcs) Fenyes bekannt. Die ersten beiden leben nicht mehr, Fenyes gilt heute als Robert Stolz von Budapest.

Soviel über die Rolle der Ungarn bei dieser liebenswerten, illusionsträchtigen Musiksparte, der Operette. Mag sein, daß es grausam von mir ist, aber als Abschluß raube ich Ihnen Ihre Illusionen. Soll ich Ihnen verraten, warum Lehár und Kálmán ihre ungarische Staatsbürgerschaft gegen die österreichische eingetauscht haben? Weil Österreich Mitglied der Berner Urheberrechtskonvention war und Ungarn nicht. Nur so konnten sie zu ihren Tantiemen nach ihren in aller Welt gespielten Operetten kommen!

Nun sind wir bei der Zigeunermusik angelangt. Hier muß ich die schockierende Mitteilung machen, daß Zigeunermusik keineswegs mit ungarischer Volksmusik gleichzusetzen ist. Die gibt es freilich auch – die Welt kennt sie in Bruchstücken, in einschmeichelnden, aufwühlenden, herzzerreißenden Motiven, von Klassikern verwendet und bearbeitet. Es genügt, an Liszt-Rhapsodien oder an ungarische Tänze von Brahms zu denken. Andererseits wäre es auch wieder falsch, sich darauf festzulegen, daß die heutige Zigeunermusik gar nichts mit der ungarischen zu tun hat; in den Jahrhunderten des Zusammenlebens hat das Magyarische auf das Zigeunerische schon etwas abgefärbt.

Urkundlich bewiesen ist, daß die ersten Zigeuner gegen Ende des 14. Jahrhunderts in Ungarn auftauchten. Sie gaben sich als Christen aus, die vor den Osmanen flüchten mußten. Mit dieser Begründung verlieh ihnen König Sigismund 1423 einen Schutzbrief. In Wirklichkeit war Indien ihre Urheimat, und sie hatten in den Türkenheeren als Musiker gedient.

Eine Zigeunerkapelle in Ungarn wird zum ersten Mal in einer Urkunde des Jahres 1489 erwähnt. Es ist nur das erste offizielle Protokollieren der Zigeuner als Musiker; zu diesem Zeitpunkt dürften den Einwohnern des Landes die von den Zigeunern importierten Cymbalklänge längst vertraut gewesen sein. Das Instrument, ein Hackbrett, dessen Drahtsaiten mit Stäbchen geschlagen werden, ist ein Vorläufer des Cembalo.

Laut Musikwissenschaftlern dauerte es bis zum 19. Jahrhundert, bis die heutige Weltmarke Zigeunermusik entstand, in der die ursprüngliche Musik jenes Volkes mit der ungarischen Klangwelt verschmolz.

Der erste Primas einer Zigeunerkapelle, die bereits den heutigen Vorstellungen entsprach, war – eine Frau. Die schwarzäugige junge Schönheit hieß Cinka Panna. Unter ihren Nachfolgern war wohl Rigó Jancsi der legendärste, der ein skandalöses Liebesabenteuer mit der Fürstin Chimay hatte. Doch der Name Lakatos wird ebenso vielen Lesern in Erinnerung sein. Sie erinnern sich nicht alle an dieselbe Person, denn die Lakatos sind eine ganze Dynastie, genauso wie die Rácz, die auch numeriert vorkommen, wie Monarchen oder Polizisten. So heißt einer zum Beispiel Rácz XXXVI. Pali. Der Name ist nicht aus der Luft gegriffen – Rácz Pali hatte nachweisbar 36 Söhne.

Heute leben 3,5 Millionen Zigeuner in Europa, davon 350.000, also genau 10%, in Ungarn. Sie geben den Machthabern manche Nuß zum Knacken auf: sie hausen lieber in Siedlungen als in Wohnungen und behalten ihre Kinder lieber bei sich als sie zur Schule zu schicken. Die Regierung leugnet nicht, daß eine Zigeunerfrage existiert. Sie tut alles, um diese ethnische Minderheit seßhaft zu machen. Wenn dies gelänge, wäre es wohl das achte Weltwunder.

Die Musiker unter ihnen sind natürlich Liebkinder des Staates, als Devisenbringer. Sie werden in den Westen engagiert, wo sie in ihren bunten folkloristischen Kostümen die Show abziehen bzw. anderen Musikern stehlen. Die Daheimgebliebenen sehnen sich insgeheim sicherlich nach dem alten feudalen Ungarn. Damals wurden sie wie der letzte Dreck behandelt. Sie mußten für die Herren aufspielen, die sie unwürdig herumkommandierten und ihnen Banknoten auf die Stirne klebten. Es war erniedrigend. Aber nachher hatten sie die Banknoten.

Fast hätte ich mich schon den Interpreten gewidmet, da meldeten sich in meinem Gehirn, zuständige Abteilung für ungarische Komponisten, noch einige Nachzügler. Zwei von den älteren, die ihre Abstammung durch Namen und Wohnsitz verschleierten: Eduard Poldini, Tondichter der Oper »Faschingshochzeit«, lebte in Bergerac, Schweiz; Franz Schmidt, erst kürzlich wiederentdeckter Schöpfer der »Notre Dame« war nicht weniger als Rektor der Musikhochschule in Wien. Und zwei von den jüngeren, die zu den allerersten der Moderne gehören. Der Apostel unter ihnen heißt György Ligeti. Sein Ruf reicht von Österreich, wo er Staatsbürger, über Deutschland, wo er Hamburger Musikprofessor, bis in die USA, wo er Filmmusikschaffender (»Odyssee 2001«) ist. Sándor Szokolay (»Hamlet«-Oper) gilt als ähnlich gelagerter Fall.

Auch konservative Landsleute sind mächtig stolz auf die beiden. Ein verrückter Ungar ist noch immer ein Ungar, dürften sie sich vor sich selbst rechtfertigen.

Mit dem Sonderfall Rezsö Seress schließe ich die Liste der Komponisten ab. Ein vollkommen unbekannter Name, aber welch ein bekanntes Werk steckt dahinter! Er schrieb den Welterfolg »Trauriger Sonntag«. Das magyarische Pseudo-Volkslied ist allgemein als »Selbstmörderlied« bekannt geworden, nachdem eine stattliche Anzahl von Leuten zu den Klängen der wehmütigen Melodie sich das Leben genommen hatte. Während der Textautor seit mehreren Jahrzehnten als reicher Mann im Westen lebt, kam Seress niemals über die Grenzen seiner Heimat hinaus. Man sagt, er sei ein derartiger Lokalpatriot gewesen, daß er sogar seinen Bezirk nur ungern verließ. Unter schwierigsten finanziellen Bedingungen, als Klavierspieler drittklassiger Kneipen, lebte er in Budapest, bis es ihm nach wiederholten Selbstmordversuchen endlich gelang, freiwillig aus dem Leben zu scheiden.

Nun können die ausführenden Musikanten aufmarschieren. Doch nein, halt – ich werde die Reihen dezimieren müssen. Was auf den Sport, den Film, die Wissenschaft zutrifft, ist nicht anders auf musikalischer Ebene. Musiker in aller Welt erkundigen sich immer wieder verblüfft bei ihren ungarischen Kollegen, wieviele Musikusse ihr Land denn um Gottes willen hervorbringe?

Bescheiden, wie sie nun einmal sind, begnügen sich die Ungarn im Orchester der Nationen meistens mit dem Posten des Dirigenten. Arthur Nikisch wird nur für die ältesten ein Begriff sein, hingegen sind folgende Namen jedem Musikliebhaber geläufig: Ormandy, Szell, Solti, Fricsay, Dorati, Szenkar, Ferencsik, Kertesz, Melles, Kulka, Rozsnyay. Ladislaus Varady gestaltete die Soirées Musicales bei Kerzenlicht mit Rokokoperücken und allem, was dazugehört, in alten Wiener Barockpalais. Ungläubiges

Staunen wird wohl die Mitteilung hervorrufen, daß Leonard Bernsteins Lehrer, für die Musikbranche »der Dirigent der Dirigenten«, Fritz Reiner, ursprünglich ein Frigyes, und der große Wagner-Dirigent Hans Richter ein János war.

Man kann sich vorstellen, wie stolz Ungarn in aller Welt auf diese Künstler sind. Weniger stolz war der Vater von Eugen Ormandy auf seinen Sohn. Der Herr Papa hatte sich nämlich gewünscht, aus seinem Sprößling einen Violinisten zu machen. Der Bub hat sich nach einer gewissen Zeit Geigenstudiums eher zum Dirigieren hingezogen gefühlt und das Fach gewechselt. Als er dann, weltberühmt gefeiert, ein Festkonzert leitete – ich glaube, der Schauplatz war die Royal Albert Hall in London, und der Klangkörper war das Philadelphia Symphony Orchestra –, kam der alte Herr zum ersten Mal aus Ungarn hergereist, um seinen Stammhalter wiederzusehen. Nach dem Konzert, das auch ein Violinkonzert auf dem Programm hatte, wurde Ormandy stürmisch bejubelt. Der Vater kam gemessenen Schrittes, nachdenklich in die Künstlergarderobe. »Nun?«, fragte Ormandy ungeduldig. »Wie ist deine Meinung über mich, Papa?« Die Antwort war etwas kühl und wehmütig: »Du hast deine Sache nicht schlecht gemacht, mein Junge. Aber ich mußte die ganze Zeit daran denken: Wenn du auf mich gehört und dein Violinstudium beendet hättest, könntest du heute an der Stelle dieses Kerls gestanden sein, der das Solo spielen durfte!«

Achtung, Frauenbewegung! Ich habe auch eine weibliche Kraft anzubieten: die Geigerin, Komponistin und Musikmanagerin Marta Linz war die erste Frau, die (um 1930) die Berliner Philharmoniker dirigierte.

Fast wäre uns einer entglitten, weil er als Exdirektor der Pariser Oper in Erinnerung blieb: Georges Sebastian, der seine Karriere als erster Kapellmeister neben Bruno Walter in Berlin begonnen hatte. Mit seinem richtigen Namen heißt er genauso wie der angesehene Wiener Schriftsteller und Vizepräsident des Österreichischen P.E.N.-Zentrums, György Sebestyén. (Wenn hier jemand einwenden sollte, der gehörte nicht hierher, dann muß festgestellt werden: er gehört hierher ebenso wie anderswohin, er ist überall dabei. Derzeit ist er Chefredakteur je einer Zeitschrift im Burgenland, in Niederösterreich und in Wien. Ein Konkurrent machte einen Mächtigen des österreichischen Literaturbetriebes aufmerksam: »Wenn Ihr nicht aufpaßt, arbeitet sich der Sebestyén bis nach Vorarlberg durch!«)

Der populärste Klavierbegleiter von Weltstarsängern, Irvin Gage aus den USA, hat einen ungarischen Vater, der Pasternak hieß, von Beruf Zahnarzt war und den Diamantbohrer erfand. Der in Paris lebende Pianist Georges Cziffra hat seine Karriere als junger Zigeunermusiker begonnen. Der amerikanische Musikfachmann Schomberg behauptet, von den fünf besten Violinpädagogen der letzten hundert Jahre seien vier Ungarn gewesen: Carl Flesch, Josef Joachim, Leopold Auer und Eugen Hubay. (Der fünfte war der Tscheche Sefcik.)

János Starker ist Mitglied des in Marl, BRD, beheimateten weltweit bekannten Exilorchesters Philharmonia Hungarica. Er hatte lange Jahre hindurch Schwierigkeiten mit seinem Instrument, einem Cello. Die Hindernisse traten beim Transport auf. Dieses Ding mit sich herumzuschleppen ist keine Kleinigkeit. Und dann, wohin damit zum Beispiel im Flugzeug, wenn man gerade auf Welttournee geht, was bei der Philharmonia Hungarica mehrmals im Jahr vorkommt? Nun, seit er sich's leisten kann, löst Starker jedesmal eine Flugkarte für sein Cello. Das stolze Instrument sitzt nunmehr selbstbewußt auf seinem eigenen Platz. Und wenn er schon für sein Liebkind mitbezahlt hat, besteht Starker auch auf zwei Mahlzeiten. Dem Cello gebührt ja schließlich auch eine.

Nun ist es mir gelungen, alle Solisten, die ich auslassen mußte, zu beleidigen. Ich bitte um Entschuldigung, Annie Fischer. Ich kann nichts dafür, Josef Szigeti. Sei mir nicht böse, Josef Sivó. Du hättest wenigstens eine Erwähnung verdient, István Szücs, mit deinem Bregenzer Klarinettenquartett . . . *Nicht* zu schweigen von dem Baßgeiger Aladár Pege, der in der Weltrangliste des Jazzfachblattes »Down Beat« mit seinem Instrument Platz eins belegt.

Mein Gott, das Bartók- und das Tátrai-Quartett! Welches von euch beiden war es doch, dem in den finstersten stalinistischen Jahren von einem sachunverständigen Parteibonzen zugesagt wurde, er werde es euch finanziell ermöglichen, in euer Quartett ein fünftes Mitglied aufzunehmen?

Endlich darf ich zu den Sängerinnen und Sängern übergehen, die können schlußendlich auch nicht unbeleidigt bleiben. Was, wenn ich nur diejenigen aufzähle, die an der Wiener Staats- und Volksoper gewirkt haben wie Rosette Anday, Esther Rethy, Dezsö Ernster, Endre Koréh, Laszlo Szemere . . . Das geht nicht, solch weltberühmte Namen wie Székely, Pataky, Svéd oder Kónya muß man einfach niederschreiben. Und Gafni.

Das war eine schillernde Persönlichkeit! Das heißt, er ist es gewiß noch immer als Pensionist, aber auf dem Gipfel seines Ruhmes . . . Also eigentlich hieß er Miklós Weinstock. Dann magyarisierte er auf Vári und machte sich einen Doppelnamen: Vári-Weinstock. Sobald er im Ausland die Karriereleiter hinaufgestiegen war, nahm er den hebräischen Namen Gafni an. Als solcher sang er in seiner Glanzzeit an der Met und überall auf der Welt. Und aus dieser Zeit hat er köstliche Anekdoten auf Lager, alle von der Sorte »Ungarn in der großen weiten Welt«, alle mit der Pointe, daß er auf den entlegensten Plätzen unerwartet auf Landsleute stieß. Eine der lustigsten und absurdesten ist diese Story:

Gafni gastierte in Mexiko. Das Staatsoberhaupt gab ihm zu Ehren ein Bankett im Präsidentenpalast. Nach dem Essen geleitete der Präsident seinen Gast über die pompösen Treppen hinab zu seinem Wagen. Auf der Straße stand eine jubelnde Menge und ließ den berühmten Mann hochleben. Als er zu seinem Auto kam, trat ein schnauzbärtiger Bauer mit einem Teppich über den Schultern und Riesensombrero am Kopf aus dem Spalier, riß ihm die Autotüre auf und sprach ihn ungarisch an: »Herr Gamfing!«, so der mexikanische Bauer in ungarisch-bäuerlichem Dialekt, »Holen wir König Otto heim!«

XII

Who's not who in Hungary

Es ist ein Sisyphus-Unternehmen, alle berühmten Ungarn zu erfassen, denn jeder Ungar ist »Jemand«, jeder ist »Wer«, jeder von ihnen versteht es, sich interessant zu machen. Andererseits, wenn jemand irgendwo in der Welt Interesse geweckt hat, wird ungarischerseits alles unternommen, ihn zum Landsmann zu stempeln. Erstaunlicherweise gelingt dies auch in den überwiegenden Fällen. Wenn ich mich recht erinnere, ist es zum letzten Mal bei Charlie Chaplin mißglückt.

Wenn es um die Frage der Ungarisierung geht, sind die Angehörigen dieser Nation die unerbittlichsten Rassenfanatiker. Ihre ungeschriebenen Gesetze betrachten jeden als Vollungarn, dem auch nur ein paar Tropfen magyarischen Blutes durch die Adern fließen. Sprößlinge zweiter, eventuell dritter Generationen von Auslandsungarn gelten noch immer als vollwertige Mitbürger. Nicht rechtmäßig, aber renommeemäßig.

Da das Aufzählen auch nur eines Teiles der bedeutendsten Magyaren und jener, die dafür gehalten werden, ein Ding der Unmöglichkeit ist, begnüge ich mich mit einem »Who's who« in Kleinformat. Sie haben mein Wort, es wird streng gesiebt. Es werden nur die prominentesten oder eben die ausgefallensten Namen aufgenommen und ich gehe höchstens zurück bis George Washington.

Sie haben richtig gelesen: George Washington, der erste Präsident der Vereinigten Staaten, führte seinen Stammbaum mütterlicherseits bis zum ersten Ungarnkönig, dem Heiligen Stephan, zurück. Nachzulesen in »The Journal of American History«, Volume XXIX, Nineteen Thirty-Five, Number 4, Fourth Quarter, unter dem Titel »Washington's Hungarian Ancestry« von Mabel Thacher und Rosemary Washburn.

Weniger bekannt ist, daß Queen Mary (nicht das einstmals berühmte Schiff, sondern die Großmutter von Elisabeth II.) ungarische Verwandte hatte. Mit anderen Worten: das britische Herrscherhaus ist teilweise ungarischer Abstammung.

Diese beiden Persönlichkeiten hervorzuheben hatte wohl seine Berechtigung. Um im weiteren das ungarische Kraut-und-Rüben-Durcheinander verdaulicher zu gestalten, wird eine alphabetische Reihenfolge geboten.

Lord Balogh: Wirtschaftsexperte, Konsulent der britischen Regierung, ist nicht der einzige Ungar, der sich seines Titels rühmen darf. Es gibt auch noch einen Lord Kaldor, der Energieminister der Labourregierung war. Premierminister Wilson bat einmal vertraulich Lord Roll, Staatssekretär im Außenamt, dieses »exotische Duo« im Auge zu behalten. »Aber ich bin doch selbst Ungar!«, platzte der in Galánta geborene Staatsmann Ihrer Majestät heraus. Well, es sollte sich bald rächen, daß man Thomas Balogh und Nicholas Kaldor so ganz ohne Kontrolle arbeiten ließ. Ein Abgeordneter stand im Parlament auf und warf Balogh vor, das unverständlichste, komplizierteste, umständlichste Wirtschaftsbudget der englischen Geschichte erstellt zu haben. »Sie hätten das ungarische Original sehen sollen!«, replizierte darauf seine Lordschaft suffisant.

Dr. János Benkert: Arzt, der zwar nicht die Homosexualität erfunden, jedoch den eben gebrauchten, von der ganzen Welt übernommenen Ausdruck dafür geprägt hat.

Graf Moritz Benyovszky: Naturforscher und Entdekker, bereiste die Bering-See, brachte den Bewohnern Madagaskars das Lesen und Schreiben bei, wurde von ihnen zum Herrscher der Insel ausgerufen und 1786 auf Befehl des Gouverneurs der heutigen Mauritius-Insel umgebracht. Lange vor dem Fernseh-Weißnichtwievielteiler hat Kotzebue ein Stück über diese kuriose Gestalt geschrieben.

Albrecht Dürer: Sein Adelsprädikat »von Ajtós« bezeugt seine Abstammung. Ajtós ist ein ungarisches Dorf. Das ungarische Wort »ajtó«, wie schon im Sprachkapitel erwähnt, bedeutet Tür.

Karl Farkas: Galt als Nestor des österreichischen Kabaretts und als einer der geistreichsten Conférenciers deutscher Zunge. Wer seine Programme sah und gewisse Anleihen darin erkannte, hatte Gelegenheit festzustellen, daß es ihm nicht eben zum Nachteil gereichte, auch seine Muttersprache bis an sein Lebensende beherrscht zu haben. Perfekter jedenfalls als sein »Gegenspieler« Gerhard Bronner, die andere Säule des »Wiener Brettls«, der mütterlicherseits aus Oberungarn (heute CSSR) stammt.

Tom Felleghy: War Schauspieler in seiner Heimat, lebte nach 1956 in Italien im Asyl. Meldete sich als Kandidat für ein damals äußerst beliebtes Fernsehquiz. Die ganze Nation drückte dem sympathischen Flüchtling die Daumen. Mit Erfolg: er machte den Hauptpreis. Dieser erwies sich als glücklicher Start für seine Filmschauspielerkarriere in Rom.

Josef von Ferenczy: Der stets nach der letzten Mode gekleidete Herr mit dem Schnauzbart, perfektem ungarischem Aussehen und perfekter ungarischer Aussprache, hat einen eher seltenen Beruf: er ist Deutschlands Medienpapst. Überall hat er seine Hände im Spiel, von den Illustrierten über die Verlage bis zum Kabelfernsehen. Begonnen hat er damit ein paar Jahre nach dem Krieg, als er dahinterkam, daß der deutsche Normalverbraucher seine Vergangenheit noch nicht bewältigen konnte. Ferenczy half ihm dabei, indem er solange mit dem »Arzt von Stalingrad« hausieren ging, bis eine Zeitschrift den Roman in Fortsetzungen abdruckte. Konsalik war entdeckt. Der nächste Ferenczy-Hit hieß Oswald Kolle, da dem Ungarn, Vater von zwei Söhnen, aufgegangen war, daß die Deutschen auf dem Gebiet des Sex noch recht im Dunkeln tappten und daß er dringend Licht in die Szene bringen müsse. Die beiden Fälle wurden zur Regel – Ferenczy hielt den Finger am Puls der Konsumgesellschaft und war den anderen immer mit seinem Zeigefinger voraus. Er zeigte auf, was die Leute gerade wollten, er beobachtete die Trends, um sie dann rechtzeitig selber zu steuern, und er schlug Wellen, gleich ob es sich um die romantische oder die okkulte handelte. Bei der Durchsetzung seiner Pläne war ihm ein prominenter Freundeskreis, der auf alle Lager, von Franz Josef Strauß bis Bruno Kreisky, verteilt war, von Nutzen. Eine seiner letzten Großtaten: er beseitigte für seinen Freund Hermann Gmeiner die bürokratischen Hürden bei den zuständigen Stellen, damit das erste SOS-Kinderdorf im Ostblock – natürlich in Ungarn – gebaut werden konnte. Josef Ferenczy ist wahrscheinlich der einzige Ungar, der außer an der eigenen hauptsächlich an Karrieren anderer Leute arbeitet.

Uri Geller: Der Mann, der Löffel verbiegt und stehende Uhren in Bewegung setzt, ist für Gläubige ein Magier, für Skeptiker ein Schwindler und Hochstapler. Letztere müssen sich irren, schließlich ist er Ungar!

Michel Gyarmathy: Seit vielen Jahren künstlerischer Leiter der Folies Bergère und damit der Chef eines der Wahrzeichen von Paris. Wenn wir eines Beweises für den liberalen Kurs bedürften, der heute in Ungarn gesteuert wird, so genügte dieser: Gyarmathy wurde kürzlich mit einem hohen Staatsorden ausgezeichnet, den in früheren Jahren nur Stachanowisten erhielten. Der alte Herr hält es bis heute für seine vaterländische Pflicht, ungarischen Touristen Freikarten zu schenken. Die Kunde von dieser Großzügigkeit verbreitete sich wie ein Lauffeuer bis Budapest, sodaß der Besuch des ruhmreichen Etablissements auf dem Programm jedes ungarischen Parisbesuchers steht. Wenn Monsieur le directeur verreisen muß, hinterläßt er bei seiner Sekretärin einen Zettel, auf dem er sich in ungarischer Sprache für seine Abwesenheit entschuldigt. Viele der pauschal Angesprochenen verlassen nach diesem Affront bis aufs Blut gekränkt das Haus. Viel robuster erwies sich der Magyare, der eines Tages bei Gyarmathy erschien und ihm unverblümt mitteilte: »Schauen Sie, Herr Direktor, ich habe für solche Revueproduktionen nicht viel übrig, aber es dürfte Ihnen bekannt sein, wie schlecht es uns Touristen finanziell geht – ich möchte den Gegenwert der Eintrittskarte in bar haben!«

Hans Habe: Sohn des ehemaligen Journalisten Bekessy, der einer der »liebsten Feinde« von Karl Kraus war. Der Junior wurde gleichfalls Zeitungsschreiber und begann seine Karriere mit 19 Jahren in Genf als Reporter beim Völkerbund. Der Künstlername des späteren bekannten Romanciers entstand aus dem Monogramm seines Namens Hans Bekessy = Ha – Be.

Otto von Habsburg: In einem Buch über Ungarn kann jener Mann, der heute, hätte die Geschichte einen anderen Verlauf genommen, Ungarns König wäre, nicht unerwähnt bleiben. Und er hatte sich bis zur deutschen Besatzung Ungarns im Jahre 1944 redlich bemüht, einen anderen Verlauf herbeizuführen. In einem 1972 erschienenen Buch berichtete Doktor Habsburg, wie er sich nunmehr anreden läßt, über seine Gespräche mit dem US-Präsidenten Roosevelt, der des öfteren betont haben soll, daß Ungarn sein liebstes Land sei. Wieso, das bleibe dahingestellt. Jedenfalls denken Ungarn seit Jalta mit Bitterkeit an Roosevelt. Damals hatte er angeblich den Ungarn Hilfe gegen die Nazis und nach dem Krieg eine Revision der Landesgrenzen versprochen. Nun ja, seitdem sind eine Menge Veränderungen in den politischen Grundlagen Europas eingetreten. Unter anderem hat Otto Österreich gegenüber auf den Thron verzichtet und sich zur Republik bekannt. Mit Ungarn gab es von seiner Seite in den letzten Jahren eine einzige öffentliche Kontaktnahme in Form eines Fernsehinterviews. Von einer schriftlichen Erklärung nach dem Muster der österreichischen ist nichts bekannt. Dies birgt die, natürlich streng theoretische, Möglichkeit in sich, daß Otto eines Tages König von Ungarn werden könnte.

Elmyr de Hory: Ein später Verwandter jenes Kálmán Thaly, der so schöne Kuruzzenlieder verfaßte und diese für Originale ausgab. Hory war der größte Bildfälscher und vielleicht auch einer der größten Maler aller Zeiten. Denn das muß einer doch sein, der mit Leichtigkeit und bis zur Vollkommenheit die Stile aller Kollegen beherrscht! Der an einem einzigen Nachmittag einen stilechten Renoir beendet! Dessen Fälschung Picasso als sein Original anerkennt! Der zum Malen eines Matisse etwa die Zeit benötigt, die ein anderer braucht, um eine Zigarette zu rauchen! Wohlverstanden: es geht nicht um nachmalen; Hory kopierte nicht, er stellte neue Bilder im Stil beliebiger Meister her, so wie der sie gemalt hätte. Clifford Irving, der als Schriftsteller ein Fälscher und somit eine verwandte Seele war (man erinnere sich an seine erfundenen Howard-Hughes-Memoiren), verewigte Elmyr de Hory in einem Buch. Orson Welles drehte einen Dokumentarfilm über ihn. Anfangs begannen die Stilimitationen berühmter Maler als eine Art Spiel. Marcel Vertés, der Oscarpreisträger nach dem Moulin-Rouge-Film, soll damit begonnen haben, auszuprobieren, ob man so malen kann wie ein anderer. De Hory konnte es besser, immer besser, am besten. Dann wurde ein Geschäft draus; er gab sich als Kunstsammler aus, der seine Schätze gezwungenermaßen veräußern müsse. Man glaubte ihm den ungarischen Aristokraten; nur wenige wußten, daß er einst Hoffmann geheißen hatte. Doch das große Geld machte nicht er, sondern seine beiden hübschen jungen Agenten, die seine abwegige Veranlagung ausnutzten. Ab 1959 lebte er in Ibiza. Als er schließlich angezeigt wurde und befürchten mußte, an Frankreich ausgeliefert zu werden, schied er freiwillig aus dem Leben. Das war 1976. Seither ist Gras über die Hory-Affäre gewachsen. Niemand hat ein Interesse daran, an der peinlichen Sache zu rütteln. In den renommiertesten Museen der Welt hängen weiterhin echte de Horys. Nachprüfbar. Denn er war kein hundertprozentiger Hochstapler – er signierte jedes seiner Werke auf der Rückseite mit einem winzigen »Elmyr«. Dies führte wiederum dazu, daß auf dem verrückten Kunstmarkt seine Fälschungen Preise erzielten wie echte alte Meister.

Michael Kovats: Oberst, amerikanischer Volksheld. Er schloß sich mit mehreren ungarischen Generälen (!) der Freischar Washingtons an und wurde Hauptinstruktor der Kavallerie. Der Husarenoberst fiel 1789 bei der Verteidigung von Charleston.

Philipp Laszlo: Der Porträtmaler von Kaiser Franz Joseph und seiner »Sisi« wurde zum Präsidenten der Royal Academy of Painters in London gewählt. Er war nicht der einzige ungarische Hofmaler – Michael Zichy, Porträtist von Zaren, lebte fünfzig Jahre lang in St. Petersburg.

Dr. Alexander Lénárd: Schriftsteller, Humanist, Arzt, Sprachgenie. Beherrschte 13 Sprachen in Wort und Schrift. Seine lateinische Übertragung des Kinderbuches »Winnie the Pooh« ist in vielen Ländern als Schulbuch herausgegeben worden. Er lebte in Brasilien. Um aus Sao Paulo, das ihm zu lärmend erschien, herauszukommen, kam er auf die Idee, sich durch die Teilnahme an einem TV-Quiz das nötige Geld zu besorgen. Er gewann etwa 4.000 Dollar. Mit dieser Summe setzte er sich in den Busch ab und eröffnete eine Art Dschungel-Apotheke à la Albert Schweitzer. Während er über Einladung der Charleston-Universität in den USA Griechisch vortrug, schoß eine Zeitung in Sao Paulo einen ungeheuren Bock: sie berichtete, der angebliche Dr. Lénárd sei entlarvt worden, er wäre der gesuchte Kriegsverbrecher Dr. Mengele.

Louis Lepke: Berufsverbrecher aus Makó, Südungarn. In den dreißiger Jahren brachte er es trotz schärfster italienischer Konkurrenz zum Gangsterkönig von Chicago. Sein Nationalstolz war legendär: eines Tages sprach eine italienische Kollegendelegation bei ihm vor und ersuchte ergebenst, der Boß möge doch entweder einen Italiener in seinem Führungsteam zulassen oder, aus Gründen der Tradition, wenigstens ein italienisches Pseudonym annehmen. Louis Lepke lehnte ab und rettete dadurch den guten Ruf der Ungarn auch in dieser Branche. Meines Wissens war er der einzige. Die Behauptung, Al Capone stammte aus Großwardein in Siebenbürgen, konnte nicht belegt werden.

Michu: Der Zirkusartist, der ganze 83 cm mißt, beweist, daß Ungarn nicht immer die größten sind. Von Showmaster David Frost wurde er im amerikanischen Fernsehen als der kleinste Mann der Welt vorgestellt. Als ebendieser wird er auch vom »Guiness-Buch der Rekorde« geführt. Er ist ein Star im berühmtesten Zirkus der Welt, Ringling Bros. und Barnum & Bailey.

István Parmenius de Buda: Weltumsegler und Poet. Als Teilnehmer an Sir Humphrey Gilberts Expedition des Jahres 1583, der »Landnahme« Neufundlands, berichtete er in einem lateinischen Gedicht über das Unternehmen. Was ist daraus die echt-ungarische Konklusion? Die Ungarn waren nicht unwesentlich an der Gründung des Britischen Commonwealth beteiligt!

Oberst Podhajsky: Der seinerzeitige Leiter der Spanischen Hofreitschule zu Wien, Retter der weißen Lipizzaner. Ende des Zweiten Weltkrieges von Robert Taylor in einem Hollywood-Film verkörpert, war trotz seines slawisch klingenden Namens ungarischer Abstammung. Der späte Nachkomme eines Reitervolkes, der sich im Sattel Ruhm erwarb.

Joseph Pulitzer: Amerikanischer Zeitungsfürst, Begründer des modernen Journalismus, Namensgeber der höchsten literarischen Auszeichnung der USA, war Einwanderer aus Makó. Der im Alter erblindete Mann verknüpfte seinen Namen auch mit der Freiheitsstatue, die bekanntlich in Frankreich angekauft werden mußte. Pulitzer war der erste »Sponsor«, indem er eine Sammlung für den Sockel des Monuments ins Leben rief.

Pierre de Ronsard: Der 1524 geborene, 1585 gestorbene französische Dichter, Begründer des französischen Klassizismus, Verfasser des unvollendeten Nationalepos »La Franciade«, dürfte eines der unwahrscheinlichst anmutenden Beispiele dafür sein, daß der Stolz einer fremden Nation aus dem Land der Magyaren stammte.

Sándor Rózsa: Ungarns Robin Hood, Heldenfigur der »Betyáren«, wie die Räuber dortzulande geheißen wurden. Sie überfielen die Reichen und teilten ihre Beute mit den Armen. Rózsa saß öfter hinter Schloß und Riegel und kam immer wieder frei. Ein »historischer« Gefängnisaufenthalt in Kufstein, Tirol, ist an Ort und Stelle belegt: in seiner ehemaligen Zelle hat jemand, vielleicht ein Verehrer, ein mindestens lebensgroßes Rózsa-Sandor-Porträt an die Wand gepinselt.

Ernö Rubik: Wenn bis zur Drucklegung nichts mehr dazwischen kommt, haben wir es bei ihm mit dem letzten zu Weltruhm gelangten Ungarn zu tun. Der Professor an der Budapester Hochschule für angewandte Kunst erfand 1975 den Magischen Würfel, das Geduldspiel mit den verschiedenfarbigen Plättchen, die man durcheinandermischt, um sie dann wieder in Ordnung zu bringen. Falls man nicht vorher den Verstand verliert. Zu Weihnachten 1977 wurden die ersten 5.000 Würfel hergestellt, ein Jahr später ging die Produktion in die Millionen. Und Millionen brachte sie auch an Devisen ein für das Land des Erfinders. Deswegen, na und weil Spielerei für Ungarn eine angesehene, ernste Angelegenheit ist, wird Rubik wohl die hohe Auszeichnung erhalten haben, die ihm von staatlicher Seite überreicht wurde. 1982 fand in Budapest die erste Weltmeisterschaft im Rubik-Würfeln statt.

Adolf Ritter von Sonnenthal: Mit ihm hat die nie mehr abreißende Serie von ungarischen Ensemblemitgliedern am Wiener Burgtheater begonnen. Er wurde 1834 in Buda (oder war es Pest?) geboren. Ebenfalls in Pest oder Buda erblickte sein Kollege Emerich Robert, der ursprünglich Magyar hieß, 1847 das Licht der Welt. Die Schleuse hat sich geöffnet, lassen wir schnell noch ein, zwei, drei ungarische Theaterleute herein: Josef Jarno, Reinhardts Vorgänger als Direktor des Theaters in der Josefstadt, Sigmund Lautenburg, Direktor des Wiener Raimundtheaters 1904, Ludwig Barnay, Begründer des Deutschen Theaters, des Berliner Theaters und der Genossenschaft deutscher Bühnenangehöriger.

Amerigo Tot: Der namhafte Bildhauer, Paradestück der modernen italienischen Kunstgeschichte, hatte ein Leben wie im Filmdrehbuch. 1909 in Csurgó als Kind ärmster Tagelöhner in einem Weinberg geboren, in Most gebadet, lebt der ehemalige Imre Tóth seit fast fünfzig Jahren in Rom. Sein Hauptwerk: der Termini-Bahnhof.

Victor Vasarely: In Paris lebender Zeichner und Maler, Begründer der Op-Art. Mit seinen dreidimensionalen Graphiken, die einen farbenfroh anspringen, hat er den Zauberwürfel gleichsam vorweggenommen. In seiner Heimat hieß der Künstler Vásárhelyi Györö. Der Vorname ist die genaue Übersetzung von Victor und bedeutet Sieger. Er ist einer.

Jewgenij Varga: Bis zu seinem Tode vor einigen Jahren Wirtschaftsfachmann Nr. 1 in der Sowjetunion und – Ehrensache – Leninpreisträger. Im Gegensatz zu so manchen in den Tag hineinlebenden Landsleuten bewies er, daß ein Ungar imstande ist, ein Leben lang Fünfjahrespläne auszuarbeiten.

Wo soll man aufhören? Ist es gerecht, die massenhaft auftretenden Journalisten zu verschweigen? (Allein in Österreich fallen mir Paul Lendvai, Stephan Vajda, Ludwig Marton, Lajos Ruff ein . . .) Soll man besser gar nicht anfangen mit der Reihe von Rundfunk- und Fernsehleuten in deutschsprachigen, wie auch in anderen europäischen und amerikanischen Ländern? Dürfen jene ungarischen Juden in Vergessenheit geraten, die im Mittelalter die Diamantenschleifkunst erfunden und in Antwerpen und Amsterdam eingeführt haben? Oder die in Australien gleich in Scharen auftretenden Schachgroßmeister ungarischer Provenienz? (Es gibt deren drei!)

Ich glaube, ich hab's: Wir schließen die Liste mit einer fiktiven Person ab, die zu einem Weltruhm sondergleichen gelangte.

Der Inbegriff aller Horrorfiguren, der weltberühmte Graf Dracula, lebte und saugte in der Walachei, sein Schloß stand in den Karpaten. Im allerersten Dracula-Film, in der Originalversion sozusagen, wurde er von dem ungarischen Hollywoodschauspieler Bela Lugosi verkörpert. Und nun will ich Ihnen auch das wildeste Gerücht nicht vorenthalten: es heißt, die Figur sei nicht dem rumänischen Grafen Vlad der Pfähler nachgebildet worden, sondern dem Baron Elek Nopcsa, der im ungarischen Komitat Hunyad lebte.

XIII

Emigranten Remigranten und das ganze ungarische Durcheinander

Erinnern Sie sich noch an die Zeit der Kongo-Wirren? Als die ehemalige Kolonie Belgisch-Kongo ihre Freiheit erhielt? Und wie ein Teil, nämlich Katanga, sich abspaltete? Damals berichteten die Zeitungen darüber, daß Mitglieder einer Kongo-Delegation und einer Gegendelegation, die sich vor der UNO gegenseitig bis aufs Messer bekämpften, beschmutzten, des Hochverrats und Meuchelmords bezichtigten, einander im Vorzimmer des Konferenzsaals um den Hals fielen, sich abküßten und sich nicht nur wie Freunde, sondern wie Brüder gebärdeten.

Soviel als Antwort auf die von Nichtungarn oft aufgeworfene Frage, wie sich denn der Kontakt zwischen Ungarnflüchtlingen und den Daheimgebliebenen gestaltet. Wieso verkehren ungarische Touristen im Westen mit Emigranten, die ja in ihren Augen Verräter sein müßten? Wieso fahren Exilungarn so häufig in das Land zurück, das sie im wahrsten Sinne des Wortes fluchtartig verlassen haben?

Das offizielle Ungarn von heute macht da feine Unterschiede. Auf der einen Seite wird der Volksaufstand von 1956 im von oben verordneten Sprachgebrauch nach wie vor »Konterrevolution« genannt. (Zum Vierteljahrhundertjubiläum im Herbst 1981 wurde von einer Versöhnlichkeitsgeste gemunkelt und mit einer friedlicheren Umdeutung der damaligen Ereignisse gerechnet, die aber aus Angst vor dem »polnischen Funken« abgeblasen wurde.) Andererseits war noch nicht einmal ein Jahrzehnt nach der ungarischen Oktoberrevolution vergangen, da verordnete Kádár im Rahmen seiner Liberalisierungspolitik unter dem Motto »Wer nicht gegen uns ist, ist für uns« eine Generalamnestie für jene 200.000 Mitbürger, die seinerzeit dem Land den Rücken gekehrt hatten. Natürlich mit einigen Ausnahmen, wie antikommunistischen Medienmitarbeitern (Radio Free Europe etc.), also den besonders auffallend pechrabenschwarzen unter den schwarzen Schafen.

So ist die sonderbare Situation entstanden, daß die Emigranten so oft in die Heimat dürfen, die nicht mehr ihre Heimat ist, wie oft sie nur wollen. Und sie dürfen soviel westliche Devisen mitbringen, wieviel sie nur können.

Ein verflossener ungarischer Botschafter in Österreich, Jenö Simó, hat es bildlich sehr treffend ausgedrückt. Er verglich sein Land mit einem Flugzeugträger, auf dem Ungarn aus aller Welt immer wieder landen und auch immer wieder mit neuerlicher Starterlaubnis rechnen können.

Doch im Jahre 1956 war diese Entwicklung nicht vorauszusehen. Der spontane Schritt der 200.000 schien ein unumkehrbarer ins Ungewisse. Und die Massen riskierten ihn dennoch, ohne Bedenken, hemmungslos. Sie würden sich schon verständigen in der großen Welt, sie würden sich schon durchschlagen, dachten zweimal 100.000 Magyaren. Die Völkerwanderung feierte ein Comeback.

Im Laufe seiner Geschichte war der Ungar stets auf dem Sprung gewesen. Wie bereits im historischen Kapitel erwähnt, war er gezwungenermaßen oft ein innerer Emigrant im eigenen Land, vom Kaiser wie von den Türken unterdrückt. Er hatte seine Schule bereits hinter sich, als er zur Matura kam. Gegenstand: Flucht. Darauf folgte im Ausland die hohe Schule der Emigration. So geschehen zur Kuruzzenzeit. Nach der Niederschlagung des Freiheitskampfes im Jahre 1849. Um die Jahrhundertwende, als eine Massenauswanderung von Bauern nach Übersee einsetzte; schuld war ihre aussichtslose Wirtschaftslage – man nannte Ungarn »das Land der drei Millionen Bettler«. 1918 Flucht vor der Kommune. 1919 Platzwechsel: diejenigen, vor denen die Flüchtlinge des Vorjahres das Weite gesucht hatten, flohen nun vor Horthy. 1944 setzten sich vor allem Kollaborateure mit den deutschen Truppen ab. 1948 war letzte Eisenbahn für jene, die lieber ihren eigenen Kapitalismus aufbauen wollten als den Sozialismus für ihre Urenkel. Der Budapester Starconférencier Dezsö Kellér benannte Emigranten der verschiedenen Auswanderungsjahre nach Straßenbahnlinien. Er sprach von einem 44er, 48er, oder 56er . . .

1956 stellte alles Dagewesene in den Schatten. Zwei Prozent der Gesamtbevölkerung nützte die offene Grenze und sogar noch einige Monate nach der Niederschlagung des bewaffneten Widerstandes die Sympathien des einheimischen Militärs, um sich via Österreich in die freie Welt zu retten. Sie schwammen zu Dutzenden durch den Einser-Kanal, sie strömten in Scharen über die Brücke von Andau, sie krochen in Massen über die »grüne Grenze«, um nach dem Alptraum einen Traum zu erleben. Die ersten Minuten muteten jedenfalls so an. Das Bild, das sich den Augen der ersten Flüchtlinge bot, war unwirklich, war irreal. Da stand wie ein Denkmal auf einem Hügel der 80jährige Fürst-Großprior des souveränen Malteser Ritterordens, Erzherzog Franz Salvator, in vollem Ornat, mit einem Zweispitz auf dem Haupte und rief mit dröhnender Baßstimme, sooft ein paar armselige Flüchtlinge am Horizont auftauchten: »Hier ist Ööösterreich!!!«

Dies geschah in einer kühlen Novembernacht. Vor Weihnachten wurde die Szene fast noch operettenhafter. Das österreichische Bundesheer startete eine Aktion, die den Flüchtlingen die Orientierung erleichtern sollte. Es wurden Markierungen mit rot-weiß-roten Fähnchen abgesteckt, und dann fuhren sogar Panzer auf. Sie meinten es gut, doch die Flüchtlinge trauten der Sache nicht und verkrümelten sich – soweit dies das Gelände zuließ.

Doch später sind alle aufgetaucht, und sie haben den Weg in die Freiheit gefunden.

Der Beginn des Weges war freilich dornenreich. Doch kamen internationale Institutionen wie die UNO, österreichische Behörden, kirchliche Stellen, die Malteser, Freimaurerorganisationen, aber auch viele private Helfer zu Hilfe, um ein paar Rosen unter die Dornen zu streuen. Die »Ungarnhilfe« blühte, bis der Begriff sich langsam ins Gegenteil verkehrte und »Hilfe, Ungarn!« zum geflügelten Wort wurde.

In jenen Zeiten wurde in einer Wohltätigkeitsvorstellung meine Posse aufgeführt. Ich will sie dem geneigten Leser nicht vorenthalten und veröffentliche sie in der Hoffnung, daß die Lektüre nicht als Verallgemeinerung, sondern vielmehr, wie mir das als Kabarettistem zusteht, als die Karikierung eines Typs verstanden wird.

In der Ungarnhilferstraße

Personen: Varga, Frau, Gruber.

(Ort der Handlung: Büro einer Hilfsorganisation. Links ein Tisch, hinter dem der Beamte Gruber sitzt. Ihm gegenüber ein Sessel für die jeweilige Partei.)

Gruber: (allein auf der Bühne) Der Nächste, bitte! (Es rührt sich nichts, er geht seufzend zur Tür.) Die verstehen einen ja doch nicht . . . (Öffnet die Tür, ruft hinaus.) Einer kann hereinkommen! (Varga und Frau wollen sich auf einmal durch die Tür drängen.) Nur einer, bitte!

Varga: (schubst die Frau zurück, kommt herein) Guten Tag wünsch ich. Ich bin der Einer.

Gruber: Sind Sie denn die nächste Partei?

Varga: Nein, ich war nicht in Partei. Keine Minute. Ich habe gehabt große Unangenehmlichkeiten, weil ich nicht war in Partei, aber ich trotzdem war nicht in Partei. Man wollte zwingen mich, man hat direkt geschubst mich . . .

Gruber: Wie Sie diese Frau vorhin.

Varga: Diese Frau? Oh, ich bitte um Pardon, wir Ungarn sind höflichste Volk von die Welt, bitteschön, aber ich bin gekommen zuerst.

Gruber: Wann sind Sie gekommen?

Varga: Fünfzehnte November.

Gruber: Ich meine, wann Sie hierher, in die Ungarnhilfe gekommen sind.

Varga: Fünfzehnte November. Sofort nach Flucht. Ich habe gehört schon in Budapest, hier in Wien du bekommst Geld in Ungarnhilferstraße . . .

Gruber: Das heißt Mariahilferstraße.

Varga: Macht nichts, wird unbemannt.

Gruber: Sie meinen: umbenannt. Umgetauft.

Varga: Ja, umgekauft. Sie haben ja auch schon Ungargasse.

Gruber: Das heißt schon sehr lange Ungargasse.

Varga: Sehr richtig so. Und Lehárgasse haben Sie auch. Wissen Sie, daß Lehár Ungar war?

Gruber: Ja, ich weiß. Nehmen Sie Platz.

Varga: (bevor er sich setzt) Und Kálmán auch.

Gruber: Ja, Kálmán auch.

Varga: (setzt sich erst jetzt) Und Liszt.

Gruber: (foppt ihn) Und Mozart.

Varga: Wirklich? Das ich habe gar nicht gehört.

Gruber: Spaßohne, Sie sind ein sehr begabtes Volk.

Varga: Nein, nicht sehr begabtes Volk.

Gruber: Doch-doch, seien Sie nicht so bescheiden.

Varga: Nein – wir sind allerbegabteste Volk von die Welt!

Gruber: Ach so. Womit kann ich dienen?

Varga: Ich möchte bitteschön eine Kredit.

Gruber: Kredit? Können Sie ihn denn zurückzahlen?

Varga: Nein. Warum?

Gruber: Sie sagten Kredit. Oder meinten Sie eine Beihilfe, eine Unterstützung?

Varga: Ich bin schon beigeholfen und untergestützt. Aber ich brauche wieder Geld. Ich habe keinen Heller.

Gruber: Darf ich Ihre Karte . . .?

Varga: Visitkarte? Die ich lasse gerade jetzt drucken.

Gruber: Ich meine Ihre Karteikarte von uns.

Varga: Aha . . . (Kramt in seinen Taschen.) Das ist Garderobeschein von Maxim . . . Das ist Kinokarte . . . Hier ist bitteschön. (Überreicht die gefundene Karte.)

Gruber: (schaut in der Kartei nach, nimmt eine Akte hervor) Nummer 2.198, Herr Farga . . .

Varga: Nicht Farga, Warga mit W . . .

Gruber: Aber Sie stehen hier unter Vau.

Varga: Weil das ist bei uns schon W, wir brauchen nicht doppelt schreiben.

Gruber: Das ungarische Alphabet ist sehr praktisch.

Varga: Nicht sehr praktisch.

Gruber: Meinen Sie nicht?

Varga: Nein – praktischste von die ganze Welt!

Gruber: Das habe ich nicht gewußt. Aber Sie haben eine sehr schöne Sprache.

Varga: Ungarisch ist nicht sehr schöne Sprache.

Gruber: Ich weiß: Ungarisch ist nicht sehr schöne Sprache, sondern schönste Sprache von die Welt.

Varga: Stimmt. Ich freue mich, daß Sie auch so denken.

Gruber: Also Herr Varga, auf Ihrer Karte steht, Sie sind Hoch- und Tiefbauingenieur.

Varga: Jawohl bitteschön. Ich war großeste Hochstap . . . Hoch- und Tiefbauer. Nicht von die Welt, von Budapest. Habe gearbeitet bei großeste Firma. In großeste Straße.

Gruber: Wollen Sie hierbleiben, Herr Varga?

Varga: Ich kann leider nicht, ich habe um elf Uhr Rendezvous in Kaffeehaus mit mein allerbeste Freund Kovácsfalvy.

Gruber: Ich meine, ob Sie in Österreich bleiben wollen?

Varga: In Österreich? Ungedingt. Die Amerikaner haben gebettelt auf Knien, ich soll gehen nach Uscha, sie brauchen so ein wichtiger Mann wie ich. Präsident Eisenhower hat geschrieben persönlich, ich soll so lieb sein. Aber ich habe zurückgeantwortet, ich bleibe in Wien, weil hier ist man so gut zu uns . . . Wir werden nie vergessen, was Sie haben alles getan gegen uns. (Er weint vor Rührung.)

Gruber: Schon gut, Herr Varga. Sie bleiben also in Österreich.

Varga: (wieder ohne Tränen) Bis an Ende meines Lebens. Vorläufig.

Gruber: Ich könnte Ihnen Arbeit verschaffen.

Varga: (mißtrauisch) Arbeit?

Gruber: Ja. Wir brauchen Ingenieure.

Varga: Ich . . . ich darf keine schwere Arbeit machen. Ich war untauglich bei Militär.

Gruber: Was haben Sie denn?

Varga: Gegen Militär?

Gruber: Was Sie für Krankheit haben.

Varga: Izé . . . Vorzeitige Altersschwäche.

Gruber: Aber zeichnen können Sie doch?

Varga: Nein, ausgeschlossen. Ärzte haben festgestellt, daß meine Ärme sind verkehrt gewachsen: linke Hand auf rechte Seite und rechte Hand auf linke Seite.

Gruber: Wie haben Sie denn in Budapest Ihre Pläne gezeichnet?

Varga: Ich habe nie gezeichnet. Ich habe meine Pläne diktiert.

Gruber: Vielleicht hätten wir etwas anderes. Es gibt

Branchen, wo man Leute sucht. Vielleicht können wir auch Ihrem Freund helfen.

Varga: Was für Freund? Ich habe kein Freund. Ich stehe allein wie Mutterseele auf die ganze Welt.

Gruber: Sie sagten, Sie hätten ein Rendezvous mit einem Kovács . . . oder so.

Varga: Kovácsfalvy? Der ist mein einzige beste Freund. Aber empfehlen ich kann ihn leider nicht. Ich sage wie es ist: Kovács ist der großeste Gauner auf die Welt. Der verkauft seine Mutter für ein Schnaps.

Gruber: Wie können Sie über Ihren besten Freund . . .

Varga: Ich stehe über solche Dinge, ich bin nicht blind. Er ist liebste Kerl von die ganze Welt, aber Verbrecher. Wir Ungarn sind sympathischeste Menschen von die Welt, aber leider sehr viele Gangster sind zwischen uns.

Gruber: Also dann werde ich nur für Sie Arbeit suchen.

Varga: Könnte ich nicht lieber Stipendium bekommen?

Gruber: Stipendien sind nur für Studenten da. Sie sind doch schon fertig.

Varga: Ich bin total fertig. Eben deshalb ich brauche dringend Stipendium.

Gruber: Es tut mir leid, aber das geht nicht. Wie wär's mit einer Baufirma? Nicht als Ingenieur, weil Sie ja nicht schwer arbeiten dürfen, aber Sie könnten von unten beginnen.

Varga: Von unten? Ich? Der ich war großeste Held von die ganze Revolution? Der ich habe allein gehalten die Kaserne auf die Üllöi-ut? Und allein gehalten die Elisabethbrücke?

Gruber: Die soll ja noch gar nicht aufgebaut sein.

Varga: Wenn wäre aufgebaut, wäre unmöglich alleine halten.

Gruber: Sie haben alles alleine gehalten?

Varga: Nur meine Mund ich konnte nie halten. Die AVO hat mir auch verfolgt. Und jetzt Sie wollen, ich soll beginnen von unten? Mörtel tragen und Ziegelsteine tragen? Arzt hat gesagt, ich darf nichts Schweres tragen.

Gruber: Tja, oben wollen Sie auch nicht beginnen . . .

Varga: Oben? Ausgeschlossen. Ich bin nicht schwindelfrei.

Gruber: Das merke ich. Da ist was für Sie: ein Modesalon sucht Herrenmannequins.

Varga: Auch nicht gut. Ich darf nicht Schweres tragen. Diese schwere Smokings . . . Geben Sie lieber Geld.

Gruber: Na schön, 50 Schilling Überbrückungshilfe, bis wir etwas Passendes finden.

Varga: 50 Schilling? Für 50 Schilling habe ich geblutet?

Gruber: Also 70, meinetwegen.

Varga: Warum sparen Sie so? Sie zahlen doch nicht aus Tasche, sondern aus UNO-Kasse!

Gruber: 100 Schilling ist das Äußerste. Unterschreiben Sie hier.

Varga: (springt begeistert auf) Ich schreibe unter! Ich habe gewußt, Sie haben besteste Herz von die Welt! Bitteschön . . . (Reißt Gruber den Geldschein aus der Hand, fällt ihm um den Hals, küßt ihn.) Ich liebe Sie! Sie schauen aus wie Tony Curtis! Wissen Sie, daß Tony Curtis auch Ungar ist?

Gruber: Nein.

Varga: Doch. Erzählen Sie bitte auch Bekannten. (Reicht seine Hand.) Servus.

Gruber: (sauer) Auf Wiedersehen.

Varga: Ich glaube, ich bin der Ältere. Seien wir per Du. Ich heiße Laci.

Gruber: Freut mich, ich heiße Gruber. Seien Sie nicht böse, aber die anderen warten . . .

Varga: Sie wollen nicht annehmen Freundschaft? Wo ich schon dreimal war bei Ihnen? Falsch seid ihr Österreicher! (Geht entrüstet ab, in der Tür zur Frau, die eintritt.) Hast du gewußt? Mozart ist auch Ungar! (Ab.)

Gruber: Sie kennen Herrn Varga? Oder sind Sie im Vorzimmer Dufreunde geworden?

Frau: Natürlich ich kenne ihn. Er ist mein Mann.

Gruber: Ach, Sie sind Frau Varga?

Frau: Ja, ich bin Frau Varga, Éva Mária Zsuzsánna, geborene Rekettyés, in Körösladány, Geburtsdaten sind bei Flucht verlorengegangen.

Gruber: Gnädige Frau, warum kommen Sie zwei aus einer Familie?

Frau: Weil wir haben keine Kinder. Sonst wir würden kommen drei oder vier oder fünf.

Gruber: Nachdem ich Ihrem Herrn Gemahl 100 Schilling Beihilfe gegeben habe, kann ich unmöglich auch Sie unterstützen. Sie mißbrauchen die Hilfsorganisation.

Frau: Wir nicht brauchen miß die Hilfsorganismus! (Beginnt bitter zu weinen.) Sie waren noch nie Ehefrau von so eine Mann! Der Schuft geht mit 100 Schilling in eine Restaurant, in eine ungarische natürlich, weil er kann nicht ausstehen hier den Kost, und eßt und trinkt und gibt dem Zigeuner 50 Prozent von die Beihilfe! (Schluchzt.) Und ich stehe hier ohne ein Grand Wirtschaftsgeld und muß machen Wirtschaftswunder! . . .

Gruber: Hören Sie auf, bitte, ich kann keine weinende Frau sehen. Hier haben Sie auch 100 Schilling, aber es geschieht zum letzten Mal.

Frau: (übernimmt das Geld, unterschreibt, weint noch ein bißchen) Danke . . . Danke tausendmal . . . Sie sind gute Österreicher! Sie haben lieb arme Ungarn! Ich danke im Namen von meine Volk. (Küßt ihn.)

Gruber: Jetzt beginnt die auch schon.

Frau: Wenn Sie mir nicht hätten geholfen, ich weiß nicht, wohin ich wäre gegangen. Niemand hilft mir. Ich danke. Wiedersehen, guter Onkel. (Will gehen.)

Gruber: Bringen Sie sich doch etwas in Ordnung, bevor Sie gehen. Wohin eilen Sie denn so?

Frau: Um 11 ich muß bei Amerikanische Konsulat sein, wegen Vorschuß zu unsere Weiterwanderung. Um 1/2 12 man erwartet mich bei ICEM für Niederlassungsdarlehen. Vor 12 ich muß sein bei NCWC wegen Existenzgründungshilfe, dann kommt IRC wegen Speisekarten und Kleideranweisung. (Weint.) Sie haben keine Ahnung, was für Hetzjagd, was für Märtyrertum ist unsere elendige Flüchtlingsleben. (Geht heulend ab.)

Auch wenn ich die Szene mit den Augen eines Kabarettautors gesehen habe, so muß ich natürlich zugeben, daß das Flüchtlingsdasein ein hartes Los ist. Doch der Ungar meistert es fast immer im Handumdrehen. Nicht nur, weil er ein gelernter Emigrant ist. Sondern weil die Emigration zu seinem Charakter paßt. Der Emigrant ist ambivalent, er lebt entzweit, er lebt ein Doppelleben. Sein früheres Ich ist nur ihm selbst und seinen ehemaligen Landsleuten bekannt. Der Rest der Welt sieht in ihm den neuen, der erst im Ausland, wo er von vorne anfangen muß, entstanden ist. Seine Phantasie hilft ihm vorwärts. Allerdings auch der Rückblick. Er sieht sich in der Vergangenheit stets größer und bedeutender, bis er schließlich selbst auf seine Propaganda hereinfällt und die Fata Morgana für bare Münze nimmt. (Sie ist ja für ihn Realität, ist doch Ungarn das einzige Land Europas, wo es in der Puszta diese durch Hitzereflektierung hervorgerufene Erscheinung, die Fata Morgana eben, gibt. Dort kann es ebenso wie in der Wüste vorkommen, daß am Horizont eine ganze Stadt aufleuchtet, daß sich der Himmel gleichsam in eine Kinoleinwand verwandelt. Pardon, konnte. Die Umweltverschmutzung hat es nämlich fertiggebracht, daß heute die schönste Naturerscheinung der Vergangenheit angehört. Die zweitschönste, das berühmte Echo von Tihany am Plattensee ist durch Verbauung umgebracht worden.) Der Witz aus dem Jahre 1957, wo ein ungarischer Dackel einem österreichischen Pudel auf der Kärntnerstraße erzählt, zu Hause sei er Bernhardiner gewesen, hat also einen realen Hintergrund. Man erzählte ihn, als wieder einmal Magyaren Wiens stolzeste Straße okkupierten wie zu König Matthias' Zeiten. Damals sollen bereits diplomatische Verhandlungen eingeleitet worden sein, bei denen es um ein Tauschgeschäft ging: Österreich sei gewillt, hieß es, das Burgenland wieder an Ungarn abzutreten, wenn die Ungarn die Kärntnerstraße und den Graben an Österreich zurückzugeben bereit wären. Nun, allmählich zogen die ungarischen Besatzer den Großteil ihrer Truppen ab, bzw. sie schoben sie an den anderen Fronten des Erdballs weiter vor. In Österreich beließen sie nur eine mittlere (Un)Ordnungsmacht. Nach einer mir bekannten Statistik soll diese heute lächerliche 30.000 Mann hoch sein, aber mir scheint fast, als wäre da irgendwo eine Null abhanden gekommen.

»Der Emigrant ist ein Mensch, der auf sein eigenes Niveau herabsinkt« behauptet ein Bonmot. Wieder mal ungültig für den Ungarmenschen. Mit seiner masochistischen Ader genießt er es, im Traum in einem nicht existierenden Land zu leben – sein Heimweh gilt ja nicht dem in der Heimat bestehenden Regime, vor dem er geflüchtet ist, sondern einem Ungarland von anno dazumal, das er mit Eigenschaften ausschmückt, die es womöglich nie gehabt hat – und tagsüber in der bitteren Wirklichkeit. (Ihrem Traumland waren jene ungarischen Emigranten am nächsten, die Spanien als Asylland gewählt hatten. Dort haben die Diplomaten nahezu ein halbes Jahrhundert verschlafen. 1956 gab es in Madrid noch eine *Königlich-Ungarische Botschaft!* Sie gab munter Pässe aus, die nirgendwo in der Welt anerkannt wurden.)

Die Wirklichkeit ist übrigens nicht immer gar so bitter, doch der Ungar ist ständig unzufrieden. Das kommt daher, daß andere Emigranten weiterhin ihren erlernten Beruf auszuüben versuchen und dabei meist nicht sehr weit kommen; also stellen sie sich für ihr restliches Leben auf bescheidene Verhältnisse um. Der Ungar hingegen versucht ein Maximum aus den Umständen herauszuholen. Er ist bereit, seinem Beruf den Rücken zu kehren und sich auf ein Tätigkeitsfeld einzustellen, welches mehr Erfolg verspricht. War er beispielsweise Künstler und lebte in schlechten finanziellen Verhältnissen, so verzichtet er eben aus Vernunftsgründen auf seine Laufbahn und wird zum Manager, wozu dann 14 Monatsgehälter, bezahlter Urlaub, Pensionsberechtigung und dergleichen Annehmlichkeiten mehr gehören. Mit einem Vermögen in der Tasche, Champagnerglas in der Hand, trauert er dann seinem geliebten Beruf nach, den er aufgeben mußte . . . Diese Sehnsucht hat ein Baron Madarassy-Beck in die Worte gefaßt: »Ich möchte so leben können, wie ich lebe!« Er hat immer schon gut gelebt, aber jetzt kann er sich's auch leisten. Und ist dennoch unglücklich. Er weint, wenn seine Nationalhymne gespielt wird, Zigeunermusik wühlt ihn auf, obwohl er daheim eher ein Jazzfan war. Zu Hause fühlte er sich von der großen Welt angezogen, im Ausland hat er Heimweh nach seinem Dorf.

Ady reimte das auf ungarisch, was in einer improvisierten deutschen Übertragung etwa so lautet:

»Denn diese Rasse ist gar wundersam,
Und Gleichgesinnte meine ich da auch:
Daheim verneint und flüchtet sie geschwind,
Draußen ehrt sie Vergangenheit mit Weihrauch.«

Chauvinistischer Kosmopolit, das ist die Handelsmarke, unter der der ungarische Emigrant sich ausgezeichnet verkauft.

Das gilt vor allem für die Gentry, denn ihre Angehörigen beeindrucken in ihrem Aufenthaltsland mit ihrem adeligen Namen und mit ihrer Vergangenheit. Aber, schier unglaublich, sie imponieren damit auch den neuen Herren in der alten Heimat. Es war nach 1956, die Liberalisierungswelle lief an, und ein alter Daheimgebliebener versuchte eine Erhöhung seiner lächerlich kleinen Rente zu erlangen. Ehemalige Arbeitskameraden, nun Kolchosenhäuptlinge, bescheinigten ihm, daß er im Jahre Schnee auf diesem und jenem Gut als Landarbeiter tätig gewesen war. Die Behörde verwarf die Bestätigungen als nicht ausreichend, aber der Alte ließ nicht locker, bis er herausbekommen hatte, wo sein ehemaliger Herr und Gebieter, der Gutsbesitzer Graf Soundso, in Emigration lebt. Der Herr Graf schickte ihm per Post eine Bestätigung über seine Dienstleistungen und diese Legitimation des feudalen Ausbeuters wurde auf der Stelle anerkannt, die Rente erhöht.

Adelige sind freilich in der Minderzahl. Die Mehrheit der Emigranten tut gut daran, sich auf ihren Kosmopolitismus zu besinnen, hängt doch ihr Wohlergehen von der Gunst anderer ab. Typisches Beispiel: der Kaufmann, bei dem der Kunde König zu sein hat. So ist es auch beim aus Ungarn emigrierten Kaufmann – bei ihm ist der Kunde König, der Kaufmann allerdings Kaiser. Oder er wird es bald. Er kommt in rasendem Tempo vorwärts und bereichert sich unvergleichlich schneller als der eingeborene Konkurrent. Wie er das schafft? Nicht unbedingt mit unlauteren Methoden. Mein Gott, er rät dem Kunden nicht gerade ab, möglichst viel, möglichst teuer bei ihm einzukaufen, er »dreht« gerne Dinge an, von denen der Kunde beim Betreten des Geschäftes noch nicht gewußt hatte, wie dringend er sie benötigen würde. Aber solche Praktiken sind doch im Geschäftsleben erlaubt, oder? Der Haupttrick der ungarischen Kaufmannskarriere ist jedoch die kleinere Gewinnspanne, um das Warenlager rascher an den Mann zu bringen und aufs neue aufzufüllen. Dies ist das Geheimnis der Supermärkte, die ungarische Emigranten dem österreichischen Verbraucher nahegebracht haben.

Der Kaufmann steht stellvertrend für alle Berufe, die dem persönlichen Service dienen, wie Chauffeure, Friseure, Kammerdiener. Jawohl, auch dieser Stand hat berühmte Ungarn aufzuweisen. Aus der Geschichte wissen wir, daß Kaiser Maximilians treuer Diener, der Ungar Tüdös, das Taschentuch seines unglückseligen Herrn, das dieser ihm vor der Hinrichtung überreichte, als letzten Gruß der Kaiserinmutter Sophie überbrachte.

Hierher gehört auch der ungarische Kellner. »Kollege kommt gleich« lautet das allgemeine Motto, »aber da bin ich schon längst da!« das für ihn spezielle. Kein Wunder, daß er ebenfalls zum Begriff geworden ist, wie etwa der böhmische Schneider, denn er ist schneller als seine Kollegen, er besitzt den Charme seiner Landsleute, er bringt stets das, was der Gast wünscht und rechnet so wie er will. Er wäre eigentlich lieber zu Hause geblieben, aber im Ausland ist es leichter zu avancieren. So etwa erfährt ein ungarischer Tourist im Pariser Café de la Paix vom Kellner, daß dieser ein Landsmann sei. »Donnerwetter«, meint der Gast, »Sie müssen aber fabelhaft Französisch sprechen!« Darauf der Kellner: »Überhaupt nicht, mein Herr. Wenn mein Französisch in Ordnung wäre, würde ich nicht hier arbeiten, sondern im Grand Hotel auf der Budapester Margareteninsel!«

Übrigens auch dein Freund und Helfer kann überall auf der Welt ungarischer Abstammung sein. Bei einem Ball der Österreicher in New York, wo stets ungarischer Adel mit von der Partie ist, postierte sich ein amerikanischer Polizist vor dem Eingang und spähte pausenlos ins Saalinnere. Gefragt, ob er denn etwas Verdächtiges bemerkt habe, gab er mit einem »lovely hungarian accent« zur Antwort: »Nein, Sir, ich blicke nur wehmütig in die Vergangenheit meines Vaterlandes . . .«

Unleugbar erfreuen sich auch »gegenteilige« Berufszweige gewisser Popularität unter den Söhnen Hunors und Magors. Der ungarische Hochstapler ist eine Weltmarke wie schwedischer Stahl oder russischer Kaviar. In besseren Romanen und Filmen hat ein Gauner von internationalem Format entweder Pole oder Ungar zu sein. Letzterer kann auf eine große Tradition zurückblicken. Von den Betyáren, den berittenen Dorf- und Straßenräubern, war schon die Rede. Sie verdankten ihre Erfolge dem Gesetz, wonach die Gendarmerie sie nur bis zur jeweiligen Komitatsgrenze verfolgen durfte. Heutzutage gibt es eine Interpol, und das ist wahrscheinlich einer der Gründe, warum die Ungarn immer weniger hochstapeln. Seit Jahrzehnten jedenfalls kam kein Ungar mehr auf ähnliche Ideen, wie jener Budapester, der zwischen den beiden Weltkriegen die Pflastersteine einer Straße aufreißen ließ, um sie zu verkaufen. Der Tatort war die Nagymezö-utca, die man heute wegen ihrer vielen Theater den Budapester Broadway nennt. Manche von ihnen gehen vielleicht ein wenig skrupelloser ihren Weg als andere und kommen auf diese Weise rascher zum Ziel. Zum besseren Verständnis ein Vergleich: ich spiele derart häßlich Tischtennis, daß ich auch die besten Spieler schlage, weil sie sich gegen meinen ungewöhnlichen Stil einfach nicht zu wehren wissen. Klar?

Eine Presseaussendung der Ungarischen Volksrepublik stellt offiziell fest, daß jeder dritte Ungar außerhalb der Landesgrenzen lebt.

Wo sind diese 33 1/3 Prozent des Weltungarntums zu finden?

Vor allem in den ehemals ungarischen Gebieten, also im heute rumänischen Transsylvanien, identisch mit Siebenbürgen, in der Karpatho-Ukraine, in Jugoslawien, der Tschechoslowakei und Österreich. (Im Burgenland lebten 1921 26.000 Magyaren; bei der letzten Umfrage bekannten sich 6.000 zu Ungarn.) Ein hübscher Haufen wird auch in Westeuropa zusammengekommen sein. Man muß nur die Telephonbücher in den verschiedenen Großstädten durchblättern, um nach Auffindung verdächtiger Namen auftrumpfen zu können: »Hier muß ein Nest sein!« Ein Geheimtip: Namen, die mit Cs, Gy, Ny, Sz oder Zs beginnen, sind Volltreffer. Es sind das nämlich die typischen Doppelbuchstaben des ungarischen Alphabets.

Der Ungar hat sich immer schon als Europäer gefühlt. Dies brachte der Schriftsteller Alexander Márai ziemlich drastisch zum Ausdruck, als ihn Freunde nach längerem Italienaufenthalt vor den US-Konsul in Neapel lotsten, um seine Auswanderung in die Vereinigten Staaten in die Wege zu leiten. Der Diplomat empfing den bedeutenden Mann mit gebührendem Respekt, erläuterte aber, daß er ihm gewisse bürokratische Einzelheiten nicht ersparen könne. Dann nahm er einen Fragebogen zur Hand und erkundigte sich, ob Mr. Márai eine »displaced person« sei. Mit diesem Ausdruck kennzeichnete man in den Nachkriegsjahren jene Personen, die im Zuge der Kriegsereignisse versetzt, verschleppt, geflüchtet, also jedenfalls nicht an dem Ort waren, wo sie hingehörten. Márai, ein Gentleman vom Scheitel bis zur Sohle, dämpfte seine Stimme, denn wenn Gentlemen erregt sind, werden sie leiser anstatt lauter, und entgegnete: »Herr Konsul, wenn es hier eine displaced person gibt, so können es nur Sie sein, denn wir befinden uns hier schließlich in Europa!«

Nichtsdestotrotz belegen die Ungarn auch ganz schön den amerikanischen Kontinent. Und zwar nicht erst seit gestern. Davon zeugt auch das Slangwort »hunky«. So haben die Farbigen die ersten Ungarn (hungarians) genannt, mit denen sie in Berührung kamen. Angeblich waren sie die ersten Weißen, die die Neger ebenbürtig behandelten. Aus dem Kosewort ist aber mittlerweile ein Schimpfwort geworden; die Farbigen wenden es heutzutage auf alle Weißen an, und entspricht etwa dem »Tschuschen«, ein Wort, das manche Österreicher für Angehörige jener Völker verwenden, die südöstlich von ihnen leben.

Ein Hunky – ich meine jetzt wieder einen Ungarn – mußte in New York erleben, daß sein Sproß seine ersten Worte in japanischer Sprache von sich gab. Es war auch nicht anders zu erwarten: die Familie ging oft aus und hatte sich eine Japanerin als Babysitterin genommen.

Asien ist auch nicht ungarnfrei. Die Urmagyaren, die zu faul waren, die Landnahme mitzumachen, sind ja noch immer dort. Wenn auch nicht mehr dieselben, wie anzunehmen ist. Jedenfalls schreibt Armand Gatti in seinem Buch »Sibérie – zéro – l'infini«: »Übrigens konnte man lange nach dem Bürgerkrieg (gegen 1926) auf den Abhängen des Altai-Gebirges noch Kutscher finden, die auf magyarisch fluchten . . .«

In Kanada gibt es eine ungarische Siedlung namens Esterházy. Der Begründer hatte vor, seine Landsleute zu Hunderttausenden ins Land zu holen, er träumte von einem neuen Groß-Ungarn auf kanadischem Boden.

Auch in Australien sind die Spuren der Ungarnflüchtlinge schwer zu übersehen. Die Belegschaft der Agrarhochschule von Sopron alias Ödenburg floh 1956 fast vollzählig. Die Studenten wanderten mit ihren Professoren nach Australien aus, wo sie zunächst ihr Studium beendeten. Dann gingen sie gemeinsam in den Busch und machten die Wildnis urbar. Heute gibt es da neue Dörfer und Siedlungen, die alle ungarische Namen tragen.

In Frankreich läßt sich das gleiche Phänomen auf die Kuruzzenzeit zurückführen. László Bercsényi, dessen Vater Fürst Rákóczis General war, hatte tausend Husaren in dem Dorf Luzency an der Marne angesiedelt. Das nordwestlich von Paris liegende Städtchen Herblay hat seinen Namen gleichfalls von Kuruzzensoldaten, und zwar einem Brüderpaar mit dem Vornamen Elek und Matthias. Auch bei Grenoble gibt es ein ungarisches Dorf, das in den zwanziger Jahren unseres Jahrhunderts aus übersiedelten Arbeitern entstanden ist. Eine französische Fabrik hatte eine Niederlassung in Ungarn, die nach Frankreich verfrachtet wurde, und die Mitarbeiter zogen gleich mit.

Der öfters zitierte Hungarobrite George Mikes will sogar einen ungarischen Neger kennen. In einem Interview erzählte er, daß ein farbiger amerikanischer Soldat, der zur Besatzungszeit in Wien stationiert war, nachdem er abgerüstet hatte einen Ausflug nach Budapest machte. Dort verliebte er sich in eine Ungarin, blieb im Lande, heiratete sie und wurde ungarischer Staatsbürger. 1956 zog es ihn samt Frau und den inzwischen geborenen Kindern in den Westen. Es ist ein ganz spezifischer Sonderfall: dem Neger war es also gelungen, nicht nur Ungar, sondern *Ungarnflüchtling* zu werden.

Wo leben noch Ungarn? Überall! In der Frankfurter Allgemeinen Zeitung vom 29. 7. 1982 ist in einer Reportage der Satz zu lesen: »Warum wohl an allen Weltecken der deprimierende Spruch ›Kilroy was here‹ zu lesen ist? Eigentlich müßte es heißen: ›Küß die Hand, János war da.‹«.

Manche Ungarn leben an mehreren Orten zugleich. Sie sind dabei, Franz Molnárs Wohnverhältnisse zu verwirklichen. Der Bühnendichter hatte nämlich erklärt: »Ich habe eine Vierzimmerwohnung. Mein Arbeitszimmer ist in Budapest, mein Salon in Wien, mein Speisezimmer in Paris und mein Schlafzimmer in Venedig.«

Wer sich diese Lebensart leisten kann, gehört natürlich zu den Oberen Zehn . . . Nein, Ungarn geben sich nicht mit so kleinen Zahlen ab, zu den Oberen Hunderttausend muß das heißen. Das sind die gleichen Leute, die jedem, der es hören will, erzählen: »Wir kommen nie mit Ungarn zusammen . . .« Das ist eine glatte Lüge, doch hört sie sich vornehm an. Dabei läßt sich ihr Chauvinismus ebensowenig leugnen wie der aller anderen Kasten. Den Ungarnflüchtling möchte ich sehen, der es nicht mit dem Petöfi-Gedicht hält, das da kühn behauptet:

»Wenn die Welt Gottes Hut ist,
So ist Ungarn das Bouquet obenauf.«

Samt und sonders lieben sie eine Spezialform der Schöpfungsgeschichte, die noch aus der Zeit Österreich-Ungarns stammt. Sie besagt, daß der Schöpfer die Landkarte bei der Erschaffung Österreichs im Zorn zerknittert hat. So entstanden die Alpen. Dann hat er sie in seiner Güte sorgfältig und liebevoll geglättet, und auf diese Weise kam die magyarische Tiefebene zustande. Mit Ausdauer verkosten die Ungarn den Ruhm von Budapest als einer der drei schönsten Städte der Welt neben Rio de Janeiro und Neapel. Budapest ist die achtgrößte Stadt in Europa und bekanntlich die größte Stadt Ungarns mit 2 Millionen Einwohnern. Die zweitgrößte aufgrund der ungarischen Einwohnerzahl ist Toronto in Kanada. Sie wissen darüber Bescheid, daß die Basilika von Esztergom (Gran) höher gebaut werden sollte als der Petersdom, der Plan jedoch am Einspruch des Vatikans scheiterte. Sie nennen den Balaton (Plattensee) einfach »das Ungarische Meer« und versäumen nicht hinzuzufügen, daß er der größte See Mitteleuropas ist. Jawohl, er übertrifft mit seiner Flächenerstreckung auch den Bodensee. Sie haben auch ausgefallene Informationen auf Lager, wie zum Beispiel: In Budapest gibt es das einzige Ostereiermuseum der Welt mit 12.000 Objekten. Die größte Rätselsammlung der Welt befindet sich im Archiv des Janus Pannonius Museums in Pécs (Fünfkirchen); sie umfaßt rund 120.000 Worträtsel von mehr als 200 Völkern. Die Zahnradbahn, die auf den Széchenyihegy, den Hausberg der ungarischen Hauptstadt, führt, ist die drittälteste auf der Erde. Wenn es zum Ruhme Ungarns beiträgt, machen sie auch Ausländern Reklame; so verraten sie gern, daß die Margaretenbrücke vom Franzosen Eiffel, dem mit dem Turm, erbaut wurde.

Wenn sie ihr Land so vergöttern, warum sind sie dann so verstreut in alle Welt wie die Juden, könnte da doch jemand einwerfen. Warum kehren sie nicht alle heim?

Nun, wenn auch nicht alle – viele tun es. Nicht nur gelegentlich, weil in Ungarn der Schwangerschaftsabbruch legal durchgeführt wird oder weil die Zahnärzte dortzulande unerhört preiswert sind. Die Zahl der endgültig Heimgekehrten beträgt um die 50.000 Seelen, das ist ein Viertel der Flüchtlinge von 1956.

Viele Emigranten denken auch so: Wenn ich schon nicht in meiner Heimat leben konnte, so möchte ich wenigstens dort sterben. Ältere Menschen gehen daher oft nach Ungarn zurück und lassen sich etwa ihre Pension von der US-Regierung ins kommunistische Heimatland nachschicken.

Es gibt auch Dissidenten (dies ist das gebräuchliche Wort in den Volksdemokratien für Emigranten), die sich in Budapest eine Eigentumswohnung zulegen. Auf ungarisch heißt diese Wohnform »öröklakás«, was ziemlich optimistisch klingt, da es mit »Ewige Wohnung« zu übersetzen ist. Doch auf Lebzeiten garantiert der ungarische Staat die Unantastbarkeit dieser Behausungen, die ausnahmslos in harter Westwährung bezahlt werden müssen.

Andere, die konsequent bleiben, fassen oft Wien als Endstation ihres Lebens ins Auge. In diese Stadt, die einst städtebaulich als Muster für Budapest diente und die heute noch die Atmosphäre verbreitet, die das einstige Budapest in seiner Glanzzeit ausgestrahlt hat, ziehen sie, wenn ihre Zeit gekommen ist. Und die Wiener nehmen die Ungarn immer gern auf, auch wenn sie sich im stillen denken, daß leider die Zeiten der Monarchie vorbei sind, wo man noch sicher sein konnte, daß die Ungarn nicht nur ankommen, sondern auch wieder zurückfahren.

Nun wissen wir es, daß die Ungarn wie der Knoblauch überall drin sind. Daß sie keine Nation, sondern ein Phänomen sind. Daß sie sich daheim in Ungarn am wohlsten in ihrer Haut fühlen.

Noch einmal sei daher die Frage gestellt: Warum wandern die Auslandsungarn, die Kodály den 8. Stamm genannt hat, nicht wieder aus, oder, richtiger gesagt, wieder ein, nämlich zurück nach Ungarn?

Darauf gäbe es natürlich viele Antworten. Kurz und gut, sie dürften eingesehen haben, daß dies einfach nicht geht. Sie wählen also von den vielen Möglichkeiten die weniger mühsame Lösung. Sie wirken lieber alle emsig mit an dem hier bereits behutsam angedeuteten Plan, den gesamten Globus in ein einziges Ungarland zu verwandeln. Und sie tun dies in Befolgung ihres alten Wahlspruchs, der lapidar verkündet:

EXTRA HUNGARIAM NON EST VITA

Nachwort

Michelangelo (kein Ungar) behauptete, man könne ein Kunstwerk nie beenden; man könne höchstens aufhören, daran weiterzuarbeiten. Obwohl er mein Buch nicht gekannt haben kann, höre ich doch hier mit echt ungarischer Bescheidenheit auf.

Es ergeht mir wie Frauen auf Einkaufsbummel. Nachdem sie gekauft haben, erblicken sie sicherlich im nächsten Schaufenster ein Stück, das noch schöner und preisgünstiger ist als das erworbene. Ich habe gewiß nicht alle Schaufenster der Welt gesehen. Ich könnte bestimmt noch Mengen ungarischen Materials aufstöbern und ich würde auch gerne Anspruch auf Vollständigkeit erheben. Anspruch abgelehnt. Also habe ich nur noch eine wissenschaftliche Aufgabe zu erfüllen – ich muß meine Quellen namhaft machen. Das sieht systematisch gereiht so aus:

a) Eigenes Hirn

b) Bücher und Presseprodukte

c) Rundfunkinterviews, Gespräche, Klatsch.

Da etwa 99% der Informationen, Daten und Zitate aus ungarischen Quellen stammen, empfiehlt sich dringend eine Überprüfung.

Zum Abschluß ist es mir ein Bedürfnis, um Entschuldigung zu bitten, für den Fall, daß ich jemandem zu nahe getreten sein sollte.

Für Leser aus dem Westen, die mich verprügeln wollen, bin ich vormittags von 10 bis 13 Uhr zu sprechen; für Ungarn, die mein Blut fordern, nachmittags von 15 bis 17 Uhr. Denn ich weiß, Ungarn sind Langschläfer.

Inhalt